走进国学经典

国学经典与小学语文教学融合研究

王剑华 著

河北出版传媒集团

河北教育出版社

图书在版编目（CIP）数据

走进国学经典：国学经典与小学语文教学融合研究 /
王剑华著. -- 石家庄：河北教育出版社，2020.8
ISBN 978-7-5545-5852-2

Ⅰ. ①走… Ⅱ. ①王… Ⅲ. ①小学语文课－教学研究
Ⅳ. ①G623.202

中国版本图书馆CIP数据核字(2020)第104336号

走进国学经典——国学经典与小学语文教学融合研究
ZOUJIN GUOXUE JINGDIAN —— GUOXUE JINGDIAN YU XIAOXUE YUWEN JIAOXUE RONGHE YANJIU

作　　者　王剑华

策　　划　王艳荣
责任编辑　姬璐璐
装帧设计　优盛文化
出版发行　河北出版传媒集团
　　　　　河北教育出版社 http://www.hbep.com
　　　　　（石家庄市联盟路705号，050061）
印　　制　定州启航印刷有限公司
开　　本　710mm×1000mm　　　1/16
印　　张　11.25
字　　数　200千字
版　　次　2020年8月第1版
印　　次　2020年8月第1次印刷
书　　号　ISBN 978-7-5545-5852-2
定　　价　45.00元

前　言

　　国学经典是中国传统文化精华，其绵延不绝的文化张力直到现在依然滋润着我们的心田。因为它具有永恒的价值，可以超越时间、空间的限制而长存于天地之间。经典是蕴含常理常道、教导人生常则常行的书。每个民族都有自己历史上知识分子所公认的经典，而在中国数千年的历史长河中，一直流传不衰的莫过于经、史、子、集。不能否认，时至今日，书中蕴含着的大量的伦理道德、礼仪风俗、人文历史等古代文化，对于现在仍然有着极大的教育意义。

　　的确，国学经典的主体内容与现代文明是一致的，特别是《四书》《五经》等经典，里面蕴藏着丰富的人生哲理和为人处事的道德标准。例如，孔子的"仁、义、礼、智、信"的思想；儒家文化中的"修身、齐家、治国、平天下"的精神，"厚德载物""知义明耻""和为贵"的思想；范仲淹"先天下之忧而忧，后天下之乐而乐"的无私胸怀；"自强不息、艰苦奋斗、勤劳勇敢"的昂扬锐气；孟子"富贵不能淫，贫贱不能移，威武不能屈"的浩然正气；"厚德载物，达济天下"的广阔胸襟；"奋不顾身舍生取义"的英雄气概；"以天下为己任"的社会理想；"与人为善、诚实笃信、三省吾身、豁达大度、温良恭俭让"的修身之道；"天下兴亡，匹夫有责""苟利国家生死以，岂因祸福避趋之"的爱国情操……这些优秀的传统文化遗产，是国学精粹，是全人类弥足珍贵的精神遗产，是当今社会塑造人性品格的道德要求，仍是现代文明所提倡的。

　　北京师范大学教育学院徐梓教授认为："国学经典教育是通识教育、博雅教育和素质教育。"我们深切感受到国学教育的重要性，通过国学经典教育，让未成年人培养良好的人文素养、心理品质、道德品质和人生修养，增强自我调控能力和社会适应能力，从而为未成年人的终身幸福奠定基础。在现代社会，一个人要获得成功或人生价值得到肯定，首先要有正确的人生观、价值观、世界观，经典思想则正是圣者们对这些问题的终极思考。学生阶段正是未成年人记忆的最佳时期，如果此时能够恰当地引入国学启蒙教育，则既能使学生对传统文化有所了解，又能在学习过程中提高行为规范和道德标准，从而达到全面育人的目的。

国学经典是国学所结出的果实，是我们华夏儿女创造的集体记忆与精神寄托，是流淌在我们华夏儿女血管里的血脉。如果血脉不能延续，中华儿女将成为"精神"的流浪汉。因此，我们每一个中华儿女，尤其是教育工作者，都有责任继承和发扬国学，传播中华五千年的文明，使其在这个多元文化共存的世界上熠熠生辉。

目　录

第一章 国学经典概述

第一节 国学经典的概念

一、国学的内涵

近些年来，对我国优秀传统文化进行研究的热潮越来越汹涌，研究的成果也颇为丰富，可谓百花齐放。其中，针对国学的研究格外引人注目，不仅很多学校将国学引入课堂之中，甚至一些电视节目也增加了国学的元素。不得不说，这对国学的继承、弘扬和发展起着非常积极的作用，是值得肯定和支持的。但是，许多人对国学的认知都存在偏差，认为凡是传统的文化或者古代的文化都是国学，甚至不对古代文化中的糟粕加以辨别，这显然是荒唐、愚昧的做法。所以，在国学不断热起来的今天，我们首先要对国学有一个基本的认识。下面，我们将从国学的渊源演变及其定义着手，针对国学的内涵做初步的探讨和分析。

（一）国学的渊源演变

中国的语言文字在不同的历史背景下，往往有着不同的含义，国学一词也是如此，其概念不是静态、不变的，而是动态、变化的。例如，在明朝时期，官至礼部尚书的陆树声曾写下《国学训诸生十二条》，这里的"国学"指的便是国家最高学府。到了清代的康乾时期，国学除了代指最高学府外，也可以代指学校所学习的知识内容，如曾官至刑部右侍郎的王兰生，其著作《国学讲义》是一本讲解儒家经典文化的作品，显然这里的"国学"是指其讲解的知识内容。而到了近代，随着西方列强的军事入侵，西方的文化也一步步侵入，冲击着中国的固有文化，面对中弱西强的现状，曾国藩、林则徐、左宗棠等人认为，在学习西方的科学知识时，也要坚持孔儒之道，这便是后人概括的"中学为体，西学为用"之论。然而，由于与西方列强一次又一次的交战均以失败告终，中国文化愈加弱势，为了保住中国文化，章太炎创办了国学讲习会，并在多次演讲中整理出版了《章太炎国学讲演录》《国学概论》等书。此外，胡适也针对"国学"提出了种种论述，其《胡适谈国学》集结了他在国学不同侧面的经典文章，内容涵盖诸子百家、历史、思想、文学，可以说收录了胡适最精华的国学经典论著。至此，国学的概念再一次出现变化，它跳出了"孔学"的范畴，代指中国固有文化及学术的总和，这一概念也成了 20 世纪知识界对国学的普遍认识。

20 世纪八九十年代，国学再次热了起来。有时候，一些事情的出现看似偶然，但这其中却存在着必然，国学热的出现正是如此。中国的国学源远流长，是几千年的文化积淀，博大而精深，是国家的重要基石，与国家的命运息息相关，所以说国学热的出现具有深厚的根基和坚实的基础。

此外，国学自身蕴含的深厚文化使其具有独特的魅力，虽然其中不乏糟粕之处，但并不能掩盖和否定其中的精华，这些精华穿过了历史的长河，经过了几百年、几千年的洗礼，到今天依旧熠熠生辉，其光芒没有任何人能够无视和掩盖。自 20 世纪七八十年代以来，人们的文化水平逐步提高，这就促使国学的光芒被越来越多的人看到，而这些人作为国学研究的推动者，又将国学本身所具有的光芒进一步放大。

当然，还有一个重要的原因不能忽略，那就是中国综合国力的不断提升。经济基础决定上层建筑，没有一定的经济基础，又何谈文化的追求，20 世纪 80 年代以前，虽然中国的经济在不断发展，但仍旧没有摆脱贫困，所以大众对于文化追求的热情自然不会高涨。而随着改革开放政策的提出，中国经济开始飞速发展，取得了举世瞩目的成就。经济的不断发展，人民生活的日益富足，让越来越多的人在追求"面包"的同时开始追求"玫瑰"。而国学作为我们的民族文化，具有独特的历史传统和风格，这些都深深地扎根于中国人民的心中，在综合国力不断增强时，深深的民族自豪感激发了我们对本土文化的自信心，激发了中国人文化复兴的强烈愿望。不得不承认，近代的中国史是一部屈辱的历史，是一段不堪的回忆，但历史的车轮是不断向前的，今天的中国已经从屈辱中走出，国学的光芒必将再次闪耀，中国的本土文化也必将再一次走向辉煌。

（二）国学的定义

从严格意义上讲，到目前为止，学术界并没有对国学做出一个明确的界定，名家众说纷纭，莫衷一是。从广义上讲，国学一般指以儒学为主体的中华传统文化与学术，所以除了我们熟知的文化体系外，其还包括中医学、农学、术数、地理、政治、经济及书画、音乐、建筑等诸多方面，这是国学概念的一个外延，属于大国学的范畴。从狭义上讲，目前比较公认的一种说法是以先秦经典及诸子百家学说为根基，涵盖了两汉经学、魏晋玄学、隋唐道学、宋明理学、明清实学和同时期的先秦诗赋、汉赋、六朝骈文、唐宋诗词、元曲与明清小说及历代史学等一套完整的文化、学术体系。在这里需要注意，先秦诸子百家学说是共存共鸣的，没有主从关系，如果按时期所起作用而论，各家学说在各个时期都发挥着或显性或隐性的作用，只是作用的领域不同而已，如政治领域的道家与法家、军事领域的道家与兵家、医学领域的道家与医家，还有其他各领域的各家，在某一领域起主流作用并不代表全部。所以国学的各个学派学说并没有主从之分，并不存在以哪一家学派学说为主体。

在很多人的认识中，国学就是儒家之学，这显然是一种狭隘的理解。儒学在百家学说中确实占有非常重要的地位，并且在历史的发展中，也一直占据着主导地位，但在今天，我们应该以全面的眼光去看待儒学，如果将中国传统文化全部或是主要看作是儒家文化，不仅是对其他优秀传统文化的一种否定，也是对儒学的一种过度崇拜，这显然不符合中国传统文化的本来面目，更不是当代弘扬中国传统文化的主旨所在。

国学，国家之学，国人之学，虽然古代中国的国家观念是不断变化的，但无论怎么变化，都可以称之为中国或华夏。也就是说，国学应当是中国或华夏历朝历代学术文化之总称。从历史的角度看，国学不能局限于儒家之学，先秦时期百家争鸣，儒学只是与道、墨、法等诸家相并列的一家学说。弄清这一点非常重要，曹聚仁当年就指出，如果"根本上没有明白国学是个什么，也没想到要去研究国学的原因，只不过因循的盲从，胡乱提倡学习国学，做冒牌的圣人之徒，那是很危险的"。只有理解了国学的定义，才能进一步明确其内涵，才有助于我们在进行国学教育时增加几分自觉性，使我们对国学的理解更加深入，而不会天真地以为穿着长袍马褂或者讲些传统的文化就是在讲国学了，这显然是盲目的，也是无知的。

（三）国学的目的

如果是因为国外研究中国国学的人很多，所以我们对于自己的国学不可不研究，这种态度是很危险的。因为没有从根本上明白国学是什么，也没想过要去研究国学的原因，只不过是因循盲从、胡乱提倡。结果不是所得的肤浅不足道，便是愈研究愈失其真。

曹聚仁认为研究国学的主因可以从四个方面来说明：国学在中国有数千年的历史，我们过去的智识与它有密切的因果关系。因此，我们需要明白，国学的精华何在？它还有没有存在的价值？如果国学是腐败的骸骨，就不该容它存留，我们可赶快荡除净尽；如其中尚包藏着精金，也应从速发掘，绝不可彷徨歧路，靡所适从。在取舍问题亟待解决中，非研究国学，别无解决的途径。这是第一个方面的原因。

以前，没有人对国学进行整理，到现在，正如有些人所说，国学仿佛一大堆乱书，包含着政治、哲学、伦理、宗教以及其他各种科学。我们若要明白其中究竟是怎样的，非坐待可以得到，及今用精力把它系统地整理起来，或者能够明白，也能使后人受益。所以，要谋学术的共同便利，也非将国学研究一下不可。这是第二个方面的原因。

现代的大部分青年都感受着无限的苦痛，因为他们心里想要接受适合人生真义的"新"，但社会上"旧"的势力依旧在膨胀，稍一反动，灵肉两方面都会承受痛苦。那旧的也不过借国学做护符，国学在他们手里，已变成糟粕的形式、呆板的教条了。我们只有揭开国学的真面目，才能避免其死灰复燃。这是第三个方面的原因。

我们对于西方文化学术，固当合理地迎纳，但自己背后还有国学站着。这两种文化，究竟如何沟通，也是目前亟待解决的问题。我们对于国学所蕴含的道理不明白分析出来，如何能叫它和别种化合？所以要先研究国学，才找得出沟通的方法。这是第四个方面的原因。

明白了上述的四个原因，便知我们在现在研究国学，非但不是不急之务，反为急迫的需要。而且，抱了这样的态度研究国学，便绝不是因循盲从，也绝不会胡乱提倡了。

二、国学经典的概念

（一）国学经典的界定

所谓经典，南朝刘勰的《文心雕龙·宗经》中有云："经也者，恒久之至道，不刊之鸿教也。"[1]换句话说，"经"是永恒的真理。《说文解字》中说："典，五帝之书也，从册在丌上，尊阁之也。"[2]意思是说"典"是重要的文献。《现代汉语词典》说，经典是"传统的权威性作品"。[3]综合来看，经典大致可以定义为具有代表性、权威性的作品，是经过历史选择的最具价值的、最能表现本领域精髓的、经久不衰的万事之作。综合上文对国学定义和内涵的解读，国学经典便可以界定为从国学这一学术体系中筛选出的文化精品和文化精华。比如，"经部"中的《周易》《尚书》《诗经》《春秋》《论语》等著作，"史部"中的《战国策》《史记》《汉书》《资治通鉴》等著作，"子部"中的《老子》《墨子》《荀子》《庄子》等著作，"集部"中的《楚辞》《乐府诗集》

---

① 刘勰.文心雕龙校注通译[M].戚良德译.上海：上海古籍出版社，2008：20.

② 许慎.说文解字[M].北京：中华书局,1985:147.

③ 现代汉语词典[M].北京：商务印书馆,2005:717.

《李太白集》《杜工部集》等著作。

中国灿烂的五千年历史文明，积淀了一个泱泱大国厚重的文化底蕴，而国学是中国传统文化的精髓，对中国政治、经济、军事等各方面都有极大的影响，对传承文明、增强民族凝聚力，以及实现中华民族的复兴都起着重要作用。中华文化中的国学经典就是中华文化中最优秀、最精华、最有价值的典范性著作，它们经过时间的洗涤和历史的沉淀，成为大浪淘沙中的文化精品，那一部部用智慧凝结的结晶，带领我们思考人生，领略广阔的天地，回味古老文化的悠长。

（二）国学经典的分类

针对国学经典的分类，最早可见于西汉刘向撰写的《七略》，这是中国第一部官修目录和第一部目录学著作，共分为辑略、六艺略、诸子略、诗赋略、兵书略、术数略、方技略七部。后来，西晋荀勖所著《中经新簿》以郑默《中经》为依据，将图书分类的六分法变为四分法，形成了甲、乙、丙、丁四部。近代，章太炎曾从经学的派别、哲学的派别、文学的派别三个角度对国学的内容展开论述。目前比较常用的是"四库全书"的分类方法，将国学经典分成"经、史、子、集"四大类。

"经"是指古籍经典，如《易经》《诗经》《孝经》《论语》《孟子》等，后来又增加一些语言训诂学方面的著作，如《尔雅》。

"史"指一些史学著作，包括通史，如司马迁的《史记》、郑樵的《通志》；断代史，如班固的《汉书》、陈寿的《三国志》、欧阳修等的《新五代史》等；政事史，如司马光的《资治通鉴》、李焘的《续资治通鉴长编》等；专详文物典章的制度史，如杜佑的《通典》、马端临的《文献通考》等；以地域为记载中心的方志等。

"子"是指中国历史上创立一个学说或学派的人物文集。例如，儒家的《荀子》，法家的《韩非子》《商君书》，兵家的《孙子》，道家的《老子》《庄子》，以及释家、农家、医家、天文算法、术数、艺术、谱录、杂家、类书、小说家皆入"子部"。

"集"是历史上诸位文人学者的总集和个人的文集。个人的称为"别集"，如《李太白集》《杜工部集》《王荆公集》等；总集如《昭明文选》《文苑英华》《玉台新咏》等。四库未列入的一些古代戏剧作品如《长生殿》《西厢记》《牡丹亭》也属集部。

第二节　国学经典的特色与内涵

一、国学经典的特色

（一）民族性

"民族性"是指本民族传承已久的思维方式、集体信仰、诠释体系、价值判断、处事习惯、文化传统、语言文字以及读书方式等区别于他民族的独特性。中华民族的文化之所以能源远流长，最重要的原因是我们相信历史、典籍和传统，如此便建构了历史认同感和民族自豪感。而国学经典作为中华民族优秀传统文化的结晶，具有极强的民族性，正如《光明日报·国学版》发刊词提出的那样："所谓国学，本质上就是中华民族精神的载体，就是中华民族的精神现象学，就是我们的精神家园、我们的精神故乡、我们的安身立命之地。"

但是，自20世纪二三十年代提倡国学以来，很多提倡者借鉴西方的学科体系对我国固有的学术、文化进行分科，这在当时虽有其合理性，在以后的实践中也取得了积极成果，但也存在着弊端和不足：固有的学术体系被打乱，国学的内容被强行与西方学科一一对应，并最终导致国学的解体。经过半个多世纪的实践，人们越来越认识到照搬来的西方学术体制和学科制度并非尽善尽美，我国固有的学术、文化并不能完全纳入西方的学科体制之中。以经学为例，它虽然在传统学术中占有重要地位，但在现代学科体制中，却面临着被肢解的命运，"五经"被划分到不同的学科领域，经之为经的内在根据也遭到怀疑和否定。而按照西方模式建立起来的中国哲学学科，始终难脱削足适履的困境，更不能有效地承担起弘扬民族文化的使命，曾经影响颇广的"中国哲学合法性"大讨论正是这一情况的反映。有鉴于此，21世纪国学倡导者提出，用西学来划分中国传统学术，固然有其合理与必然的一面，但也要防止中学为西学所分解乃至阉割。国学的建立不必拘泥于西方的学科体制，而是应具有世界意识，打开视野，注重东西文化的差异，在世界文明发展的大格局中进行定位，建设既融合世界潮流，又富有民族性的新型国学。

（二）延续性

在中国几千年的历史发展中，中华传统文化表现出了极强的生命力和持续影响力，即便经过朝代的不断更迭，依旧以顽强的生命力不断延续。而国学经典便是其文化延续的一个具体体现。面对各个阶段的国学经典，笔者不敢断言其文化思想是否随着时代的发展而不断成熟，但有一点可以确定，后世的文化思想必然是在前人文化思想的基础上发展而来。即便到了今天，我们依旧可以在现代科学和文化的内涵中看到中华传统文化的影子，这种延续性是我们必然会看到的。下面，我们将以哲学思想为例，针对中国哲学思想的发展和延续做一个简要的论述。

中国哲学大约萌芽于殷、周之际，形成于春秋末期，战国时期出现了百家争鸣的繁荣局面，其主要以天人、古今、知行、名实等为研究讨论的重点，是中国哲学发展史的重要一页。比如，关于人生和为人之道的人道观便形成于这一时期，墨子的"兼相爱，交相利"、孟子的"仁义礼智"、庄子的"无以人灭天"等思想是当时比较主流的人道观思想。到了汉代，哲学主要围绕天人关系、宇宙形成、形神关系以及古今、人性等问题展开，如其中的代表人物董仲舒以儒学为宗，吸收阴阳五行学说提出天人感应论，称天为百神之大君，天人相类，人副天数，天人感应，主张"屈民而伸君""屈君而伸天"，以天人感应论为基础形成了流行于两汉的谶纬之学。在魏晋南北朝时期，由于社会动荡，儒学的统治地位被打破，新的富于思辨性的玄学应运而生，同时佛教开始在中国传播，道教体系逐步建立，使这一时期的哲学思想极为活跃，提出了一系列新的哲学范畴、概念和命题。后来，隋唐的建立使动荡分裂的中国再次实现了统一，统治者采取了儒、释、道兼宗的政策，提供了三教互相批判又互相吸收的条件，柳宗元和刘禹锡关于天人关系的讨论是这一时期哲学的中心问题。比如，柳宗元提出天无意识，不能"赏功而罚祸"，天地起源于元气；刘禹锡提出"天与人交相胜""天与人不相预"等观点，反对天人感应论。再后来，到了宋元明清时期，中国封建专制制度进一步强化，民族矛盾、阶级矛盾错综复杂，科学、艺术得到高度发展，哲学思想也达到了新的高峰，只是其哲学思想以理学为特征，代表人物是程颢、程颐，他们认为理是万物的本原，理具有自然规律和道德准则的双重含义，二者是同一的。

（三）系统性

从上文对国学经典分类的讨论中可以看出，国学经典涵盖的范围非常广，可以说囊括了我们学习和生活中的方方面面，形成了中华传统文化的大系统，有着极强的系统性。确实如此，如果从属性上对四部经典进行概括，囊括了哲学、历史、文学、经济、政治、自然科学等多个领域，并且在每一个领域中并不是蜻蜓点水、一带而过，而是有着深入且系统的记录和研究，可谓将四库全书的"全"字体现得淋漓尽致。

以历史书籍为例，有正史类、编年类、纪事本末类、别史类、杂史类、诏令奏议类、传记类、史抄类、载记类、时令类、地理类、政书类、目录类、史评类、汇编类等多种类别。比如，"正史类"中有二十四史，包括《史记》《汉书》《后汉书》《三国志》《晋书》《宋书》《南齐书》《梁书》《陈书》《魏书》《北齐书》《周书》《隋书》《南史》《北史》《旧唐书》《新唐书》《旧五代史》《新五代史》《宋史》《辽史》《金史》《元史》《明史》。这二十四本史书记录了从夏朝到明朝三千余年的历史，通过这些正史类的书籍，我们可以跨过时间的长河追溯到几千年前，看到我们华夏民族的起源，并较为客观地了解中华民族几千年的发展历程。

再以哲学书籍为例，其中蕴含着深远旷达的智慧精神，有着精彩玄妙的哲学智慧，涵盖了人与自我、人与社会、人与自然三大核心关系，探索着知己、知人、知天的终极问题。或许提到哲学，很多人第一时间想到的可能是西方的柏拉图、亚里士多德、苏格拉底，但在同一时期，东方的中国出现了百家争鸣的繁荣局面，形成了自己独具民族特色的自然观、历史观、伦理观、认识论和方法论。比如，产生于殷周之际的《易经》将早期八卦观念系统化，以乾（天）、坤（地）、震（雷）、巽（风）、坎（水）、离（火）、艮（山）、兑（泽）八种基本的自然现象说明宇宙的生成及万物间的联系和变易，在神秘的形式下包含有丰富的朴素辩证法思想。再如，老子明确否认天是最高主宰，认为世界的本原是道，又讲"天下万物生于有，有生于无"，尽管学术界对老子"道"和"无"的含义至今仍有争论，但老子的观点毕竟将中国哲学对世界本原的思考大大地向前推进了一步。

二、国学经典的内涵

国学经典是中华文化中最优秀、最精华、最有价值的典范性著作，它们经过时间的淘漉和历史的沉淀，具有深厚的精神文化内涵。如果对其精神文化内涵加以总结和归纳，笔者认为主要体现在人与自然的关系、人与社会的关系、人与自身的关系这三个维度上。

（一）人与自然的关系

在人与自然的关系上，国学经典体现了追求天人合一、与万物和谐共存的思想观念。《论语》云："天何言哉？四时行焉，百物生焉，天何言哉？"这是中华民族追求天人合一、与自然和谐相处这一文化精神的体现，源于这种观念，后面的很多文学作品也竭力追求与自然之道、宇宙之精神活力的统一。对后代有着深远影响的"赋、比、兴"创作手法，就极为看重人的思想情感与自然万物之间的关系，对自然万物的吟咏成为古代文学作品的重要内容。古典诗歌中存在着大量的借景抒情、托物言志的景物诗、山水诗等，而其他题材的作品，也往往是咏物抒情而不离自然，自《诗经》始，就有脍炙人口的"关关雎鸠，在河之洲。窈窕淑女，君子好逑""蒹葭苍苍，白露为霜。所谓伊人，在水一方""桃之夭夭，灼灼其华。之子于归，宜其室家。"等人与自然和谐共处的佳句。在以后的诗歌创作中，山、水、日、月、风、雪等自然之物更是诗人寄寓情感的载体，如在古典诗歌中，写山的有"千山鸟飞绝，万径人踪灭""会当凌绝顶，一览众山小""不识庐山真面目，只缘身在此山中"等；写水的有"所谓伊人，在水一方""水何澹澹，山岛竦峙""天门中断楚江开，碧水东流至此回"等；写太阳的有"日暮苍山远，天寒白屋贫""大漠孤烟直，长河落日圆""清晨入古寺，初日照高林"等；写月的更是数不胜数，"明月松间照，清泉石上流""人有悲欢离合，月有阴晴圆缺"等；写雨的有"好雨知时节，当春乃发生""清明时节雨纷纷，路上行人欲断魂"等；写草的有"离离原上草，一岁一枯荣""国破山河在，城春草木深""独怜幽草涧边生，上有黄鹂深树鸣"等。自然界的草木、花鸟、山川、明月、星辰皆可入诗。

这些文学作品都不是在纯粹描绘自然景物，而是通过这些自然景物来抒发自己内心的情怀，我们从这些诗句中深深地领略到大自然的美丽，感受到诗人对大自然的热爱和赞美，但这绝不是一种间离自然之外的情感，而是与自然融为一体，有着生命情感。自然拥着诗人，诗人心中怀有自然，作者通过感悟自然进而理解自然，并希望能与自然和谐相处、与万物合一。例如，陶渊明的《饮酒》："结庐在人境，而无车马喧。问君何能尔？心远地自偏。采菊东篱下，悠然见南山。山气日夕佳，飞鸟相与还。此中有真意，欲辨已忘言。"这首诗以平易朴素的语言写景、抒情、叙理，既富于情趣，又饶有理趣。如"采菊东篱下，悠然见南山""山气日夕佳，飞鸟相与还"，成为集景、情、理交融于一体的名句；"此中有真意，欲辨已忘言"，此句虽出语平淡，朴素自然，却寄情深长，托意高远，耐人寻味，有无穷的理趣和情趣。这"真意"虽不容易表达，却也看得出作者寄情于自然，与自然和谐共存，并从中找到自身的意义和价值，从而表现出的一种豁达乐观的人生态度。

（二）人与社会的关系

在人与社会的关系上，国学经典体现了中华民族所特有的悲天悯人情怀，以天下为己任的忧患意识以及对家庭、社会、民族的历史责任感。中国五千年的文明延续至今，一个重要的原因就是中华民族骨子里所流淌的一种忧患意识以及由此而产生的社会责任感、使命感。一个民族若要生存和发展，必然会经历各种各样的灾难和困苦，而有着五千年文明历史的中华民族也可谓是多灾多难，人们饱受生活之苦、生存之艰，而正是一代代中国人身上所表现出的对民生疾苦的悲悯、对国家命运的忧患，进而形成了一种危机感、紧迫感、责任感和使命感，在面对自然灾害、社会危机、民族劫难时，以自身的力量去突破困境，使中华民族在数千年的历史长河中，虽历经劫难，却总是能走出逆境，稳健地成长、发展、壮大，向世人展现出其顽强的生命力和青春活力，而这种精神思想，正是通过国学经典由一代一代中国人传承下来的。

汉民族的忧患意识，来源于中华文化的合和性，孔子倡导"入则孝，出则悌，谨而信，泛爱众，以亲仁"（《论语·述而》），这种由孝敬父母、亲善友人的行为进一步推己及人，即"老吾老，以及人之老；幼吾幼，以及人之幼"（《孟子·梁惠王上》），并进而形成"仁者爱人"（《孟子·离娄下》）、爱天下之人的思想观念和悲天悯人的民族精神。国学经典中所体现出的忧患意识，主要表现在两个方面，一是表现在对民生疾苦的悲悯上。儒家治国思想的核心价值是"民本论"，所以人们对民生的疾苦多有关切，充满同情。从内容上看，它既有对民生疾苦的悲悯，又有对黑暗社会现实的怨刺和批判，有时二者紧紧地结合在一起，密不可分。例如，诗人屈原"长太息以掩涕兮，哀民生之多艰"、杜甫"安得广厦千万间，大庇天下寒士俱欢颜"等，都表达了兼爱天下的民族文化精神。

二是表现在对国家和民族命运的忧虑和热爱以及由此引发的感慨上。《礼记·大学》中"修身、齐家、治国、平天下"的训义，向人们指明的不仅是行为规范，更是生命追求，它把个体的小我融入家国、天下的大我之中，这种以天下为己任的忧患意识进而形成的责任感、使命感，成为中华民族文化精神的核心内容。陆游"王师北定中原日，家祭无忘告乃翁"、文天祥"人生自古谁无死，留取丹心照汗青"、范仲淹"先天下人之忧而忧，后天下人之乐而乐"等，都表达出个体对国家、社稷的关怀，以天下为己任的精神，以及自己执着、坚定的信念和虽九死而未悔的决心。这些文学作品如同雨露，滋润着一代又一代中国人的心田，在我们心中开花、结果，使我们血液中流淌着一种悲天悯人的情怀和以天下为己任的忧患意识，并进而形成了爱家、爱国、爱天下的责任感和使命感，为整个民族的发展、繁荣甘愿奉献自己的一切。

（三）人与自身的关系

在人与自身的关系上，国学经典其实并没有给出唯一的思想观念，因为人与人之间存在着很大的差异，并且同一个人在不同的时间也不完全相同，但其中也不乏一些普适性的思想观念，对今天的我们同样具有指导意义。比如，"君子慎独"是儒家的一个重要概念，慎独是一种精神，它不同于外在的伪装，既然是独处，便没有外界的制约，这时候一个人何去何从往往取决于他的内心，或者说是其品质高低。《大学》中，有这一段话是这么说的，"小人闲居为不善"，意思是小人平时喜欢做不好的事情，当他见到慎独的人后，却试图伪装自己，"掩其不善，而着其善"。然而，人们的内心与外表往往是一致的，平时不好的意念、想法总能在行为中表现出来，"人之视己，如见其肺肝然"，勉强在形迹上伪装是伪装不了的，只有像慎独的人一样"诚于中"，才能"形于外"。

再如，《庄子》云："知其不可奈何而安之若命。"意思是说既然知道不可改变，那就顺其自然发展，安心地接受命运的安排。如果从其字面意思来理解，这种观点未免有几分消极，因为人最大的敌人就是自己，如果谁能战胜自己，那么这个人就一定能够战胜一切。所谓"与天斗，其乐无穷；与地斗，其乐无穷；与人斗，其乐无穷"，说到底也是这一思想的体现。但是，如果我们做进一步的思考就会发现，在与自我的斗争中其实不存在所谓的胜负，而是一个一个不断地进行自我探索、自我完善的过程。庄子的这一思想便是从这一角度出发，认为有些事情既然不可改变，我们就不要怨天尤人，也不要纠结于自身，而是坦然接受。的确，人世间总是责难与荆棘，有时风雨后并无彩虹。罗兰也曾说过："世界上只有一种英雄主义，那就是明知这个世界的无奈黑暗，但依然热爱它。"我想，命运总会有其安排，或明媚，或黯淡，知其不可奈何而安之若命，这何尝不是一种大智慧。

第三节　国学经典中的精华与糟粕

一、正确看待国学经典中的精华与糟粕

世界上的任何学术文化，都处于不断发展着的历史流变之中。在这个流变中的每一阶段，每代人、每个人所能做的，不过是其中的"一浪"或"一滴"。"浪"或"滴"总是有限的，而"流"则是无限的。没有"浪"或"滴"，固然就没有"流"，但有限的"浪"或"滴"与无限的"流"相比，永远具有不可避免的局限性。即使最亮丽的"浪"或"滴"，也不过是滔滔洪流中的一朵小小的浪花或水滴而已。即使最优秀的人类思想文化成果，也都不可避免地带有时代的烙印：既蕴含着一定时代思想文化之精华，具有合理成分；又积淀着一定时代思想文化之糟粕，具有局限性。由此决定了它所必然存在的"是"与"非"。无论夸大哪一方面，都失之于客观、准确、全面。所以，我们要正确地看待国学经典中的精华与糟粕，在学习与吸收国学经典中的精华时，认识到"精华"的历史局限性，并对"糟粕"加以具体的分析，从而对国学经典

11

有一个更深层次的认知。

（一）认清"精华"的历史局限性

在今天，国学热了起来，这是让很多人感到欣慰和自豪的事情，因为具有悠久历史的中国传统文化，尤其是那些颇具代表性的典籍及其思想精华，正在借此从专业化的课堂和书本中走向社会、走向民间，呈现出一种前所未有的"大众化"趋势，这无论是对传统文化的传承和发扬，还是对现代文明的建设，无疑都起到了积极的作用。确实，那些具有代表性的国学典籍经过了时间的考验，足以说明其所蕴含的价值，更不用提这些经典中的精华，但某些专家、学者不大讲究科学的态度，以至偏离客观、历史的具体分析方法，让人隐隐约约地感觉有一味崇古、颂古，甚至神化古人的倾向。在他们的心目中，好像今不如昔，在科学技术突飞猛进、逐步实现信息化的当今时代，似乎人们的聪明才智还不如中国的春秋战国时期，不如"儒墨道法"者流，当今人们解决不了的难题，只要向古人请教，就什么都能"解决"了。例如，《老子》《论语》《孟子》《庄子》等，在时下某些被炒红的"大师""名家"的嘴里、笔下，似乎都成了字字珠玉、句句真理，"放之四海而皆准"的"宝典"，以至于现在社会条件下被人类发现、发明、创造出来的先进科技文化成果，如网络信息这种先进的科学技术，竟然也被归结到古代典籍之中，归结到老祖宗的名下。于是，如老子、孔子、孟子和庄子等，都成了"未卜先知"的"预言家"，"无所不能"的"发明家"，成了句句真理"浑身放光"的"完人"。

众所周知，社会存在决定社会意识。一定的思想方法，总是与一定的社会经济政治状况相联系，而且从根源上讲，前者是由后者所决定的，这是为历史和现实所反复揭示和证明着的真理。因此，怎么能设想两千多年前的古人，能为两千多年之后的今人，"遇到危机的时候"，提供"就知道该怎么看问题、想问题、解决问题"的"思想方法"呢？这纯粹是违反人类认识和思想发展规律的无稽之谈。当然，我并不是否定古人（包括先秦诸子）的思想方法，对今人"看问题、想问题、解决问题"可能有一定的借鉴、启发作用，而是说不能把这种借鉴、启发作用无限夸大、绝对化，不能把古人神化，泛泛而谈、一概而论地认为"有了这些思想方法，我们在遇到危机的时候，就知道该怎么看问题、想问题、解决问题"了。

不可否认，在古人的智慧和古籍中，确实蕴含着大量可资借鉴的思想精华，尤其是那些集众人，乃至几代人的智慧所撰写、修订而成的古代典籍。但是，同样不能否认，世上从来没有、也永远不可能有"完美无缺"的、永恒的事物，从来没有、也永远不可能有其智慧和思想至高到"空前绝后"的"圣贤""完人"，因而自然也就从来没有、永远不可能有"完美无缺""万古长存""放之四海而皆准"的著作及其理论和思想方法。所以，我们在讲评古人、古籍时，就一定要讲究科学的态度，即坚持用客观的、历史的态度来分析、说明问题。一方面，要看到其在当时社会历史条件下所表现出来的进步性和精华；另一方面，又要看到其所表现出来的局限性。在着力挖掘、整理、弘扬古人、古籍思想文化中的精华的同时，也要善于发现其局限性，不能不加分析地一味抬高、美化，无限夸大，甚至神化古人，更不能过度地加以颂扬、散播。

其实不止国学经典，世界上任何一部著作都有着其赖以产生的特定的历史背景、社会条件和具体氛围，以及作者特定的个人素质。而就总的发展趋势而言，不管是中国的还是整个世界的文化，以及相关研究、创造者的个人素质，都是处在上升的、前进的发展过程之中的，因而任何时代任何人的任何著作，不管多么优秀，顶多也只能达到某一特定时代所可能达到的最高限度，而相对于整个中国和世界的不断发展着的文化而言，它们都必不可避免地带有历史的局限性。也就是说，即使最优秀的著作，也只能代表或体现它所处的那个特定时代的条件下，人们的认识所能达到的最高限度，而这种高度，往回看可能是至高点，但往前看则肯定又不是至高点，因而就不可避免地既具有进步性又具有局限性。最优秀的著作尚且如此，其他著作就更不待言了。

（二）分析"糟粕"的产生缘由

由于历史发展的前进性、曲折性和无限性等，中国传统文化在其发展过程中产生、积淀下某些糟粕，是很自然的。一是因为人们的认识总是受到历史条件，尤其是科技发展水平和认识水平的局限，即使再聪明的人也顶多只能达到他所处的那个时代所可能达到的最高限度。这就是为什么任何时代人杰的思想、著述都必然带有局限性的根本缘由；二是因为人们的认识，又总是难于摆脱个人动机和情绪等主观因素的影响，所以使其思想和著述难免或多或少地表现出偏离客观事实和真理的倾向；三是因为慑于某些权势的高压或主动趋炎附势，就更容易使其思想认识产生偏颇、谬误，使其言论和著述产生糟粕。

翻阅中国文化史，就会看到即使像孔孟等圣贤先哲，其言论和著述中也照样存在糟粕，至于一般人就更不待言了。从董仲舒到程朱陆王等，其学说中的糟粕无不清晰可见。新文化运动中的代表人物，包括鲁迅在内，其言论和著述也同样存在糟粕之处。这些是我们必然要看到的，也要以一个正确的态度看待，不能因为它是经典，不能因为作者是名家，就全盘接受了他们的思想和观点。世上没有一成不变的事物，因而也就不可能有一成不变的思想、学说。任何思想、学说即使再正确，也只是对于它们所反映的事物的特定时间、地点等条件而言的，只具有相对的真理性和意义。一旦超出了特定的时间、地点等条件，就必然会出现局限或缺陷。

由此可见，中国传统文化在其产生及其发展过程中产生糟粕，是一种必然现象，是谁也不能否认的客观事实，再加上秦代以来，传统文化在被"君学"化、"理学"化等的过程中，不但原有的一些思想糟粕被人为地扩大了，而且掺上了更多思想糟粕，从而形成了更多的思想渣滓。我们需要认清这些糟粕，并进行具体、深入的分析，只有了解糟粕的由来与产生，才能在学习、研究国学经典的过程中避免出现偏颇和谬误。

二、取国学经典之精华，去国学经典之糟粕

正确看待国学经典中的精华与糟粕，并不是否定精华，也不是为糟粕正名，而是为了让我们更好地区分国学经典中的精华与糟粕，这样才能真正做到取国学经典之精华，去国学经典之糟粕。

（一）"取精华、去糟粕"的迫切性

在传统文化回归的大背景下，概念较为庞杂的"国学热"再度在社会上兴起。在一些人眼里，"国学"简直可以包罗万象，除了传统的四书五经、诗词歌赋，连"三从四德"、占卜、风水、算命都可以和它攀上亲，进而也就有人打着国学的幌子，堂而皇之地传播封建糟粕。的确，近年来，一些社会培训机构擅自招收适龄儿童、少年，以"国学""女德"教育等名义开展全日制教育、培训，替代学校教育，极个别父母或者其他法定监护人送子女去培训机构或在家学习，导致相关适龄儿童、少年接受义务教育的权利和义务不能依法实现，严重影响适龄儿童和少年的成长发展。

父母想让孩子学一点儿传统文化可以理解，但代替义务教育是绝不可行的。义务教育作为国家统一实施的所有适龄儿童必须接受的教育，是国家必须予以保障的公益性事业。因此，孩子依法享有平等接受义务教育的权利，家长必须履行让子女接受义务教育的义务。中小学作为实施义务教育的重要场所，有专门的教师、明确的培养目标、严格的管理制度和规定的教学内容。学校，不仅能让孩子们系统学习到各种科学文化知识，更是让他们理解基本的社会规范和道德规范，树立规则意识、法治观念，培养公民意识，养成热爱劳动、意志坚强的生活态度，形成尊重他人、乐于助人、善于合作、勇于创新等良好品质，从而具备自主、自立、自强的态度和能力，初步形成正确的世界观、人生观和价值观。而这些内容，并不能简单地通过背诵、识记传统经

典而体认，更不用说那些打着"国学"幌子的培训班了。

　　处于义务教育阶段的孩子，学习传统文化必须要有正确的引导。我们也必须看到，有些"传统文化"，因其产生的历史时期不同，在展现形式上会有时代的烙印，所传递的思想也会有一定的局限性。对此，必须认真解析、理性思考、适当批判。传统文化更要联系实际的应用，在学习的同时，取其精华，与时代相衔接，与社会相联系，也只有这样，才能保持和增强优秀传统文化的吸引力，彰显和发扬优秀传统文化的价值，发挥出优秀传统文化的现实意义，实现学以致用。

（二）"取精华、去糟粕"的重要性

　　学习，是主体（人）与环境的相互作用，经过内化获得经验而外化为行为的活动。它包括了学习的主体、客体、学习活动的结果三个要素。简单来说，就是我们阅读国学经典的一个过程。我们现在阅读的国学经典，就像陈年的老酒，需要"过滤"后才能饮用。我们要通过"过滤"找到利于今天发展的"最大公约数"，才能学以致用，为社会主义建设做出贡献。而从学习的主体、学习的客体、学习的行为习惯三层面来看，"取国学之精华，去国学之糟粕"的重要性体现在三个方面。

　　首先，从学习的主体，也就是我们"人"这一角度来看，"取其精华，去其糟粕"是我们治学应持有的态度。打个比方，我们阅读国学经典如同人吃饭，把"食物"放进嘴里，总不能囫囵吞到肚子里，必须经过口腔咀嚼、肠胃运动，才能吸收"食物"的精华，去除糟粕，最终转化为对我们身体有益的养分。阅读国学经典也是这样，我们说"取"，是要将国学中符合时代的经典加以利用；我们说"去"，是要将暂不需要的内容加以批判地继承。孔子讲："择其善者而从之，其不善者而改之。"我们在阅读的过程中，作为学习主体，必须充分发挥主观能动性，吸收国学经典中的精髓。

　　其次，从学习的客体，也就是国学经典这一角度来看，"取其精华，去其糟粕"更有利于国学经典发挥作用，学习的最终目的是应用，就是我们说的学以致用。"取其精华，去其糟粕"恰恰是将国学经典看成一个有生命的物体来加以继承。我们要开动脑筋，反复衡量精华与糟粕之间的关系。我们还要在成果的运用中总结得失，不断发扬，最终把作为客体的国学经典外化为成果。

　　最后，从学习的行为结果来看，"取其精华，去其糟粕"促进了国学经典和社会的协同发展。国学历经千年的传承，在当今时代依然具有巨大的魅力，散发出如此强大的生命力，就是因为前人不断地扬长避短、综合创新，这本身就是对国学最好的传承。时至今日，我们依然可以效法前人，对古人的智慧直接采用"拿来主义"，将古人的错误视为前车之鉴，通过独立思考做出正确的取舍。学习国学经典，要立足于当

代中国的社会现状，以我们当前的社会需求为标准，"取其精华，去其糟粕"。在这一点上，笔者十分赞同北京师范大学教授杨耕先生的见解："当代中国最大的实际和最重要的特点就在于把市场化、现代化和社会主义改革三种重大的社会变迁浓缩在同一时空之中进行，这一特殊而复杂的社会变迁不可能脱离中华传统文化而进行，但又不能在全盘继承中华传统文化的前提下进行。"

（三）"取精华、去糟粕"的具体措施

国学经典的内涵异常丰富，且其内容涵盖面非常之广，所以对于普通人来说只能大概对其精华和糟粕进行区分，所如何取国学经典之精华，如何去国学经典之糟粕，是需要相关学者去完成的。当然，这并不是说其他人没有任何作用，在具体措施上，还是需要政府、学校以及家庭多方面的努力，才能够使孩子避免接触到国学中的糟粕。

首先，从政府层面来讲，针对目前社会上五花八门的国学教育机构，相关的政府部门要加强监管和整顿。因为目前很多国学教育机构偏向低俗化和功利化，他们只受现实利益的驱动，没有起码的社会责任感，在国学教育的旗号下，贩卖的是低俗的内容，干的是牟利的营生，很容易让人将国学教育和一些龌龊勾当等同起来，从而使国学教育的地位被贬低、国学教育的面貌被抹黑、国学教育的声名被玷污。针对这些国学教育机构，相关部门一定要加大惩罚的力度，并进一步地深挖，查清这些组织的源头究竟在哪里，斩断那些以"国学"为名的封建糟粕产业链。同时，要加强宣传教育，引导人们在学习和传承传统文化时分清精华和糟粕，用制度和舆论筑起一道现代文明的保护墙，保护学生，尤其是小学生免受糟粕的毒害。

其次，从学校层面看，学校是实施义务教育的主要场所，他们不仅担任着教授学生学科知识的责任，更肩负着培养学生正确价值观、人生观和世界观的责任，所以面对当前社会上已出现的林林总总的"国学班""读经班""私塾"等，学校应该第一时间站在学生面前，帮助学生甄别、区分。其实，现在很多学校都开设了自己的国学课，由自己的任课教师去讲授国学，因为校内的教师经过专业的教育，并且具有较高的素质，在对国学经典的辨别上要比一般人更加专业。当然，这并不是说所有的学校都必须开设国学课程，还需要结合自身实际情况去灵活地操作，如针对在课外学习国学课程的学生，教师可以主动地去进行了解，了解其课程内容是否对学生有帮助，从而为学生把国学学习的质量关。

最后，从学生家长层面看，学生家长要保持一个清醒的头脑。伴随着近些年来"国学热"的盛行，不少家长愿意让孩子接受"传统文化"的熏陶。从背诵《三字经》

《百家姓》《千字文》，到学习作揖、跪拜，从诵读"四书五经"到操习书画棋琴，不管孩子乐不乐意，也不问举办机构合法与否、开办班级资质如何，但凡与"传统文化"有点联系，便逢班必报，逢课必学。人们对民族传统文化的热忱，体现了一种强烈的民族文化身份认同感，出发点是弘扬民族文化优良传统，这是无可非议的，但不加以区分地将精华与糟粕全盘接收显然是一种不冷静和不明智的做法。因此，在为孩子选择国学班的时候，学生家长要时刻保持冷静，要对其做一个深入的了解，如果不能够甄别，可以与教师沟通，从而进一步地把好孩子国学经典学习的质量关。

第二章　国学经典的重要影响

第一节　国学经典在历史上的影响

一、国学经典对古代政治的影响

政治向来不能独立于文化而存在，各朝各代政治制度及政治方针的制定必然以文化为基础，而先贤们的著作作为文化思想的集中体现，自然在不同程度上影响着各国的政治。下面，笔者将从民本与君本、人治与法治两个层面着手，简要分析先贤文化思想及其著作在国家政治上产生的影响。

（一）民本与君本

民本思想认为人民是国家的根本，只有重视人民、爱护人民，国家才能太平，即"民为邦本，本固邦宁"。西周以后，这一思想在当时的典籍中随处可见。例如，《尚书》记载，皋陶说，治理国家"在知人，在安民"，"安民则惠，黎民怀之"。《尚书·泰誓》中记载："天视自我民视，天听自我民听""民之所欲，天必从之"。《国语》记载："防民之口，甚于防川；川壅而溃，伤人必多。"《左传》记载："国将兴，听于民。"孟轲将这一思想发展到一个高峰。《孟子》一书中充满了"保民而王""仁者无敌""得天下有道，得其民斯得天下矣""暴其民甚，则身弑国亡"之类论说。西汉的贾谊对这一思想做了进一步发挥。唐代的柳宗元提出官吏是"民之役，非以役民"的重民思想。因此，民本思想是中国古代政治思想史中十分宝贵的部分。

君本思想与民本思想相对立，其提倡者以法家学派为主。例如，商鞅、韩非等法家思想家提倡绝对君权，认为君权至高无上。商鞅说："权者，君之所独制也。"韩非说："能独断者，故可以为天下主。"他们认为君主的话就是绝对真理，任何人都不能提出批评意见，更不许人民议政。商鞅变法时，既不允许人民对他的法说坏话，也不允许人民对他的法说好话，认为凡是对法褒贬的人"皆乱化之民""尽迁之于边城"。

儒家学派也讲君臣父子之义，提倡尊君事亲之道，但他们讲的君权是相对的，是有条件的。君既要享权利，也要尽义务，君如果不尽为君的义务，臣就有理由不尽为臣的义务。孔丘说："君使臣以礼，臣事君以忠。"又说："上好礼，则民易使也。"孟轲指出："君之视臣如手足，则臣视君如腹心；君之视臣如犬马，则臣视君如国人；君之视臣如土芥，则臣视君如寇雠。"

（二）人治与法治

儒家主张人治，强调依靠君主和各级官吏个人的能力、聪明才智、威信和影响来统治。他们把国家民族的兴亡寄托于少数统治者。《礼记·中庸》中提道："文武之政，布在方策。其人存，则其政举；其人亡，则其政息。"因此，他们不重视法制建设，而强调官吏的选拔、人才的使用；主张选贤任能，俊杰在位，并十分关注统治者以身作则的效用。孔丘告诫统治者说："政者，正也。子帅以正，孰敢不正。"又说："其身正，不令而行；其身不正，虽令不从。"儒家提倡人治的基础是"德"，他们主张性善论，认为人人都有恻隐、辞让、恭敬、是非之心，可以通过教化，潜移默化地使人人皆为尧舜。他们认为这种心理上的改造是最根本的改造，是最好的办法。孟轲说："以德服人者，中心悦而诚服也。"他们反对法家惩办的办法，认为"法能刑人而不能使人廉，能杀人而不能使人仁"。

与人治相对的法家则强调一切从法，认为"一民之轨莫如法"。《韩非子·用人》中提道："使中主守法术……则万不失矣。"他们认为只凭某些人的主观意旨，就算尧那样的圣人也不能把国家治理好。相反，如果法律修明，一个中等资质的君王也能治理好国家。法家认为人性是恶的，"固骄于爱而听于威"，用说服的办法使人向善是不可能的，提倡暴力政治，主张以力服人，"以刑止刑"。韩非反复强调"明王峭其法而严其刑""罚莫如重而必，使民畏之"等暴力思想。

纵观中国历史，法家思想家虽然排斥伦理道德，但这种思想并不占统治地位，占统治地位的是以孔孟政治思想为主体并融合其他各家学说的新儒家思想。它把政治和伦理道德紧密结合起来，强调"为政以德"，宣传"礼义廉耻，国之四维"，讲诚意、正心、修身、齐家、治国、平天下之道，把"三纲五常"视为治国之本。伦理化的政治思想对中国各朝各代的政治都产生了极为重要的影响。

二、国学经典对古代经济的影响

在众多的国学经典著作中，蕴含着丰富的传统经济思想，涉及范围也颇为广泛，形成了一系列具有中国特色的经济概念，拥有许多值得珍视的思想闪光点，对古代中国经济长期领先于世界起到了重要作用。在此，笔者将视角放在中国古代国学发展的历史长河中，并从中选取几个重要的时期，借助国学经典著作对中国古代经济发展的影响进行剖析。

（一）先秦时期

先秦时期，尤其是进入春秋战国时期后，中国已处于空前的经济社会转型期，铁器及牛耕开始在农业生产活动中得到使用和推广，极大地推动了农用动力的革命和粮食产量的提高，催生出较以往更为丰富的经济活动，而诸侯纷争与列强兼并也使民族融合与统一的趋势不断加强。这种经济发展与社会转型的双重背景，为儒家、法家、道家、墨家、农家、兵家等诸家的多元思想争鸣提供了历史舞台，各学派学者勇于提出自己的主张、见解，也敢于对不同于己的观点进行批评或争论，这造就了各类经济思想的蓬勃发展。在这里，以富强为指向的治理思想作为立国建业的指导思想在列国争霸时期备受重视，齐法家的富国济民论、秦晋法家的弱民富国论和儒家的裕民富国论在争辩中被不同程度地采纳。

然而，与当时西方思想家一样，受社会生产力发展水平所限，此时中国的思想家在论述具体经济问题时，往往也是将其与相关的伦理、政治、哲学等问题混为一谈，如《论语》《老子》《孟子》《墨子》《管子》《荀子》《韩非子》等先哲的论著，均为涵括政治、人文、道德、法律在内的百科全书式典籍，关于义利、本末、奢俭、富国富民等不同议题的经济观点掺杂其间。与此同时，这一时期的学术思想"务实际、切人事、贵力行、重经验"，也奠定了此后中国传统经济思想的基调。整体上，这一时期可谓中国传统经济思想的开端，后世各家各派经济思想大都可以从此找到源头。

（二）西汉时期

在先后遭受了秦末战争及楚汉战争的破坏之后，西汉初期面临人口锐减、经济凋敝的社会局面。为此，汉高祖刘邦在基本沿袭了秦所开创的政治经济体制，围绕"休养生息"和"精兵简政"两大中心进行了一系列改革。经历了汉初的休养生息与"文景之治"，汉武帝时期为了巩固对内统治、支持对外战争，进一步加强中央集权，在思想和学术上表现为独尊儒术，随之经济思想也从自由驰骋的思想争鸣转为更具体的制度设计和政策措施。在实践中，则表现为统制主义经济体制的推行，盐、铁、酒等产品收归为官营专卖，推行算缗、告缗，对豪商大贾征以重税以抑商扶农，采行均输、平准等政策，使商人失去投机机会以保护农民利益并丰实财政。盐铁会议上桑弘羊与儒生的激烈辩论，是对这个变革时期经济思想中干涉主义与放任主义之争的全息展示，也是世界上较早对国家政权与市场体系之间的关系进行讨论的文献。后世各朝代大体也走出了与汉朝类似的轨迹，初期放任，休养生息，而后干涉，如此往复。总体来说，西汉时期没有突破以往的经济思想而产生更多的原创性思潮、思想，但其对于先秦诸子经济构想的实践性运用也颇具贡献，在重本抑末、重义轻利、黜奢崇俭、经济干预与自由放任、财政、货币和田制等方面均为后世确立了正统思想和制度性遗产。

（三）两宋时期

11世纪的宋朝被李约瑟称为中国历史上"最伟大的时期"。[①]宋代的江南地区，与此前建立在自给自足的小农经济基础之上的汉唐社会相比，发生了重要转变，商品经济的成分急速增加，被认为已迈入农商社会的门槛。日本汉学家斯波义信亦认为，此时期的中国"与其说是'纯农业文明'，不如说是'都市化文明'含有更多的固有特征，这是延续到19世纪中国社会的最大特色"。与商品经济的发展相伴的是，货币和财政问题成为此时段很多思想家、政治家的关注焦点和研究对象，尤其是纸币的产生催生了以纸币发行流通管理原则和方法为主要内容的"称提之术"。

科技的发达、经济的繁荣以及商业与都市文明的勃兴还孕育了崇尚"事功"、主张义利合一的浙江永嘉学派，它继承了传统儒学"外王"和"经世"的一面，与一些不适应商品经济发展的传统教条进行了学术论争，如叶适的"义利相和""扶持商贾""理财非聚敛"等思想，其经世致用之学为后世所继承和发展，远播世界。这一时期，其在继承先贤经济思想的基础上，做出了一定的改革和发展，使中国传统经济的发展更加多元化，也催生了宋代时期经济的繁荣。

三、国学经典对古代教育的影响

（一）先秦时期的百家争鸣

先秦时期是封建割据大变革时期，促使教育政策战线空前活跃。各诸侯国的文化教育政策主要体现在"学在官府、学在四夷、礼名实戎、政出百家、养士用士"，教育政策各行其是。在此期，诸子蜂起、百家争鸣局面直接推动了各个学派的发展，涌现出一批著名的教育家，他们的教育言论及其著作促成了先秦教育政策丰富多彩的局面，共同形成了影响中国几千年的教育传统。在此，笔者以儒家和墨家两大显学为例，对两家的教育思想做一个简要的论述。

儒家的教育思想可以从我们熟知的一些儒家言论中窥得一二。在教育对象上，儒

---

① ［英］李约瑟．李约瑟文集［M］．潘吉星主编．沈阳：辽宁科学技术出版社，1986：115.

家提倡"有教无类"，认为应该扩大教育的范围，不应该对教育的接受对象有所限制。在教育的内容上，重视道德品质和理论的教育，推崇仁、义、礼、智、信、恕、忠、孝、悌。在教学的方法上，儒家倡导"因材施教、启发诱导、学思并重"的方法，这些方法在今天都具有重要的指导意义。在教师观上，儒家倡导"诲人不倦、言传身教"，这也是我们当下一直在倡导的。

对于墨家而言，虽然与儒家同为两大显学之一，但似乎并不被我们所熟知，这与其后来的没落有关。但在先秦时期，墨家的思想和著作同样对当时的教育产生了重要的影响。在教育内容上，墨家非常重视道德观念的教育，将"兼爱"与"正义"作为最高的道德理想和教育的根本内容，同时儒家很重视生产劳动知识及其技能的教育。在教育方法上，墨家强调"主动"，即"虽不扣必鸣"，也将就"实践"，即"合其志工"。在对教育的推崇上，关注教育对民生的重要作用，这一点不仅与儒家的教育理念相同，也是诸子百家中大多数的教育理念，也正是这一教育理念，使先秦时期成了百家争鸣的一个轴心时代。

（二）两汉时期的独尊儒术

秦朝灭亡之后，汉初统治者为了吸取秦朝灭亡的教训，采取了休养生息的统治政策——无为而治，以追求社会的生产恢复和发展、稳定社会秩序。在这种相对宽松的社会环境里，尤其是在经历了秦朝焚书坑儒的事件之后，儒生们开始传授经典，儒学逐渐复兴起来。到了汉武帝时期，汉武帝听取董仲舒的建议，下诏"罢黜百家，表彰六经"，正式确立了儒学在封建社会意识形态中的独尊地位。

在汉武帝这种"独尊儒术"的文教政策作用下，汉代的教育业蓬勃发展起来，各类学校纷纷涌现，上至中央下至地方，官学和私学相互发展，使汉朝成为中国历史上第一个官学和私学和谐共存的朝代。在中央，有官学的最高学府——太学，主要以儒家经典为教学内容，甚至出现了中国乃至世界历史上第一个专门学校——鸿都门学。在地方，随着官学的发展建立了大量私学，课程内容也是以儒家思想和经典为主线。在这种从上至下的教学制度的指导下，封建社会时期的学制体系初步形成，为后世历代王朝的学校教育制度奠定了基础。

（三）隋唐时期的尊孔崇儒

到了隋唐时期，儒家思想虽然不像汉代那样唯我独尊，但由于国家统治的需要，统治者依旧将儒家思想及其著作作为教育的重心，确立了崇儒兴学的思想。隋唐实行重振儒术，主要表现在以下几个方面：尊孔，提高儒士的地位；皇帝亲临国学观释奠；重视儒经的整理和研究；科举内容的制定，决定了学校教育的发展方向，即以儒经为主要内容。在隋文帝时期，其至设立了国子寺（我国历史上第一次由中央政府设立的专门管理教育的机构）。国子寺的设立，在中国的教育史上具有重大的意义，因为它的设立标志着我国封建社会的教育已经发展到了成为独立部门的时代。

当然，"尊孔崇儒"与"独尊儒术"有着根本性的区别，虽然隋唐推崇儒家之学，以儒家思想和著作作为教学的根本，但佛、道两教是在唐朝统治者开明的文教政策下发扬光大的，与儒家思想在彼此内在意识上逐渐流通融合。事实也的确如此，儒家教育积极吸收佛教、道教的教学内容、形式、方法及其组织管理的特点，为以后书院的产生奠定了基础。

（四）宋明时期的程朱理学

理学是北宋后期出现的一种特殊形态的儒学，它是继魏晋时期把儒学玄学改造之后，又一次将儒学进行佛（佛教）老（道教）化改造。可以说宋明理学是对隋唐以来逐渐走向没落的儒学的一种强有力的复兴。它由隋唐之际的王通发起，后有韩愈、柳宗元等人的发展，到两宋时期蔚为大观，形成了一场声势浩大的儒学复兴运动，一直持续到明清之际。因为理学衍生自儒学，所以这一时期的教育同样以儒家的著作为主，比如程颢、程颐从众多的儒家经典中，选出《大学》《中庸》《论语》《孟子》作为教学的基本用书。朱熹对上述四种书又重新加以注释，称《四书集注》。

明代也是以理学为教育的根本，朱元璋在建立明朝之后，在制定政治、经济政策的同时，善于吸取历代统治经验，重视思想文化教育在巩固封建政权中的作用。推崇程朱理学，使其成为当时基本的教育政策。儒学是封建统治阶级的官方哲学，但这个时期在崇儒表现形式上与汉代又略有不同。在朱元璋制定的教育政策中，除了尊经崇儒，还提倡程朱理学。一方面，取得了名儒雅士的支持，巩固了新政权；另一方面，规定教化为先、学校为本，于是在全国大兴学校，中央设国子监，地方设府、州、县学，市镇乡村设社学，形成遍及全国的学校网。

四、国学经典对古代科学的影响

（一）国学经典中的科学思想

何谓科学，在《辞海》中这样定义：科学是关于自然界、社会和思维的知识体系，它是适应人们生产斗争和阶级斗争的需要而产生和发展的，它是人们实践经验的结晶。简单来说，科学可以理解为通过系统地观察和实验，在大量科学事实的基础上，形成一种有逻辑结构的陈述系统，用以解释自然的万事万物万象的存在和变化。在中国古代的文化思想中，虽然并没有"科学"一词，但从先秦时期就出现了科学思想。例如，曾子所著的《大学》中便提出了格物致知的思想，原文如下：

所谓致知在格物者，言欲致吾之知，在即物而穷其理也。盖人心之灵莫不有知，而天下之物莫不有理，惟于理有未穷，故其知又不尽也，是以《大学》始教，必使学者即凡于天下之物，莫不因其已知之理而益穷之，以求至乎其极。至于用力之久，而一旦豁然贯通焉，则众物之表里精粗无不到，而吾心之全体大用无不明矣。此谓物格，此谓知之至也。

这段话的大概意思就是获得知识的途径在于认识、研究万事万物，要想获得知识，就必须接触事物并彻底研究它的原理，《大学》一开始就教学习者接触天下万事万物，用自己已有的知识去进一步探究。结合上文对科学的解释可知，"格物致知"的思想与科学精神在某种程度上相契合。

北宋著名的科学家沈括在《答崔肇书》中说："虽实不能，愿学焉，博学之，审问之，慎思之，明辨之，笃行之。不至则命也。""审问之，慎思之，笃行之"这些都是《中庸》中的学习态度，在北宋时期已经被广泛地应用于科学研究中。不仅如此，宋代的科研方法在理学的影响下日趋合理，不但讲究观察与思索，而且初步形成了实验方法。比如，沈括在《补笔谈》里介绍了一个著名的实验，验证了弦的基音和泛音的共振关系，这比西方的实验早了数百年。

就科学的发展来说，其不仅需要良好的技术和物质条件，完善的思想文化也是一个重要的基础。在中国古代，要学习文化知识，就不能不学习先贤的著作，古代的科学家们也不例外，从某种意义来说，他们首先是一个学者，其次才是科学家。虽然我国古代先贤的著作思想偏重于经世治国，但也不乏一些科学思想，正是这些科学思想影响了一代又一代的人，推动了中国古代科学的发展。

（二）产生的具体影响

纵观中国古代的科学发展史，宋代是科学技术发展的一个高峰，而科学技术发展的核心是人，也就是北宋的科学家们，所以笔者将视角聚焦到北宋时期的科学家身上，以北宋科学家的思想为焦点，透视古代先贤著作对北宋科学技术发展所产生的具体影响。

北宋时期的科学家可谓是百家争鸣，各具特点。例如，沈括、苏颂、唐慎微等人，立足于宇宙世界并且对自然模式、变化给予关注，尝试采用新的科学体系去介绍大自然中各种事物之间的关系。因此，就科学技术观念的发展来看，他们的确能够被视为我国古代科技水平最高的人物。王安石、李觏等依据功利主义思想，对人们实际生活产生的价值度采用科学手段进行分析。从行动方面来说，他们的确属于功利主义者。功利主义思想乃是北宋时期科学技术进步的根本思想。北宋时期的政治体系是非常特别的，张载及邵雍等人属于理学派系，主要偏于义理及数理方面的研究，尽管在北宋意识形态方面没有占据中坚地位，但是从本质上来说则是具有科学性的。

接踵而来的则是各派科学的繁荣发展，甚至达到了空前的程度。哲学系思想的核心为天人感应及理学主义思想，在特殊的状况下将人道和天道予以区分，这也是科学技术发展的必要条件，王安石则提出了社会进步、生活进步等具有实质性的科技观念，如农业种植学、医学、林学等。二程所说的道一也就是天道取代人道，而后使人道最终屈服于天道。心学派的代表人物有张柏端、释智圆等，他们成为这种学派的原因是他们有过与宗教相关的经历，为此他们更加注重将自己作为一个独立的个体进行修炼。不过内心修炼注重的是自然和人能够保持和谐、一致。因此，该学派的思想家具有较为保守的政治思想观念，不过在科学自然方面还是取得了非常显著的成果。因为务实派更为注重朝廷和百姓的利益，所以当个人和社会一旦发生了矛盾，他们往往会选择牺牲个人利益而保证社会的利益。但心学派就不同了，他们认为个人的利益是高于社会利益的，因此两者发生冲突时要个人利益为先。

虽然各学派所受的思想影响不同，在推动科学技术发展方面这些学者的作用也不尽相同，但正是依靠这些学者的融会贯通，汇聚了各个层面的力量，才推动了科学技术的快速发展，使宋代成为中国古代科学发展的一个高峰时期。

第二节 国学经典对当今中国的影响

一、国学经典与当代民族精神

（一）国学经典与民族精神的关系

"国学"看起来是一个学术、学科概念，而"国学经典"是其学术著作的统合，其实其目的是实现民族精神的价值建构。"国学"的兴起和发展，首先应该从中华民族精神的价值建构的时代需求来考察，因为国学能够为当代中华文明的崛起提供重要的精神支撑。中国崛起与中华文明崛起不是同一个概念：中国崛起是指一个独立的中国在政治上、经济上的强大；中华文明崛起则是强调一种延续了五千年的文明体系，在经历了近代化、全球化的"浴火"之后，重新成为一个有着强大生命力的文明体系。在世界文明史上，中华文明是唯一历经五千年而没有中断的古文明，并且一直保持其强大的生命力。近代中国在学习、吸收西方先进文明的同时，逐渐形成了一种文明的自觉意识，而国学的兴起，充分体现了中华文明的主体性自觉。

国学及其经典著作之所以能够为中华民族提供精神源泉，不仅因为国学中具有中华民族的历史价值和特殊意义，还因为传统国学所具有的现代价值和普适意义，能够为当代世界、未来人类文明建构提供精神资源。现代化导致社会的急剧变革，个人命运往往变化无常，但是现代人有关驾驭命运的精神动力、行动选择的人生智慧却严重不足，而中国传统的心性之学能够为当代中国人的安身立命提供帮助，为现代人的个体精神需求提供思想营养。特别是在现代化转型过程中，人们正在面临着种种社会失序的严重问题，中国传统的仁爱思想、忠恕之道仍然可以成为建构现代和谐社会的价值理念。总之，国学经典中的仁爱、中和、大同等价值追求，不仅对中华民族具有重要的意义，而且具有全球性的、普遍意义的价值观念，能够弥补某种单一文明主导的价值观念的缺失。西方人强调西方文明的核心价值具有普适性，而中国传统国学经典中表达的中华文明核心价值同样具有普适性，能够丰富、完善人类文明。我们相信，21 世纪建构的人类文明必然是一种多元互补的文明。

（二）国学经典中民族精神的体现

今天，我们正站在中华民族伟大复兴的新的起点上，民族复兴需要民族精神的塑造和弘扬。国学经典中蕴含着许多优秀的、有现实生命力的东西，能够增进我们的民族自尊心、自信心，激励我们深深的爱国心和拳拳的报国志。的确，一个国家的发展是以民族精神为基础的，如果透视国学经典对当今中国的影响，首先影响的必然是国人的民族精神。具体来说，体现在以下几个方面。

首先，探寻真理的精神。中国传统文化重道轻器，强调人的活动要尊重自然界的规律，以"天道行事"。老子提出"道法自然"，《吕氏春秋》提出"法天地"，这些思想说明了人的行为要遵循自然发展规律，人道要与天道相适应。《易经》也表达了这一思想，指出人和自然要保持和谐关系。董仲舒提出"天人之际，合而为一"，屈原提出"路漫漫其修远兮，吾将上下而求索"。这样的探索，不仅是要"究天人之际，通古今之变"，也包含了在自然科学和文学艺术方面的探索，更包含了对人类社会发展规律的探索。现代科学技术的发展需要探寻真理的精神，需要我们不屈不挠，即便是前路漫漫，我们也应该始终抱着不放弃的精神上下求索，直到寻得真理。

其次，天下兴亡、匹夫有责的社会责任感。中国传统文化重视教育，视教育为建国君民的根本，以此培养积极向上的人格。儒家主张有教无类，因材施教，肯定人的价值，肯定生命的价值和现实生活的价值，不崇尚来生来世而是积极入世，强调人的历史使命和社会责任。传统意义上的儒家绝非埋头故纸堆的迂夫子，而是以天下为己任的学术精英，也是活跃在社会生活中、政治舞台上的风云人物。于是，就有了"先天下之忧而忧，后天下之乐而乐"，就有了"鞠躬尽瘁，死而后已"，就有了为天地立心，为生民立命，为往圣继绝学，为万世开太平的思想境界。

再次，积极进取的精神。《周易·乾·象传》中的"天行健，君子以自强不息"，亦即不断地向前运行发展是自然界的规律，人们应以此为榜样，刚强不屈，奋勉向上，决不停止。刚健有为，自强不息的思想，集中反映了中华民族朝气蓬勃、奋发向上的顽强生命力，坚韧不拔、绝不懈怠的开拓和进取精神。儒家以"穷则独善其身，达则兼济天下"为座右铭，以"正心、修身、齐家、治国、平天下"为完美的人生理想，同样表现出了强烈的进取精神。的确，君子当自强不息，哪怕前路崎岖，也当刚强不屈，奋勉向上，这是每个国人都应该具有的民族精神。

最后，大一统的价值取向。与世界其他民族比较，中华民族是统一意识特别强烈的民族，早在三千多年前就提出了中国大一统思想。孔子就直截了当地提出过天子治天下，诸侯治本国的观念。不止儒家，道家、墨家等诸家都强调整体观点，认为宇宙是一个整体，人和物也都各是一个整体。儒家的"修身、齐家、治国、平天下"，道家的"人法地、地法天、天法道、道法自然"，墨家的"尚同"，都鲜明地体现了这一点。这种整体观念认为全局利益高于局部利益、整体利益高于个人利益，从而形成了以大局为重的独特品格和精神风貌，这无疑是中华民族形成强大向心力，长久保持团结和统一的重要原因。

二、国学经典与当代教育

国学经典作为中华文化中最优秀、最精华、最有价值的典范性著作，已经不同程度地渗入我国大中小学的教材之中，在很大程度上影响着中国当代的教育。当然，其对中国教育的影响不止体现在教学内容上，更体现在对教育观的影响上。

（一）应重视学生道德品质的培养

在先贤的教育观念中，知识的传授从来都不是最重要的，最重要的是道德的修养，这一点可以在很多的国学经典著作中找到印证。确实如此，教育所关心的应该是人的心灵成长的问题，是受教育者如何通过内外兼修而成为一个全面具备"仁、义、礼、智、信"的人。考察一个人也主要不是从学问的高低，而首先是从品德的优劣来衡量：为人处事是否符合道德评判；行为举止是否合乎礼仪规范；是否有清晰的立场原则，能明辨是非；是否有行动力并且信守承诺。在先贤们看来，这是作为一个人所必须具备的基本品质，教育就是不断培育这些品质的过程，如果一个人只有学问却没有道德，那他便失去了做人的根本，成了一个知识存储的器物而已。

今天的学校教育以学习科学文化知识为主，这其实无可厚非，但显而易见，现代的学校教育忽视了学生道德品质的培养，或者说品质的培养比较空泛、落不到实处，从而导致学生道德素养的缺乏，更进一步导致了社会上一系列道德意识淡漠现象的发生。从某种意义上来说，虽然人们接受教育的程度有了明显的提升，但人们的道德水平并没有随着受教育程度的提高而有所提升，某些人的道德素养甚至与高学历背道而驰。这是片面重视智力培养而造成的人格缺陷，也体现出学校教育中道德教育和生命教育的缺失。学生道德意识的淡泊应该引起所有教育工作者的警惕，我们应该适当调整"德、智、体、美、劳"，尤其是德育在教学中的比重，这显然是相当必要的，也是对智育过分膨胀的教育弊端的一种纠正。

学生道德品质的培养虽然依靠教师的引导，但从长远来看，还是要使个体形成道德自觉意识。"吾日三省吾身"，通过不断自我反省、更正错误，使价值观念深入每个个体的内心，转化为自我约束的一种强大的力量，最终实现道德自觉。孟子说"学问之道无他，求其放心而已"，学习的目的就是要把放逐出去的心找回来，回到善的轨道上来，孟子强调的也是人主观向善的愿望，客观环境在一定程度上会对人产生影响，但最终决定道德水平高低的还在人本身。确实如此，在学生道德素养的培养上，最终追求的是道德的自律，而不是他律，这是在学生道德品质培育上教师必然要认识到的一点。

（二）应审视自己的教学方法

在教育学生的过程中，孔子特别强调学生的领悟能力，认为学生有不同的水平和层次，如果达不到一定的层次，和他谈论高深的道理也是没有任何效果的。《论语·雍也》篇中，孔子说："中人以上，可以语上也；中人以下，不可以语上也。"要求学生对传授的知识能够心领神会，或者通过自己的思考逐渐悟透。也就是强调学生要有主动学习的意愿和努力，不断摸索和思考，而教师的作用是在你来到门前却找不到门的时候，给你最恰到好处的指引，把你引进门内，所以孔子说"不愤不启，不悱不发，举一隅，不以三隅反，则不复也"。"愤"，是心里有疑惑无法解答，这说明学生已经有了一定程度的思考但却无法从错综复杂的矛盾中整理出思路，这时候他需要教师的引导，而教师在这个恰当时机的启发，往往能使学生茅塞顿开，印象深刻，达到良好的教学效果。"悱",是心里想说却无法清楚恰当地表述出来,说明学生在心里已经有了初步、模糊的答案,这时教师就可以引导他掌握正确的答案了。在这个过程中,教师扮演着关键的引导者的角色,不是忽视学生的情况进行填鸭式的教育,而是在学生对知识有所掌握情况下,适当进行点拨和引导,让学生在从质变到量变的过程中更迅速地跨越最关键的一道门槛,上升到一个新的层次。

当然,启发式教学的魅力不仅在课堂上,还在于学生在自我学习中能够不断思考、举一反三,这对学生来说是终身受益的。《论语》开篇就讲到"学而时习之,不亦乐乎",学习的过程中要按时复习,这是一种知识的深化,也是为再创造做积累。《为政》篇中还说到"温故而知新",在旧学中发现新问题、新知识,也确是学习过程中的乐趣。《中庸》中总结到"博学之,审问之,慎思之,明辨之,笃行之","学""审""思""辨""行"是教学过程的几个阶段,教师将知识传授给学生,学生在初步学习的基础上,经过提问、思考,逐渐将知识消化、吸收,再经过"明辨",分清真伪,更重要的是分清哪些是自己真正要学习的,有所取舍之后,就是最后的实践了,而且要"笃行之",要矢志不渝地躬行践履。

(三)应审视自己与学生的关系

孔子在《论语·卫灵公》中直接提出了"有教无类"的教育理念,意思就是不管贫富贵贱、不论阶级出身、不分国别,只要虚心受教,孔子都会一视同仁地接纳。比如,富甲一方的贵族阶级冉求,家住陋巷的贫民颜回,卫国商人子贡,喜欢问事庄稼的樊迟,等等。实际上,孔子开创"私学"就是给不同阶层的广大民众提供更多受教育的机会,教育不再是贵族阶级所享有的特权,社会上任何一个人只要有向学之心,都能接受教育,这体现的就是一种教育平等的理念。而这首先是对教育者本身的要求,作为一个教育工作者,能否有博大平等的心态去对待自己的学生;不管学生的出身及资质如何,能否耐心地进行教导。其实这就是今天所强调的师德中的一个方面,在两千多年前孔子等先贤就为我们做出了表率。

此外,除了平等地看待学生,还要正确地看待自己和学生的关系,在这一点上孔子等先贤同样成为我们的榜样。孔子从不将自己置身于高高在上的、威严不可侵犯的师长位置,也从不认为拜师之后就必定是埋头苦读、亦步亦趋,他希望学生能有自己的想法,能提出不同的见解并与之辩论。所谓"三人行,必有我师焉"就是这样的道理,这三个人里面可以是学生,也可以是学生和老师,不管身份高低,总有可以学习的地方。维护师道尊严,只是强调学生对老师的尊敬以及老师对学生的循循善诱,但老师并不是一个权威的角色,他不能要求所有的学生都接受他的学问和思想,相反他应"不耻下问"，接受学生的批评或者与之辩论。在遵循"礼"的大前提下，师生关系应该是灵活而平等的，应该是一种亦师亦友的和谐、融洽的关系。

三、国学经典与个人成长

国学是中华民族的精神家园，是中国人的文化识别符号，是中国传统学术和文化的综合。国学经典中蕴含着丰富的哲学思想、人文精神、道德理念、教化意识，闪耀着传承千载的理性光芒。从国家与国民的角度看，国学影响了当代中国的教育及国民精神；而从个人成长和发展的角度看，国学对每个人也同样产生了重要的影响。

（一）学以立德

马克思认为，人的本质是一切社会关系的总和。古人将君臣、父子、兄弟、夫妇、朋友视为基本的社会人伦关系，认为按照一定的道德规范处理好社会人伦关系，就能实现社会的有序运转、百姓的安居乐业。这一观念仍然是我们处理各种社会关系的主要依据。作为子女应事亲以"孝"。百善孝为先，孝是一种美好的情感，也是儒家"仁"爱思想的重要内容。同时，要兄弟友爱、夫妻和睦，营造良好的家庭氛围。作为国家公民应为国以"忠"，继承忠于国家民族的优良传统，要树立爱国意识，怀忧国之心，立报国之志，行为国之举。作为社会成员应处世以"和"。孔子说："礼之用，和为贵。"学国学应继承发扬"和"的思想，努力追求身与心的和谐，注重修心养性，培养"不以物喜，不以己悲"的胸怀，磨砺"不亢不卑，不骄不谄"的心境，达到心灵的平和宁静。同时，追求人与自然的和谐，促进人与自然和谐共生。作为朋友，应待人以"信"，"信"是儒家"五常"之一，是道德修养的重要内容。"信"作为待人接物的行为准则，要忠厚诚实，做老实人、说老实话、办老实事，不虚伪、不欺骗。个人道德素养体现在方方面面，而国学经典在方方面面都对我们有指引作用，对促进个人道德素养的提升具有十分积极的作用。

（二）学以陶情

国学经典涵盖的范畴极为深广，其内涵也丰富而深邃、厚重而隽永。从学术思想的发展来看，我国古代先后产生了先秦百家、两汉经学、魏晋玄学、隋唐佛学、宋朝理学、明朝心学、清朝朴学等标志性学术，形成了完整而独特的学术体系。从文学艺术的发展来看，中华民族在漫长的历史进程中创造了自成体系、独具魅力的文学艺术。"楚辞汉赋唐诗宋词元曲明清小说，中华文学七朝六绝唱；李篆曹隶颜楷王行张草金石刀刻，传统书法五体一脉承"，这副对联生动列数了我国历代主要的文学和书法艺术成就。从儒家学说来看，儒家经典主要是"四书五经"，也有人将"春秋三传"——《春秋左传》《春秋公羊传》《春秋谷梁传》,及"三礼"——《周礼》《仪礼》《礼记》,连同《易经》《尚书》《诗经》称为"九经",或将"四书"与"九经"合称"十三经"。其内容极为广博,而历代阐释、注解经典的著作更是数不胜数。阅读本身就可以涵养身心、陶冶情操,阅读国学经典的作用更是不言自明。

(三)学以培智

国学经典囊括经、史、子、集四部,不同类别的图书,对我们的影响也各不相同。文学通过形象思维表达思想观点和价值取向,更容易为人们所喜爱和接受,也容易发挥"润物细无声"的作用。通过阅读文学,可以浸润我们的身心、增长才情、收获人生启迪。学历史知古鉴今。历史中汇聚着古圣先贤的智慧,蕴含着为人处世的道理,读史可以明史,可以开阔视野、洞察规律,为现实生活提供有益借鉴。学哲学思辨敏行。在中国哲学中影响最大的是儒、释、道三家,儒家思想是中国传统哲学的主流,道家思想是以"道"为中心的哲学体系,佛家思想经过从汉至唐六百余年的消化,演变为中国化的宗教哲学。国学经典囊括甚广,笔者不一一列数,概括来说,阅读国学经典可以培智,这里的"智"更多的是指智慧,一种审视自己、审视世界的大智慧。

第三节 国学经典对国际的影响

一、国学经典的早期传播及影响

国学经典作为中华文化中最优秀、最精华、最有价值的典范性著作,其内容非常丰富,我们不可能针对所有的著作进行论述。另外,在中国古代社会,儒学一直占据核心地位,所以儒学的传播范围最广,影响也最为深远。因此,针对国学经典的早期传播及影响,我们将以儒学为切入点展开探索和论述。

(一)国学经典在亚洲的早期传播及影响

中国作为亚洲第一大国,其文化思想对亚洲的周边各国产生了重要的影响,其中对朝鲜、日本、越南、新加坡等国的影响尤为明显。

1. 朝鲜

儒学在朝鲜的传播、已有两千年的历史。在世界上传入孔子思想和儒家学说的众多国家中,朝鲜是传入最早、传播领域最广的,因而成为受孔子思想和儒家学说影响最为深远的国家。① 形成于中国春秋末期（公元前 5 世纪）的孔子儒学，约在公元前 1 世纪左右，即以郡治政治思想传入，成为其治理国家和维护伦理礼仪的规范，这一时期朝鲜的思想文化与汉王朝的儒家思想文化几乎融为一体。当然，在后来的发展中，中国几种不同形态的"儒家学说"，如先秦儒学、汉唐经学、宋明理学，都依次登临朝鲜的思想和政治舞台。935 年，统一了朝鲜半岛的高丽王朝，立文宣王庙，扩充以儒学为主的国学教育，实行开科取士，还兴起了大儒开办私学的风气。如果说早期朝鲜的儒学真伪混杂，那么到了 1392 年后的朝鲜，便可以称得上是儒学鼎盛之时，当时的政府更是以此为精神支柱，用伪儒的"三纲五常"作为治国手段，可以说当时完全是朱子之学的天下了。

2. 日本

中日两国有着悠久的文化交流史。中国文化特别是儒学不仅影响了日本社会历史的发展，还广泛地渗透到社会生活的各个层面，成为其文化传统的重要组成部分。日本接触儒学，大约以 285 年百济博士王仁渡海到日本，献《论语》为始，以后也是真伪并进。5 世纪时，日本从原始的氏族色彩政体转变为中央集权的"法式备定"律令国家，其律令多为学习隋唐文化的结果，不少内容依据儒家经典而来，但与中国伪儒一样，特别强调有利于巩固专制统治的"以王为主"的忠君观念，以及"百行之本"的"孝理"。

7 世纪初，日本圣德太子依儒学思想制定"冠位十二阶"和《十七条宪法》，开始"大化革新"，先后十九次遣使和派留学生来华，开始了两国之间密切的国际交往。德川幕府统治时期，再度大兴儒术、广建学校。幕府在江户所建学校称为弘文馆，至此改为官学。学中除教授定额的学生外，还在每天午前公开讲授"四书"，任人旁听，称为"御高门日讲"。在德川幕府统治的两百六十余年中，儒学长盛不衰，作为儒家重要经典的《论语》，在日本社会上影响非常大，被尊为至高无上的圣典，上自历代天皇，下至市井庶人，始终讲究不倦。

3. 越南

公元前 111 年，汉武帝平定南越，并在今越南北部、中部北区建交趾、九真、日南三郡，从此越南成为中国封建王朝的郡县，史称"北属时期"或"郡县时期"。汉朝中央政府对于像交趾这样的边疆地区不使用汉朝法律，而是沿用南越的风俗习惯来管辖，然后慢慢地传播中原文化。儒学在中国处于"独尊"的地位，流传越南是必

① 杨焕英.孔子思想在国外的传播与影响 [M].北京：教育科学出版社，1987：37.

然的。这一时期，儒学思想的传播是借助中国政权的倡导和推行而实现的，通过兴办教育以及中原移民与当地居民的密切交往，特别是地方官吏的宣扬推广，有力推动了儒学道德思想在越南的传播。据中越的有关历史记载，这一时期，对儒学思想传播越南做出突出贡献的有东汉的锡光、任延、马援等人。锡光、任延在东汉初年分别任交趾太守和九真太守，二人利用担任地方行政官员的有利条件，在交趾地区创办学校，传播儒家文化，这有利于促进当地文化教育事业的发展和文明程度的提高。

1705 年，立国后的越南李朝仁宗，仿宋制第一次开科取士，首考儒学，取士十人。而后，越南立国学，建文庙，行孔教。越南太宗绍平二年（1435 年）起，官方刊刻《四书大全》《五经》颁布全越。1835 年，越南明命帝将《四书》《五经》《小学集注》《四书人物备考》刊刻，颁发给国子监及各省学校。儒学在越南的传播有近两千年的历史。因此，儒学已渗透到社会生活的方方面面，并成为越南民族精神和民族文化的有机组成部分。越南历史学家陈重金在其著作《越南通史》中指出："须知我国自古至今，凡事皆以儒教为依据，以三纲五常为处世之根本。君臣、父子、夫妻，为我国社会所固有的伦理，谁若违背这些伦理，则被视为非人。"①

4. 新加坡

儒学在新加坡的传播可追溯到 19 世纪初期，1819 年英国人莱佛士宣布新加坡开埠后，越来越多的华人来到新加坡谋生。新加坡早期的华人大部分来自中国沿海各省，主要由商人和劳工组成。移居新加坡的华人大体可以分为前后两个时期，早期的移民多为商人和他们的随从，后期的华人移民主要是劳工。由于他们是在传统的儒家伦理社会中长大的，他们的思想文化及生活习俗也充满着浓厚的儒家色彩，自然而然地将儒家的价值观念和风俗习惯带到了新加坡。

儒家思想在新加坡的传播，存在着一个由无意识地自动传承到有意识地主动传播两个阶段。由于早期的华人移民大都是没有受过教育的文盲劳工苦力，因而一开始，这是一个无意识的传承过程。最初，为了维护与保持自己的文化传统，有钱人家的男孩儿往往要远渡重洋被送回中国读书，而女孩儿则留在当地。到 19 世纪中后期，随着中国南来移民日渐增多，在当地兴办学校就成了必然，新加坡逐渐形成讲习儒学的风气，华人也开始兴办学堂，将儒家思想传给下一代。1881 年，左秉隆出任中国驻新加坡领事，他十分重视儒家思想和儒学教育，与当地名流共同推行以儒学为核心的中国传统文化，通过他的努力，儒学在新加坡得到了空前的普及和传播。

---

① ［越］陈重金.越南通史［M］.戴可来译.北京：商务印书馆，1992：313.

（二）国学经典在欧洲的早期传播及影响

由于中欧之间路途遥远，阻碍重重，儒家文化向欧洲的传播并不顺畅，一直到16世纪末期才有了实质性的进展。儒家文化的西传，同其东播一样，并不是主动的。在儒家文化西传的过程中，最初发挥作用的主要力量来自传教士。另外，海外华人在这一过程中也发挥了一定的作用。佛家文化传入欧洲之后，曾经引起了强烈反响，对欧洲的启蒙运动产生了积极的推动作用。

1. 传教士的传播作用

新航路的开辟和新大陆的发现，刺激欧洲各国相继到东方进行殖民活动。意大利传教士首先来到中国。1579年，第一个来华的传教士罗明坚抵达澳门。1582年利玛窦也奉耶稣会之命来华。利玛窦来华后苦心钻研儒家文化，尤其以孔子文化为中心，1595年他在南昌刊刻了《天学实义》（后改为《天主实义》），此书再版多次，并译成多种文字。为帮助本国政府了解中国，利玛窦将儒家经典的情况介绍给本国和欧洲其他国家。1594年，利玛窦出版了"四书"的拉丁文译本，这是儒家经典最早译成西方文字。尤其是利玛窦的《基督教传入中国史》《利玛窦日记》先后以意文、拉丁文、法文、德文和西班牙文出版以后，儒家文化作为一种新思想于16世纪与17世纪之交开始传入意大利，在意大利思想界和社会上引起强烈的反响。

其他传教士也仿效他去研究和利用儒家文化，并致力于儒学与天主教义的融合工作。其中，成绩卓著者有艾儒略和殷铎泽。艾儒略对"四书""五经"都颇有研究，著述多达三十余种。他和利玛窦一样，在著作中大量引用儒家经典。艾儒略于1625年开始进入福建讲学传教，被闽中人称为"西来孔子"。[①]1662年，殷铎泽将《大学》《论语》等译成拉丁文。1672年，他出版了巴黎本的《中庸》，书末附拉丁文和法文的《孔子传》。该书不仅向西方介绍了儒家经典，还介绍了孔子其人。1687年，殷铎泽与比利时传教士柏应理、鲁日满和奥地利传教士恩理格合编的《中国之哲人孔子》的拉丁文译本在巴黎出版，小文标题是西文《四书直解》。[②]内附"孔子传"及"周易六十四卦及其意义"，并插入孔子画像，上书"国学仲尼，天下先师"。此书为欧洲最初全部翻译"四书"及详细作孔子传之始。该书出版后，欧洲学者始尊孔子为天下先师及道德与政治哲学上最博大的学者和预言家。

紧随意大利之后，法国传教士也来到中国。1611年，耶稣会派遣法国传教士

---

① 徐宗泽.明清间耶稣会士译著提要[M].上海：上海书店，2010:276.

② 赵晓阳.传教士与中国学的翻译：以四书、五经为中心// 鞠曦.恒道：第二辑[M].长春：吉林文史出版社，2003：482-493.

金尼阁来华。到 1773 年止，先后来华的法国耶稣会传教士已近百人。金尼阁对待儒家文化的态度与利氏一样，主张把孔子文化与基督教教义相调和。他继利氏 1594 年将"四书"译成拉丁文之后，于 1626 年把"五经"也译成了拉丁文，只是译本后来散失了。继金尼阁之后，来华的法国传教士也都把学习与研究儒学放在重要地位。1698 年，马若瑟同白晋一起来华。马若瑟尊重中国人祭祖尊孔的习俗，精心研究中国《书经》，著有《〈书经〉以前时代及中国神话之研究》。1720 年，马若瑟被召回罗马，他对教会员司说，天主教之教理，于中国许多典籍中均可求得，以孔子之"经"中蕴藏最富气。他的论述使法国加深了对儒家文化的了解。之后，殷弘绪翻译了朱熹的《劝学诗》，赫苍壁选译了《诗经》和刘向的《列女传》，冯秉正将《通鉴纲目》十二卷译为法文，钱德明著有《孔子传》《孔门弟子传略》等。[①]

除翻译儒经外，传教士们还著书立说介绍或评论孔子文化。其中，《中华帝国全志》《耶稣会士书简集》《北京耶稣会士中国纪要》被称为关于中国的三大名著。《耶稣会士书简集》收有传教士讨论中国孔子文化的书信十六封，《中华帝国全志》在法国出版后，先后又有英、德、俄译本。书中有孔子和康熙像，第二卷详述了中国的经书和教育。这两部著作对法国及欧洲的影响极大，如对伏尔泰、霍尔巴赫、魁奈等人的思想都有影响。

2. 儒家文化对欧洲的影响

18 世纪的法国，资产阶级的启蒙思想家们，高举"理性"的旗帜，向封建专制政治制度及封建神权发起了猛烈的攻击。他们主张开明专制制度或民主政体而反对君主专制制度。以儒家文化为代表的中国古代思想使启蒙思想家们获得新的思想武器。其中，受儒家文化影响最深的为百科全书派和重农学派。

法国百科全书派的领袖是霍尔巴赫，他推崇儒家以德治国的政治主张，不仅自造了一个法文"德治"新词，还写了《德治或以道德为基础的政府》一书。另外，百科全书的主编狄德罗介绍了中国哲学史，从孔子时期一直讲到明末，且对"四书"和"五经"都有介绍。对于儒家文化，他认为孔子不谈奇迹，不言灵感，属于伦理学和政治学的范围。他对孔子学说甚为钦佩，在他看来儒家只需要以"理性"或"真理"便可以治国、平天下。

中国是以农立国的国家，因此从孔子以来的历代儒学大家都对农业十分重视。魁奈及重农学派深为赞同，他们认为只有农业才是国家财富的源泉，魁奈所说的"农

---

① 徐宗泽．明清间耶稣会上译著提要 [M].上海：上海书店，2010：296.

人穷困，则国家穷困；国家穷困，则国王穷困”，几乎是《论语》所载的“百姓足，君孰与不足；百姓不足，君孰与足”的翻版。在他的提倡下，法国国王路易十五于1756 年举行了亲耕籍田的仪式。重农学派的另一领袖杜尔哥则从传教士和中国留法的学生中获取了大量有关中国的资料，儒家学派的经典，如《易经》《诗经》《孝经》《左传》《周礼》《礼记》《论语》《大学》《中庸》等他都读过，杜尔哥吸取这些儒家经典中的思想，从而把重农主义体系发展到新的高峰，使重农学派成为启蒙运动中的一支重要力量。

18 世纪德国资产阶级启蒙思想家受孔子文化的启迪而形成了各种学说体系，其中哲学界和文学界受孔子文化影响最深。德国的哲学界对孔子文化最为崇拜的学者当属莱布尼茨。莱布尼茨早在二十一岁时便开始对儒学进行研究，而且对儒家的自然神学、道德观及政治观非常赞美。莱布尼茨在《致爱伦斯特的一封信》中说：“今年巴黎曾发行孔子的著述，彼可称为中国哲学者之王。”1689 年，莱布尼茨在罗马会见了闵明我，并与闵明我保持密切的书信联系，他请求闵明我在中国搜集有关资料，以加深对中国的了解，这激发了他对古老中国文明的倾慕之情。法国传教士白晋对莱布尼茨学说影响最大。1698 年，白晋与莱布尼茨讨论《易经》，引起莱布尼茨对《易经》卦爻的注意。1703 年，莱布尼茨将其编制的二进位表送给白晋，同年月白晋送给莱布尼茨两个易图，一个是《伏羲六十四卦次序图》，另一个是《伏羲六十四卦方位图》。《易经》的阴爻、阳爻思维与莱布尼茨发明的二元算术是一致的。从此，他更对中国哲学深信不疑。《易经》和宋儒的图说，对莱布尼茨二进制算术的不断完善起到了积极作用。

儒家文化对德国文学界的影响，可由其对大诗人歌德的影响见其一斑。据朱谦之、杨武能、李思纯等的研究，歌德很早便接触到儒家经典。李思纯认为歌德1770年即已熟读儒家的六经。歌德还读过竺赫德编纂的《中华帝国全志》，此书在魏玛公爵的宫廷中颇为流行。歌德将《中华帝国全志》中的《赵氏孤儿》改编成悲剧《哀兰伯诺》。在歌德心目中，中国是一个儒家思想统治下的中国，是孔夫子的中国。由于歌德对孔子的赞赏倾慕，其在德国被称为“魏玛的孔夫子”。

（三）国学经典在美国的早期传播及影响

由于美国历史较为短暂，儒家文化在美国的传播必定要比在欧洲的传播晚得多。但是，美国这个后起之秀，在接纳儒家文化方面也是后来居上的。

1.传教士的传播作用

美国独立之后，发展得很快，到 19 世纪初叶对华贸易便已上升到第二位，仅次于英国。为打开中国的大门，美国在对中国进行政治、经济侵略的同时，也加紧了文化侵略，追随英、德向中国派遣传教士。1830年，美国第一个传教士裨治文来到中国，到19世纪末，美国在华传教士已多达一千五百多人。其中，裨治文、卫三畏、明恩溥、狄考文、卫斐烈等较为著名。

1832年，裨治文创办了《澳门月报》，向外国介绍中国的社会历史及民风民俗等。1842年，传教士与美国外交官一起成立了美国东方学会，这个学会以"传布东方知识，增进东方语言学研究"为宗旨，开展对东方的古代文化、历史、语言的研究活动，先后出版了《美国东方学会杂志》《美国东方学丛刊》和《美国东方学翻译丛刊》，并成立了东方文献图书馆。从19世纪70年代起，美国的大学开始设立有关中国文化的教学研究机构。1876年，在卫三畏的主持下，耶鲁大学设立了美国第一个汉语教学研究室和东方学图书馆，后来加利福尼亚大学、哈佛大学、哥伦比亚大学等也相继建立。这些活动促进了儒家文化的传播。耶鲁大学设置了第一个中国学讲座并聘请卫三畏担任第一位教授，卫三畏强调利用儒家经典展开在华的传教事业，主张把儒家文化与基督教文化结合起来。

2. 美国政府的推动

不仅传教士热心于翻译和传播孔子文化，美国政府对此也十分重视。1869年，美国政府通过其在北京的使节，向清政府提出以种子交换清朝文献的要求。同年6月，清政府指派恭亲王出面，以中国古典经籍《皇清经解》《五礼通考》《性理大全》等十种一百三十函回赠美国，由此开始了美国图书馆对我国图书资料的搜集。这批书后来成了美国图书馆中第一批中文古籍藏书。

此外，1904年到1908年，清政府又第二次向美国赠书，这些书收藏于美国国会图书馆。美国国会图书馆在近百年中，还通过一些"中国通"、外交官从中国盗买的一些书籍中获得一些中国古籍。例如，1879年，从外交官顾顺处获得其从广州盗买的两千五百册汉满文书籍；1929年，从天津盗买善本书两万多册。中国古典经籍的传入，为美国的儒学研究提供了资料来源，对早期美国的儒家文化研究起到了促进作用。

二、国学经典的近期影响

（一）国学经典在亚洲的近期影响

1. 韩国

一千多年以前，儒家经典著作传入韩国，自此之后儒学便成了一种重要的精神力量，维系着韩国社会的发展，支持着韩国自立自强的民族精神气质。韩国人为把这种体现韩国民族精神的儒学发扬光大，将其渗透在学校德育的各个方面。首先，注重小学生"礼仪生活"的培养，在小学生道德教育中灌输儒学观念。其次，以"仁、义、礼、智、信"为基础培养小学生的道德行为习惯，强调培养小学生的"忠孝"之义和"互相团结"之心。最后，强调小学生在社会实践中践行儒家思想，将儒学精神与社会实践相结合，把儒家思想融入大韩民族的潜意识之中，变成民族的集体性格和无穷的精神力量。

韩国曾多次进行教育改革，始终将儒家思想作为道德教育课程设置的主要指导思想，规定小学的道德教育内容由一至二年级的生活课和三至六年级的道德课组成。生活课是韩国道德教育基础课，根据社会的要求，教授学生基本礼仪、生活习惯和道德规范。道德课分为国家生活、社会生活、自然生活、学校生活、家庭生活以及个人生活六大领域，旨在培养学生的道德行为习惯。道德课根据学生心理发展特点和社会需求，将教育重点放在了培养学生的爱国思想、民主法制意识以及爱家爱校思想上，教育学生遵守公德，养成个人良好品德。

2. 日本

"20 世纪 80 年代，中国大陆出现了一股'文化'热，特别是'现代新儒学思潮研究'这一课题自列为'七五''八五'国家社科规划重点项目（1986 年至 1996 年）以来，中国思想文化界的这股文化热集中表现为一股持续不衰的'新儒学'热，现代新儒学从断顿三十多年的'绝学'变成名噪一时的'显学'，这方面的研究成果相当可观。这一思想动向对日本学界也产生了影响，一些日本学者的研究成果也有在中国大陆发表的，如吾妻重二的《冯友兰研究》、沟口雄三的《梁漱溟研究》……中国现代新儒学研究，还促使日本学者反思和研究明治以来日本儒学的发展状况，这方面也有不少成果。在这一阶段，有一件事值得注意，这就是 1995 年 12 月 2 日至 4 日在北京友谊宾馆会议室举行的一次对谈。对谈双方的主要人物是中国的张岱年与日本的冈田武彦，他们不仅对儒学有深入的研究而且有深刻的体会，可以说是当代中日儒学交流的一次盛举。"[1]2015 年，日本哲学博士樋口达郎出版了著作《国学的日本》。从近年日本国学界与中国儒学的交流看，可以说现代日本国学又出现与中国儒学再融合的趋势。

---

[1] 刘岳兵.中日近现代思想与儒学 [M].北京：生活·读书·新知三联书店，2007：154.

3.新加坡

新加坡是一个多种族、多宗教、多文化的新兴国家。20世纪70年代，新加坡的现代化发展给经济和社会带来了西化倾向严重、道德危机加剧等问题，国家领导人将目光投向了中国的传统文化，尤其将目光集中在儒家文化上，并带领国民进行自上而下的儒家文化教育。新加坡将经过筛选和创新的儒家传统文化作为核心，构建了共同价值观；在学校开设儒家伦理课程，编写相关的儒家伦理课程教材，向青少年传递儒家伦理道德；在社会开展各种弘扬儒家伦理道德的实践活动，如推动礼貌运动、华语学习运动等。直到现在，新加坡的中国传统文化教育仍处于稳定和成熟阶段。

新加坡的中国传统文化教育具有其自身特点：在教育目标上，希望通过儒家伦理道德的宣传和灌输，培育新加坡公民的国家意识，提高国民的素质，建立一个融合各种族共同利益的价值观；在教育内容上，在传统儒家文化的基础上，根据多元种族、多元宗教的国情特点和社会现代化的发展，改造和创新传统文化，赋予其符合新时代特征的内容和形式，使国民易于接受儒家伦理教育的内容；在教育形式上，除了学校显性和隐性课程的开展，社区活动、文化部门的宣传等形式，将中华传统文化教育渗入社会各个角落。新加坡的中国传统文化教育增强了国家的凝聚力，提高了国民的道德修养。

（二）国学经典在欧洲的近期影响

随着中国国际威望的不断提高，英国学者和学术界对中国问题的研究活跃起来。1957年，英国研究汉学的学生已有百名，大学里的汉学教师数量也急剧增加，在研究课程内容上受欧洲传统汉学研究的影响，偏于唐宋以前。牛津大学偏重于古典文献的研究，公共必修科目为《左传》《孟子》中的篇章，选修科为《孝经》及唐宋传奇等，诗则主要讲《诗经》和唐诗。剑桥大学课程也偏重古典，有中国史、中国文化史、中国古代史、中国文学史等，都有关于孔子及儒学的内容。专著的讲授有《孟子》《荀子》《史记》《汉书》《水浒传》《红楼梦》等儒家经典及贯穿儒家思想的文、史著作。伦敦大学的课程虽较注意近现代，但也有古文和古文英译及中国哲学史课。所用教本，古文方面有《孟子》《史记》《颜氏家训》等。

著名学者、大翻译家威利在英国和整个欧美汉学界极有名望，他先后翻译了《诗经》《论语》等，著有《古代中国思想》。其他如主持牛津大学汉学研究的霍克思、主持伦敦大学汉学研究的崔采德、主持剑桥大学汉学研究的浦利波兰克，对儒学都有研究。特别应该指出的是英国皇家学会会员李约瑟，他提出了一些对儒学的独到见解。李约瑟继德国的莱布尼茨之后对儒经中的《易经》与数学的关系进行了研究，提出

"在历法领域中，数学在社会上属于正统的儒家知识的范畴"，对《易经》倍加推崇。

（三）国学经典在美国的近期影响

随着中国传统文化不断向美国输入，越来越多的美国学者开始研究中国的传统文化，研究代表这些文化的典籍，并先后涌现出了一批著名的汉学家。比如，其中的代表人物顾立雅（H.G.Creel）教授，他主要研究中国古代思想史，特别以研究孔子及儒学著称。他在《孔子与中国之道》一书中指出："众所周知，哲学的启蒙运动开始时，孔子已经成为欧洲的名人。一大批哲学家包括莱布尼茨、沃尔夫、伏尔泰，以及一些政治家和文人，都用孔子的名字和思想来推动他们的主张，而在此进程中他们本人亦受到了教育和影响。法国和英国的实情是，中国在儒学的推动之下，早就彻底废除了世袭贵族政治，现在儒学又成为攻击这两个国家的世袭特权的武器。在欧洲，在以法国大革命为背景的民主理想的发展中，孔子哲学起了相当重要的作用。通过法国的民主思想，它又间接地影响了美国民主的发展。"由此可见，顾立雅对儒家文化所持的是一种积极态度。

另外，自 2005 年孔子学院在美国启动运行，由美国马里兰大学和天津南开大学合作办学之后，孔子学院陆续与越来越多的美国高校展开了合作。值得关注的是，美国的汉语学习热潮渐渐向低年龄阶段发展，国家开设汉语课程或汉语专业，汉语教学由第三外语上升为第二外语，一部分美国家长看到了汉语的发展潜力，鼓励孩子去汉语学习班，中小学开设的汉语课程是高等教育机构的八倍，汉语教学从大学迅速向中小学延伸，从幼儿园到高中的汉语学习人数成为汉语学习最重要的增长来源，很多美国私立幼儿园都特地开设了有关儿童的中文教学项目，使美国孔子学院的儿童教学非常具有特色，吸引的目光也越来越多。整体来看，美国孔子学院分布很广，几乎全美都有，以东部为主。超过一半的孔子学院分布在美国的东部地区、经济发达地区，紧随其后的是南部，西北、中部地区最少。毋庸置疑，中国文化和汉语以其磅礴厚重的底蕴和海纳百川的包容性被越来越多的美国人民所接受，满足了美国人民了解中国文化和汉语的热切心情。

第三章 国学经典的教育价值探析

第一节 国学经典对学生的价值

一、增进学生的民族认同

（一）树立家国情怀

中华民族之所以能够历经坎坷，巍然屹立于充满竞争和挑战的当今世界，是因为中华民族形成了最真挚的家国情怀，它是爱亲人、爱家庭、爱家园感情的直接拓展。每个中国人对自己的国家都有强烈的依恋意识，"爱国主义作为一种千万年来巩固起来的对自己祖国的一种深厚的感情，它是爱家情感的升华，由此形成一种捍卫民族尊严，维护祖国利益的崇高品德"。爱国主义教育是全世界各个民族所必须进行的思想教育，也将成为各个民族得以衍续的精神文化。在国学经典文化的积淀中，蕴含着丰厚的爱国主义素材。

忧国忧民的意识和情怀植根于人民群众对国家和人民无限的爱之中，其本质则是个人对祖国、对集体、对人民的高度负责，是把自己的命运同国家和民族的命运联系起来的表现。儒家文化作为中华优秀传统文化的主流文化，其核心思想是以天下兴亡为己任，倡导大一统的理想社会状态。"夙夜在公""死而利国，犹或为之，况琼玉乎？是粪土也，而可以济师，将何爱焉""临患不忘国""禹天下有溺者，由己之溺也；稷思天下有饥者，由己之饥也""乐以天下，忧以天下""君子忧道忧贫"等。诸如此类名言所阐释的家国情怀是当今学生的精神食粮，有助于增强他们的爱国主义情感和社会责任感。

儒家提出志士仁人之"志"在于保家卫国、仁爱百姓。"修己以敬""修己以安人""修己以安百姓"，儒家用这几句话指出，君子应虚怀若谷，关注国家利益、民族利益和他人利益。将"治平天下为己任"，使"朋友信之，老者安之，少者怀之"。

君子应致力于公共事业，力求做到治国、安邦、利他。这种"志士仁人"的培养在现代社会仍是非常重要的。现代教育提倡培养学生热爱祖国、热爱人民的爱国思想，以及勤劳勇敢、自强不息、关心集体的品质。这一教育要求是和"仁人志士"的培养相一致的，在学生爱国教育中利用国学"仁人志士"的追求对学生进行爱国教育，让学生了解到由古至今，有志之士不会将自己的心思放在一己私利上，而是要治国、安邦、利他。利用"君子"的追求，激发学生的爱国情感，帮助学生树立爱国理想，将保家卫国、建设家乡作为自己的追求，将爱国行为自觉化。

（二）提高民族文化自信心

国学经典对传承民族文化，增强民族自信心和凝聚力，都起到十分关键作用。当前，青少年在缺少传统文化滋养的情况下，面对外来文化，失去了抵制的根基和准衡，崇洋媚外的现象较严重。没有精神文明保障的经济增长是难以推动社会持续健康发展的，只有经济成就而没有自己文化的民族不是健全的民族。恩格斯早在一百多年前就深刻地指出："一个民族要想站在科学的最高峰，就一刻也不能没有理论思维。"而理论思维的获得只能通过学习人文科学，尤其是学习哲学。在中国的国学经典中蕴含着丰富而深刻的文化思想，通过学习、理解国学经典，可以使学生深刻认识中国传统文化经典，接受人文精神的熏陶，从而提高民族文化自信心。

（三）强化民族文化认同

民族认同可以化约为三个层面：族群认同、文化认同和制度认同。其中，文化认同是在分享共同历史传统、规范以及无数集体记忆的基础上产生的，族群认同和制度认同则分别基于血缘纽带、族裔身份以及特定政治、经济和社会制度的产生。国学经典能够激发学生的爱国情怀混入文化认同。

在漫长的几千年中，中华民族创造出很多宝贵的物质和精神财富，对世界文明和发展做出了巨大贡献。现如今，中华传统则多是"以强化形式保留在古代文化经典中，以弱化形式残存在我们的日常实践之中"①。除了日常生活的浸润，学生更需借助这种"强化形式"来深入了解我国的文明。借助国学经典，学生能够更加了解中国历史、中华文化，进一步接触和理解先贤哲人的思想精华，深刻领略中国璀璨辉煌的文明。

以《周易》来说，其虽是一本卜策之术，但包含深厚、宏大的哲理，指明了很多事物变化发展的规律，以至于今人称《周易》仰观天文，俯察地理，中通万物之情；

---

① 朱国华.民族文化认同与经典的再发明//何成洲主编.跨学科视野下的文化身份认同：批评与探索[M].北京大学出版社，2011:374.

究天人之际，探索宇宙，人生之变、所变、不变的大道理；通古今之变，阐明人生知变、应变、适变的大法则，以为人类行为的规范"。有学者坦然剖析自己阅读中国古籍的感受：中国的古籍浩若星海，愈读愈感到自己的不足，愈不足愈有求知欲望、愈对历史悠久的中国文化肃然起敬。博大精深的中国文化蕴于经典之中得以传承，向学生呈现出我国文明的璀璨，能够强化学生的文化认同、提升文化自信心、激发民族自豪感，从而增进学生的民族认同感。

二、提升学生的道德素养

冯友兰曾说："中国哲学家多注重于人之是什么，而不注重于人之有什么。如人是圣人，即毫无知识亦是圣人；如人是恶人，即有无限之知识亦是恶人。"可见，中国文化十分注重个人德行。

（一）诚信

"凡出言，信为先。诈与妄，奚可焉。"国学经典中很多著作都强调"信"是人际交往最基本的道德规范。"信"即指诚实守信用，"与朋友交，言而有信""言忠信，行笃敬，虽蛮貊之邦行矣。言不忠信，行不笃敬，虽州里，行乎哉"。这说明"信"是立足社会的根本，如果一个人缺乏诚信，就不会得到他人的认可和信任。孔子还曾经用比喻的形式向弟子说明诚信的重要性："人而无信，不知其可也。大车无輗，小车无軏，其何以行之哉？"他将诚信比作了輗和軏，人没有诚信，就像车的轮子不完整，无法前行。无论是在古代社会，还是在现代社会，诚信都是基础，都是学生道德素养中不可缺少的一部分。

当然，在讲究"信"的同时，要以"义"为基础和前提。"信"要基于"义"，"信近于义，言可复也"。儒学指出，符合道义的信，才能去遵守，"事非宜，勿轻诺"，不合乎道义的承诺，不能答应别人。只单纯鲁莽地讲"言必信，行必果"，不管"信"是否合乎道义，容易被人利用，这种做法是不可取的。受网络文化的影响，现在有些学生盲目讲求兄弟义气，不管承诺的东西是否合乎于"义"，这显然是一种不理智的"信"。国学经典在指导学生讲"信"的同时，告诉学生要讲究"义"，这对学生正确诚信观的养成意义匪浅。

（二）礼仪

中国作为世界四大文明古国之一，被称为礼仪之邦，自古就有"治国必先治家，治家心先修礼"的文化特质。中华文化拥有五千年的文化沉淀。在中国传统文化礼、乐、射、御、书、数"六艺"中，"礼"居首位。立身处事、修身齐家、治国平天下，无不贯穿着"礼"的精神，"礼"一直是传统文化中理想人格孜孜以求的至高境界。荀子说过："人无礼则不生，事无礼则不成，国无礼则不宁。"孔子指出："夫礼，先王以承天道，以治人之情，故失之者死，得之者生。""不学礼，无以立"强调了"礼"是立国之本，知礼是个人立足于社会的基础，因此古人十分重视礼仪教育。国学经典中蕴含的礼仪教育资源对当今的礼仪教育仍有非常重要的借鉴启示意义。

2000 年 12 月 12 日，香港《公正报》刊登了《社会有礼祥和》一文。文章指出："富者有礼高雅，贫者有礼免辱，父子有礼慈孝，兄弟有礼和睦，夫妻有礼情长，朋友有礼义笃，社会有礼祥和。"礼对自身、社会、国家都起到重要作用，提倡礼，对构建和谐社会而言，也是其中应有之义。千年以来，"文明古国，礼仪之邦"的美誉更是让中国人自豪不已。然而，如今的中国人还能那样自豪吗？且不说电视、网络、报纸等各类媒体中所曝光的中国出境旅游者的各种"出彩"表现，就是我们身边的人，举止粗俗、着装怪异的现象屡见不鲜。现在的学生，自小娇生惯养，父母对子女的放任娇纵使孩子养成了不好的习惯，表现在日常生活中，便是低素质。针对这些情况，单纯的说教收效甚微，在加之当前的教育忽视学生的道德素质教育，更使当今学生的道德素养问题成了一个社会性的问题。通过学习国学经典，以传统文化潜移默化滋养孩子们的身心，让他们在潜意识里认识到，什么样的行为是合乎礼的要求、是正确的，什么样的行为是丑陋的，自然就能潜移默化地促进其行为的改变。

（三）勤俭

在中国几千年的历史长河中，勤俭是影响最广、流传最持久的美德之一。所谓勤俭，即勤劳与节俭。勤劳指的是人们对待劳动的态度和品质；节俭指的是人们可以有效掌控自己的生活欲望，合理支配自己的消费行为，简约生活，节约财用，俭是对自己劳动成果的珍惜。孔子把"俭"作为道德修养的重要条目，崇尚勤俭戒奢。老子提出的为人处世的"三宝"是"慈，俭，不敢为天下先"，要求"去甚，去奢，去泰""克勤于邦，克俭于家""君子所，其无逸！先知稼穑之艰难""民生在勤，勤则不匮"。以上思想家的名言警句都阐述了只有亲自践履辛勤劳动，才能真正懂得节俭的道理，所以务必谨记强本而节用。

俭奢之间的关系也是勤俭养德的重要内容。颜之推说："然则可俭而不可吝已。俭者，省约为礼之谓也；吝者，穷急不恤之谓也。今有施则奢，俭则吝；如能施而不奢，俭而不吝，可矣。""俭，德之共也。侈，恶之大也。"当今学生勤俭意识淡薄，从国学经典中学习勤俭节约有益于学生养成良好的勤俭习惯，提升其思想道德水平。

三、提升学生的人文素养

人文素养是一个人综合素质的重要体现，主要指人文知识和人文精神。当下，学生正处于文化日益多元化，学习平台日益多样化，资讯信息日益网络化的时代，部分学生的人文素养水平并没有得到提高。部分大学生存在理想信念模糊、心理素质较差、个人修养水平欠佳、社会交际能力较差的问题，这些问题无疑是学生教育中必须面对和亟待解决的问题。在此，我们便从人文知识和人文精神两个层面着手，谈谈国学经典在学生人文素养提升上所体现的价值。

（一）积累人文知识

人文知识是具备人文素养的基础。从知识这一层面来看，国学经典包含经、史、子、集等多部著作，内容丰富、范围广泛，涉及哲学、文学、历史、伦理等多个人文学科。阅读国学经典在很大程度上等同于让学生广泛涉猎多学科知识，从而增加学生知识储备，开阔学生的视野。以历史类的著作为例，通过阅读这些著作，可以让学生对中华上下五千年的发展有一个宏观的认识，从而站在一个更加宽阔的视野上看待当今中国的发展。比如，《三字经》，虽然它字数很少，但是具有丰富的文化内涵，涵盖了历史、天文、地理、道德以及一些民间传说，正所谓"熟读《三字经》可知天下事"，如果学生多读这类经典书籍自然会拓宽视野，增长知识。

此外，国学经典著作大多具有丰富的修辞、畅达的造句、铿锵有力的声韵、周密严谨的谋篇的特点。古人云："读书破万卷，下笔如有神。"学生时期是学生语言文字储备的时期，通过阅读国学经典，不仅能让学生积累更多的语言文字，还能让他们感受到文字的节奏、音乐性和灵敏度。久而久之，学生可以利用经典国学中的诗句来给自己的文章润色，拓宽写作思路，这样就达到了提高文学素养的目的。文学素养的提高又可以促进学生更加关注国学经典，这样就达到了良性的循环，从而在不断阅读国学经典中积累人文知识，进而为人文精神的形成奠定坚实的基础。

（二）培养人文精神

人文精神是人文素养的核心层面。清华大学方惠坚曾在讲座中表示，清华的人文精神是中西结合、古今贯通的。那么，"中"与"古"的责任就要落在国学经典上。国学经典历经岁月涤荡得以留存，其底蕴厚重、哲理深邃。梁漱溟认为，中国教育是偏重"情"的教育，国学经典中蕴含天人合一的宏大情怀、自强不息的人生态度、大义德然的英雄气节、宽厚仁爱的处世哲学。我们应当承认，正是国学经典的这些特点使浅尝辄止、囫囵吞枣很难体会其中精义所在。

耶鲁大学教授孙康宜回忆自己学路历程时，特别提到了导师教给她的凡事细读的治学原则。她的导师向她强调："养成细读的习惯，就会终身受用不尽。只有通过细读，你才可能在一本书中找出前人没有看出来的意义。细读是一种纯属个人的阅读经验，是你自己找寻思考人生意义的好机会。"依靠这种"细读"的方法，经典之中的文化底蕴、普世价值才能被挖掘出来。复旦大学教授汪涌豪说："经典阅读有全然不同于'浅阅读'的特点。它有对普遍性和本原特征的热切关注，能帮助人了解世界，观照自我。"经典阅读强调通过主体体验引发主体内在感受、观念、思想的变化，具有自主性、自发性的特点。国学经典中的深厚人文精神正是需要这样深入的阅读、细致的思考、切身的领悟，才能化归为主体的内在品质。只要学生能够以平和的心态静心阅读和思考，国学经典就能够为他们提供充实精神世界、培育人文精神所需的营养，从而从整体上提升人文素养。

四、加深对家庭伦理关系的认识

（一）孝敬父母

作为国学的儒学把"孝"看作一切道德行为的起源，是"仁"之根本，是"礼"的具体体现。《弟子规》中开篇讲到"入则孝"，指的就是孝敬父母。国学经典中蕴含着丰富的"孝"文化，对当今学生的孝道教育有着重要的借鉴启发意义。

儒家学者提出孝敬父母要重视与父母之间的感情交流，"今之孝者，是谓能养，至于犬马，皆能有养。不敬，何以别乎"。由此可见，孝敬父母不能仅仅局限于物质方面，更重要的是与父母的感情交流，在感情上对父母尊敬、爱戴，"出必告，反必面"，让父母在心理上感受到子女对他们的尊重。"事虽小，勿擅为。苟擅为，子道亏。物虽小，勿私藏，苟私藏，亲心伤""德有伤，贻亲羞"，不做不符合道德规范的事，避免让父母伤心，这也是子女孝敬父母的表现。

在和小学生谈话中了解到，小学生所理解的对父母的孝敬比较笼统，认为帮助父母做一些力所能及的事便是孝顺。鉴于此，在对小学生进行道德教育时，利用国学向学生阐述孝敬父母的多个方面。比如，在道德教育中先向学生展示孝敬父母的要求。"出必告，反必面"，从小事上考虑父母感受，尊重父母。"孝于亲，所当执"，竭力照顾父母。"父母教，须敬听，父母责，须顺承"，听从父母的教诲。"亲有过，谏使更"，诚恳劝导父母改过。再用故事的形式加深学生对孝敬的理解，体会人物的孝心。最后通过开展活动，践行孝敬父母的行为。例如，在笔者实践的班级，开展"给父母写封信"的活动，向父母说说心里话；倡导对父母用敬语的活动。这些活动教育小学生从点滴小事做起，孝敬父母。

（二）兄友弟恭，尊敬长辈

儒学强调"弟子入则孝，出则悌"。"悌"是指兄友弟恭，兄弟姐妹和睦相处。"孔怀兄弟，同气连枝。"兄弟姐妹同受父母血气，应该互相关心、和睦相处。《弟子规》中指出"称尊长，勿呼名"，要求要尊重长辈。"长者立，幼勿坐，长者坐，命乃坐"，时刻牢记长幼有序，表现出自己对长者的敬重。这种尊重不仅表现在行为上，还表现在对长辈的语言上，"尊长前，声要低，低不闻，却非宜"。国学要求我们不仅要尊重自己的长辈，对待别人的长辈也要像对待自己的长辈一样孝顺恭敬，"事诸父，如事父，事诸兄，如事兄"。现在的学生大部分是独生子女，父母也比较溺爱，家庭教育中容易忽视"兄友弟恭，尊敬长辈"的教育。利用国学启蒙教育教导学生"兄友弟恭，尊敬长辈"，就学生如何能够尊重兄长、长辈提供范本，有利于规范学生的伦理道德行为。

五、提升学生的审美素养

（一）感受语言的韵律美

国学经典中言语的韵律美主要表现在音调、节奏、押韵等几个方面上。教师在教小学生诵读经典时，让学生从欣喜、热烈、激昂、低沉、悲伤、凄凉等感情中体会文章的情韵美，从停顿、节奏、重音、韵律中体会文章的韵律美。停顿体现了文章的节奏感，而押韵会造成声音的回环往复，加上和谐的声调和音节，就会形成悦耳动听的音调。古代的童蒙读本，如《三字经》《千字文》《百家姓》，之所以能流传至今，其中一个很重要的原因是它们都具有韵律美。

当然，韵律美体现最明显的还是在格律诗词中。例如，孟浩然的格律诗《春晓》："春眠不觉晓，处处闻啼鸟。夜来风雨声，花落知多少。"诵读这首诗时，每一句停顿三个地方：春眠／不觉／晓，处处／闻／啼鸟。夜来／风雨／声，花落／知／多少。当读到"晓""鸟""少"这三个字时，字音稍微延长，略带吟诵的感觉，学生会感到诗歌的节奏感和音韵美。在朗诵第一、二句时，语调要舒缓、柔和，音量不可过大，读"鸟"这个字时，尾音稍向上扬，表现出诗人见到春光明媚、鸟语花香的景象时的一种明朗的心情。在读最后一句时，"落"字要重读，然后逐渐降低"知多少"这三个字的音量，表现诗人对落花的惋惜之情。教师在泛读或是领读时，注意语速、语调、停顿、重音等诵读技巧，加上朗读时情感的抒发，可以引领学生感受诗词中的韵律美，增强学生的审美体验。

（二）感受语言的形象美

诵读国学经典除了让学生感受韵律美，还能感受形象美。尤其在古诗词中，有很多描写景物的诗句，教师在带领学生诵读时，可以让学生配乐朗诵，边读边想象诗词中描绘的情景，进而在脑海里创作一幅符合诗词意境的画。例如，唐代诗人贺知章的《咏柳》："碧玉妆成一树高，万条垂下绿丝绦。不知细叶谁裁出，二月春风似剪刀。"这首诗用了较多的笔墨描写景，意象丰富，学生可以根据这首诗的内容和意境进行绘画再创造。大部分的小学生都喜欢画画，把古诗词诵读和绘画结合起来，会提高学生学习古诗词的积极性，并且许多诗词经过小学生丰富的联想和独特的再创造，多少可以体现出原诗的韵味。

贺知章的另外一首诗《回乡偶书》把叙事和抒情结合起来，诗中同样有丰富的意象，给学生提供了许多想象的空间，让学生在理解诗歌内容的基础上展开合理想象。学生可以把自己想象成作者，在诗里描述的情景中漫游，以第一人称的口吻叙述"我"遇到的事情和内心想表达的感情。学生在诵读中不仅锻炼了想象力，还训练了口语表达能力，使学生领悟到诗词语言的形象美。[①]

就国学经典中的古诗词而言，虽然没有雕塑、绘画等艺术类型作品直观，但是它的形象性是其他艺术形式不可比拟的。国学经典诵读题材中蕴含着丰富的美育因素，特别是在经典古诗词中，虽然只有短短的几句话，但都是经过无数前人推敲琢磨出来的。长期有序地开展经典古诗词诵读，注重学生心智的陶冶，引导学生从赏析感悟作品入手，以作品中美的艺术意蕴开启他们心灵的窗户。

六、引导良好人格的形成

（一）自强不息

"刚健有为，自强不息"作为中华优秀传统文化的基本精神之一，是中华民族几千年来处理人类与自然和谐相处的总原则，是指导中华民族奋发向上、积极进取的价值导向。《周易》中表述："天行健，君子以自强不息。""天地之大德曰生。"这里阐述的是人的活动要充满生机和活力，鼓励人们自强不息，充分发挥人的主观能动性，不相信命运的安排，也不屈服于险恶的环境和局势，而是鼓励自我进德修业，奋斗不止。《周易》中还表述："刚健中正，纯粹精也。"这里所讲的刚正是一种时刻秉持坚持的态度，以"中正"作为安身立命的根本态度，防止个人出现主观、盲目、冒进的

---

① 周敏蓉.语感，在诵读中培养[J].教育研究与评论（小学教育教学）,2011(3):57-60.

评价标准。

中华民族在源远流长的发展过程中一向崇尚艰苦奋斗、勇于担当、坚贞不屈、坚韧不拔的精神，这些也正是自强不息精神的集中概括。艰苦奋斗是刚健有为、自强不息的首要特点。中国自远古以来就有"精卫填海""愚公移山""夸父追日""大禹治水"等故事，这些故事都是用来勉励后人要敢于吃苦，积极进取。荀子曰："锲而舍之，朽木不折；锲而不舍，金石可镂。"这些都是对自强不息精神的真实写照。另外，刚健有为、自强不息精神也意味着勇于担当的人生态度。无数仁人志士在我们民族处于危难之际，敢于挺身而出，不惜献出自己宝贵生命的英雄事迹都体现了他们敢于担当、鞠躬尽瘁、奋斗不已的精神。例如，岳飞精忠报国，文天祥为国家命运而深戚忧虑，毛泽东同志写下"红军不怕远征难，万水千山只等闲"，诸如此类民族英雄在中华民族的历史长河中不胜枚举，勇于担当的人生态度在他们身上书写得淋漓尽致。正是这种刚健有为、自强不息的精神凝聚了民族向心力。这与当代学生思想政治的教育内容内在契合，对当代学生积极进取，实现自己人生价值具有鼓励和熏陶的作用。

刚健有为、自强不息的进取精神同样意味着坚贞不屈、坚韧不拔的高贵品性。"文王拘而演《周易》，仲尼厄而作《春秋》；屈原放逐，乃赋《离骚》；左丘失明，厥有《国语》；孙子膑脚，《兵法》修列；不韦迁蜀，世传《吕览》；韩非囚秦，《说难》《孤愤》；《诗》三百篇，大抵圣贤发愤所作为也。"这段有名的记载反映了在中华民族史册上永垂不朽的仁人志士都曾与遭遇的磨难进行抗争，于是在挫折和磨难中培育了他们坚贞不屈、坚韧不拔的优秀品质，而这对学生自强不息品质的形成同样起到十分积极的意义。

（二）学会自尊

自尊是通过个体与他人比较形成的，个体对其社会角色进行自我评价的结果。"君子不重，则不威；学则不固。"这说明君子只有自尊自重才能有威信。那如何获得自尊呢？"富与贵是人之所欲也，不以其道得之，不处也。贫与贱，是人之所恶也。不以其道得之，不去也。"国学教育指出人应该用道义维护自尊，一个人用正当的方式去获取利益，做到"君子坦荡荡"，人们就会尊敬他，社会评价和自我评价就会高。国学教育还指出以"礼"为前提，不降低自己的人格和尊严也是维护自尊的方法。"巧言、令色、足恭，左丘明耻之，丘亦耻之。"在人格上，人人都是平等的，为利益巧言令色、卑躬屈膝会降低社会评价，进而影响自己的自尊。

在与小学生的交谈中发现，现在的小学生都渴望得到别人的尊重，自尊心也很容易受伤，但又不知如何增强自己的自尊心。国学所倡导的通过规范自己的言行来提高社会评价，从而提高自我评价获取自尊心的做法为当今小学生增强自尊心提供了借鉴。譬如，在小学生的道德教育中，先为小学生讲解"君子坦荡荡""富与贵是人之所欲也，不以其道得之，不处也。贫与贱，是人之所恶也。不以其道得之，不去也""巧言、令色、足恭，左丘明耻之，丘亦耻之"三句话的意思，让学生了解君子是如何提高自己的社会评价的，然后在学生的日常生活中，时刻提醒学生"谨言慎行"，维护道义，做一个仁义君子，以此来提高社会评价，进而提高自我评价，增强自尊心。

（三）树立崇高理想

理想会成为人渴望追求的目标，会成为人不懈奋斗的动力。儒家强调"君子"要树立远大理想，要志于道，以身载道。在道德方面，个人的行为要符合道德准则，人格和品行要成为世人的榜样。"穷则独善其身，达则兼济天下。""富贵不能淫，贫贱不能移，威武不能屈。"在事业上要有所作为，对国家和社会做出自己的贡献。"君子创业垂统，为可继也。""其为人也，发愤忘食，乐以忘忧，不知老之将至。"儒家所提出的这种人生理想追求是与"达观、入世、奋发、有为"的人生态度相一致的，将自己的奋斗目标放置在社会大背景中，和国家的荣辱兴衰联系在一起。借助儒家的人生追求对学生进行理想教育有利于引导小学生从小树立远大的理想，丰富自己的理想，并为实现理想而不懈奋斗。

（四）尊重生命

生命教育是现代教育中的重要部分，是直面生命和人的生死问题的教育，其目标在于使人们学会尊重生命、理解生命的意义以及生命与天、人、物、我之间的关系。

国学教育中倡导学生珍爱自己的生命。国学启蒙教育从"孝"的角度指出珍爱自己生命的必要性，身体不仅是自己的，也是父母给的，不能擅自毁伤。毁伤自己的身体发肤是一种不孝的行为，是不尊重生命的表现。孟子还指出："知命者不立乎岩墙之下。"他认为，站在将要倒塌的危墙之下轻易而死是亵渎生命、轻视生命的表现。知命之人不仅应该重视生命，还要善待生命，注意保护生命。

另外，国学教育还要求学生推己及物，善待"物"之生命。作为国学一部分的儒学承认人和自然界具有同样的生命意义，要求学生尊重自然万物的生命，面对残害生灵的现象，有"不安之心""不忍之心"。"钓而不纲，弋不射宿"，实现人与自然万物的和谐共存。推己及物，使物成之为物，按照其自身固有的秉性和规律存在和运行。

第二节　国学经典对学校的价值

一、促进教师的发展

当前由于背负的任务过重、承担的责任太多，相当一部分教师容易产生职业倦怠感，在工作中缺少一种心灵上的自由、感情上的舒畅与行动上的机智，更多地表现出一种职业焦虑、情感压抑与工作低效，理论性文字越来越多，面对实践却找不到真正的智慧支持。为什么会出现这种情况呢？因为思想的贫瘠比物质的贫困更可怕。没有精神的自觉，教师就不会有追寻岗位幸福的行为产生。简言之，是因为这些教师没有建立起自己的精神王国。无法建立内在的精神王国，教师就没有精神上的皈依，即便教师在工作中付出了大量的心血，也取得了事业上的成功，却始终无法达到人生的安详、平和之境，时常处于一种现实与理想相矛盾的尴尬境地。

对于一线教师而言，打造自己的精神王国，最好的途径就是阅读。只不过，笔者对阅读提出了一个更高层次的要求：经典阅读。极少数的经典书是无以计数的书的中心。许许多多的书吸取它们的光辉和热量，共同构成了人类精神的浩瀚星空。国学就是我们中华民族丰富的传统文化瑰宝，传承国学有利于提高民族的文化素质，使人们共享中华传统文化的精髓，接受教育，提升境界。国学经典是中华民族五千年灿烂文化的精髓，是华夏沃土灿若星辰的瑰宝。亘古历今，经典名句滋润了一代又一代人的心灵，炎黄子孙在"经典"的摇篮里孕育，华夏儿女在"名句"的吟诵中成长。在漫漫的历史长河中，国学作为文明的主要载体，像一根坚韧的纽带，将形形色色的中华文明之珠串连在一起，展现着中华民族的精神。其优秀的思想文化已超越时空界限，融入世界文化和现代文明之中，成了传之千古、放之四海的人类共有的文明与智慧的结晶。国学经典自有一方天地，让思想自有驰骋；国学思想使人美丽，成就清新的高尚人生。把国学精髓运用到工作、生活实际，知道其人生观、价值观，发挥修身养性之功效。

就教师而言，学习国学经典更有深刻的意义。有人说，教师专业化发展的核心是教师专业知识的发展。刘济远在《提高语文教师的专业化水平》中指出语文教师的专业化水平应体现在以下几点：具有较强母语文化的人文精神；具有较强的语文交际能力；具备课文分析和鉴赏的讲解能力；具备较强的写作与说话的教学能力，即"导写"与"导读"能力；具有较高的教育科学理论素养、现代先进教学思想、科学的教学方法与学科相应的计算机运用能力和教学科研能力。[①]结合他的观点，就笔者个人的成长经历和感受，笔者认为语文教师专业化可以这么来诠释：热爱母语教育，崇尚汉语语言文化，传承发展中华文明，遵循语文教育规律，面向全体学生，培养学生语文素养，建设新型语文课程，优化语文教育的和谐环境；丰富语言积累，熟练语言运用，具有较强的阅读能力、表达能力，具备较高的语文素养和人文素养；坚持"语言为本，文化为真"的本真语文理念，开拓语文教育视野，面向现代文化、面向世界、面向未来，以成为学习型、研究型、未来型的语文教师为目标而不懈奋斗。那么，国学经典对语文教师的专业成长到底究竟怎样的作用呢？笔者认为有以下几点价值和意义。

（一）帮助教师正确认识"学习"

教师的专业成长之路很漫长，因为"活到老，学到老"是亘古不变的真理。在任何情况下，思想的定位尤其重要。当代的教师应该怎样看待自己的角色呢？时下的许多教师以为，只要具备"教书布道，识字解题"的本领，便能轻而易举地成为教师了。其实不然，著名古文《师说》是唐朝韩愈的作品，虽然隔了一千多年，但仍然流传甚广。笔者曾多次阅读《师说》，才真正明白了韩愈那种永垂千古、光芒四射、直言不讳的"教师学习观"。具体地说，就是教师需要广泛学习。《师说》第一段写道："吾师道也，夫庸知其年之先后生于吾乎？是故无贵无贱，无长无少，道之所存，师之所存也。"也就是说，现在的教师要向一切人学习，不论地位高低，年长年少，只要有可取的地方，我们都应该向他们学习，"要做先生，先当学生"。

可惜的是，现在的某些教师虽然拿到了相应的学历证书，但是仅限于应试之需的书才读，而与考试无关的书很少看。应试的书，又只限于得分的条条框框才认真读之，很少用研究的态度来读，很少在业余时间再读其他的书。笔者以为，这与韩愈的"广泛学习"是背道而驰的。

（二）帮助教师正确认识"师生关系"

有的教师认为自己是神圣不可侵犯，哪怕自己在学生面前讲错了，也不会认错，这样会造成师生关系的隔膜。其实，教师之所以受到学生尊重，是因为教师具备了高尚人格。韩愈曾说："弟子不必不如师，师不必贤于弟子，闻道有先后，术业有专攻，如是而已。"可见，韩愈人格之高尚，教风之民主，态度之谦逊，学生观之前卫。陶

① 刘济远.提高语文教师的专业化水平[J].山西教育,2004(4):1.

行知也说过："教师的成功是创造出值得自己崇拜的人。先生最大的快乐就是创造出值得自己崇拜的学生。说得正确些，先生创造学生，学生也要创造先生，学生先生合作而创造出值得彼此崇拜之活人。"

如今，魏书生与学生商量的行为、李镇西的民主课堂都是跟韩愈的教师观一脉相承。现在的少数教师自己没有多少货真价实的水平，但高高在上，以为天下真理无所不知，整天对学生板着道德家的面孔，学生回答问题慢一些，或者考差了，不是讽刺就是挖苦，很少有韩愈豁达开朗的学生观。所以，现今的教师不能误读误教《师说》这篇课文，片面理解韩愈的"为师之道"，要在新课程新课标新时代新教育实践中更好地发挥"传道授业解惑"的作用，让自己在思想上认识到怎么做一名合格的灵魂工程师。

（三）帮助教师明白科学的教学方法

教师要学会管理学生，要教会他们学习的方法。《论语》就是国学经典著作，也是孔子思想的精华所在，深刻地反映了孔子的教学艺术。比如，因材施教。子曰："中人以上，可以语上也；中人以下，不可以语上也。"也就是说对于中等才智以上的人，可以和他谈论高深的道理；对于中等才智以下的人，不可以和他谈论高深的道理。我们现在的分层教育就充分贯彻了这一教学理念，也印证了要"面向全体理念"思想。只有因材施教，才能让学生得到更好的发展，才会让各个层次的学生都能发展。

再如，诱导式的启发教育，不要学生死读书，而贵在触类旁通。也就是"不愤不启，不悱不发，举一隅不以三隅反，则不复也"。在实行启发式诱导的基础上，注意循序渐进，故而学生才能积少成多，触类旁通，举一反三。当然，好的教学方法还是很多，这几个只是对《论语》中的一些经典方法加以阐释，让我们在现代教学中能汲取古代智者的精华，从中获取有益于今的养料。

（四）帮助教师提高专业魅力

笔者认为，作为语文教师首先必须拥有语文教育理念。语文教育是母语教育。热爱母语，在悠久的中华文化积淀中顶礼膜拜祖国文化，将传承发展中华文明作为我们语文教师的神圣职责，遵循汉语发展规律，树立学生主体理念，建设新型语文课程和语文课堂，给学生创造和谐的语文学习环境。语文教师的阅读是让学生课堂生活幸福无比的前提，也是让教师的"一枝梅花"变成"一个春天"的保证。经典阅读的延伸化成了教师的人文修养与文化气象，也增强了教师的感召力和影响力。当文化气息在课堂上氤氲在学生周围，那些诗意的浪漫、生命的激情会慢慢走进学生的精神世界，温馨而又坚韧。当学生觉得上语文课是一种极大的享受时，我们语文教师的专业素养便已形成，在教师的专业化道路上已然走稳。

人最可怕的是灵魂空虚和精神萎顿。正如周国平所说："由于生存的压力和物质利益的诱惑，大家都把眼光和精力投向外部世界，不再关注自己的内心世界。其结果是灵魂日益萎缩和空虚，只剩下了一个世界上忙碌不止的躯体。"对于一个人来说，没有比这更可悲的事情了。避免陷入这种更可悲状况的最可行的办法是教师必须"关注自己的内心世界"，谋求自我的灵魂充实和精神生长。

总之，国学经典是一个民族博大智慧和美好情感的结晶，所载为至理常道，透射着人文的光芒，其价值历久而弥新，任何一个文化系统皆有其永恒不朽的经典作为源头。罗曼·罗兰曾经说过："一个民族的政治生活只是它生命的浮面；为了探索它内在的生命——它的各种行动的源泉——我们必须通过它的文学、哲学和艺术而深入它的灵魂，因为这里反映了人民的种种思想、热情和理想。"阅读国学经典，在扩大教师阅读量的同时，在潜移默化地塑造着教师的思想、行为，最终让优秀的国学经典不断促进教师的专业成长。

二、促进学校的发展

（一）推动和谐校园的建设

1. 和谐校园的内涵

《论语·子路篇》中说"君子和而不同，小人同而不和"，即"同"仅仅是相同事物的简单相加，"和"则是不同质因素的并存与互补，其最高境界是"万物并育而不相害，道并行而不相悖"。《说文解字》的解释是"和，相应也"；"谐"则指"配合得当"；"和谐"就是"相应"且"配合得当"。《现代汉语词典》对"和谐"的解释是"事物协调、均衡、有序的发展状态"。可见，中华民族对"和谐"的理解是古今一以贯之的，其核心理念和根本精神是对立事物之间在一定的条件下具体、动态、相对、辩证的统一，是不同事物之间相同相成、相辅相成、相反相成、互助合作、互利互惠、互促互补、共同发展的关系。其本质就在于存在差异的各种因素协调共处、共同发展。

引申到校园上来，什么样的校园才是和谐校园呢？从理论上讲，和谐校园就是全体师生和睦相处而又各得其所、各尽所能的一个协调发展的学校；从实践上讲，构建和谐校园需要从学校结构、资源配置、人际关系等方面创造具体的机制。对于和谐校园的内涵，学术界并没有一个统一的界定，有的人把和谐校园定义为"以校园为载体，以内和外顺、同舟共济、政通人和、稳定有序为主要特征，实现学校教育各个子系统或要素全面、协调、自由、充分发展，良性互动，整体优化的教育理念。"还有的将和谐校园作为一个系统整体下定义："和谐校园就是把学校建设成最适宜学生成长发展的'生态系统'，具备民主、科学、人文、开放的育人环境，体现教育对人的终极关怀。"笔者认为，和谐校园是以校园为载体，校园内各个部分、各种要素、各个环节之间紧密联系、良性互动、彼此促进、协调运转，形成健康、稳定、有序的发展态势，达到一种令人满意的动态平衡和整体效益，全校师生互相尊重、团结友爱、和睦相处，始终处于最佳的精神状态、工作状态和学习状态，从而使学校的育人、科研、文化传播、社会服务等功能都得到最大限度地发挥，学校的整体利益和师生的个体利益得以充分实现。

2. 和谐校园建设的重要性

（1）构建和谐校园是实现学校教育目标的必然要求。学校是创造知识、追求真理、培养人才、传承文明、传播文化、服务社会的多功能组织，培养和谐发展的人是学校发展的终极目标，是学校育人的使命，也是社会的期待。随着知识经济时代的到来，学校面临着严峻的考验和发展变革的机遇。学校教育目标的实现需要协调内部各系统之间、学校与社会及家庭之间错综复杂的利益关系，实现统筹兼顾，努力营造一个充满活力和创造力的校园环境，保证学校各项工作安定有序地进行，保证学校全面、协调、可持续的和谐发展态势。

作为学校，只有正确处理好教学、学科发展和科研的关系，近期发展目标和长远发展目标的关系，特色资源和整体实力的关系，学校规模、教学质量和社会效益的关系，校内和校外关系，以实现人与环境的和谐、人与人的和谐、人与制度的和谐、学术氛围的和谐、不同思想观念和文化的和谐，向和谐校园的目标努力迈进，才能保证学校师生在一个协调有序的环境里发挥其主动性和创造力。有了和谐的校园氛围，师生的潜力才能得到最大限度地挖掘，最终实现学校的教育目标，实现学校的可持续发展。

（2）构建和谐校园是学生成才的自身需求。学校教育的重要任务是培养中国特色社会主义事业建设者和接班人。一切为了学生，为了学生的一切，这是办学的宗旨所在。真正的教育是让人体验美好，体验崇高，体验快乐，体验成功，培养积极的人生态度、鲜明的价值判断、丰富的思想体系。随着社会主义市场经济体制改革的不断深化，科技、经济的迅速发展，社会利益关系更加复杂，新情况、新问题层出不穷，特别是社会上的消极信息对学生造成了消极影响。在这种情况下，我们提出建设和谐校园的办学理念是必然和必要的。科学发展观的核心是以人为本，构建和谐校园就是在科学发展观的指导下，为师生员工建立良好的物质环境和精神环境，为学生的个体成长提供最适宜的条件。

校园作为学生生活中的一个重要组成部分，对学生世界观、人生观和价值观的养成起着非常重要的作用。学生的健康成才需要和谐校园作为保障。和谐校园建设能够从不同角度加强对学生的思想道德修养教育，弘扬先进的思想文化，积极引导学生树立正确的世界观、人生观和价值观，从而培养德智体美全面发展的人。每一个校园人都渴望在一种和谐的氛围当中学习、工作、生活，走上成才之路，和谐校园建设的主要功能就是呈现一种和谐、系统、完整的教育过程。也只有在这样的环境中才能确保最大限度地为社会培养出具有崇高信念和强烈的社会责任感的人。

3.国学经典在和谐校园建设中的重要作用

首先，学习"勤俭""知足"的生活观念有利于消除学生物质生活奢靡、攀比等恶习，促进校园和谐。因为学生家庭之间必然存在经济条件上的差异，有些学生为了能够和家庭条件好的学生攀比，会让自己的父母买一些超出经济能力承受范围内的东西，这种攀比的恶习并不利于学生的成长。国学经典里的"勤俭""知足"等生活观念的教育和熏陶对遏制学生一味追求生活享受、物质攀比行为有着积极意义，有利于校园和谐建设。

其次，国学经典"贵和执中"的处世思想有利于学生相处融洽，团结互助，减少校园暴力和犯罪等事件，促进校园和谐。"贵和执中"就是"中正不变"的中庸思想。《中庸》上说："喜怒哀乐之未发，谓之中；发而皆中节，谓之和。中也者，天下之大本也；和也者，天下之达道也。致中和，天地位焉，万物育焉。""中"是要处的位置，"和"是运作，是处理的方式；把握"中和"的精髓，就会天下太平。孔子云"君子和而不同"，即我们在追求"和"的同时，要互相包容。让学生学习、接受"贵中执和"的思想，承认彼此的"不同"，达到"和"的状态，也就是蔡元培先生所倡导的"思想自由，兼容并包"的思想。

最后，礼作为一种外在规范，《论语》中强调："不学礼，无以立。"在新时期，学生作为社会主义的接班人，理应成为继承和弘扬我国优秀传统文化的生力军。当今的实际情况却不甚乐观。学生体现出的任性、刻薄、冷漠、自私等特点很值得我们深思。以《论语》为代表的国学文化用"礼"为我们展现出了古代先贤的智慧，这无疑为校园的和谐建设打开了一扇新的大门。用"礼"来规范引导学生的行为，让其知何能为，何不能为。

（二）推动校园文化的建设

1.校园文化的内涵

校园文化是社会文化的有机组成部分，指的是学校所具有的特定的精神环境和文化气氛。它是学校全体成员在教育教学活动和管理实践中，逐渐形成的、占据主导地位并为全校师生所认同的价值观。这种价值观是师生行为规范的总和，同时反映着一所学校的办学水平和被社会所认同的素质、精神风貌以及公众形象等文化积淀。根据社会文化的结构分类方法，校园文化可分为三个层次：一是校园文化的外显层，主要指对象化了的物质形态（如校园布局设计、绿化景观、教学设施、娱乐场所、图书馆的建设等）以及显现在外的学校主体的活动形式（如丰富多彩的文体活动、竞赛、比赛），这是校园文化的外壳，也是校园文化的"内核"载体。二是校园文化的中间层，主要指学校中特有的规章制度、管理条例、学生守则、领导体制、检查评比标准以及各种社团组织机构及其职能范围。它与一般文化相对应，称为制度文化，是学校在日常管理中逐步形成的规章制度，体现了学校个体特有的管理理念、人文精神和运行效率。三是校园文化的内隐层，即精神文化，指学校内师生认可的行为方式、价值观、群体目标、治学态度以及种种思想意识，表现为学校人际关系、学校风气、学校传统及学校成员的审美趣味、道德情操、思维方式等。它是学校文化的深层构成，是校园文化的内核。

校园精神文化是一种潜在的教育力量和无形的精神力量，从很大程度上说，校园精神文化的优劣是衡量学校德育成败的重要标志，是检验学校素质教育的重要指标。一个学校有没有旺盛的生命力和可持续性，就其深层的判断，就是看其有没有优良的校园文化。最能体现校园文化本质内容的是校园的内隐层，即校园的精神文化。因为它是校园文化的深层构成和最高层次，是校园文化的核心和灵魂。因此，在校园文化建设中，校园精神文化建设显得尤其重要。国学经典的文化价值更多地也是体现在精神思想层面，所以国学经典对校园文化建设的推动作用更多地也是体现在精神文化建设的层面。

2.校园文化建设中存在的问题

我国在改革发展到较深层次的今天，遇到了很多矛盾。这些矛盾不同程度地影响或渗透到校园文化建设领域。目前，校园文化建设存在不少问题。比如，对校园文化及其建设的认识不到位，只注重校园物质文化建设，忽视校园精神文化建设；用主旋律教育代替全部校园文化；校园文化特色不明显；等等。其中，校园精神文化建设领域存在的问题尤显突出，具体表现为以下几点：

首先，学生人文知识匮乏。当今，学生的人文素质的整体状况是令人忧虑的。对知识学习与学术研究，学生整体上缺乏自主性，大部分缺乏强烈的求知欲。平时缺少与师长交流的主动性，多数人只是处于一种被动学习的状态。在由不成熟趋向成熟的心理发展过程中，缺乏生活的磨炼，性格比较脆弱，容易产生自我中心主义、功利意识和知行背离等倾向。很多学生心理素质很差，经不起失败、批评，在求学的道路上得过且过，对待知识不求甚解，学术精神更是无从谈起。

其次，学生民族文化自信不足。面对资本主义的相对丰富的物质文明，部分国人对中国传统文化的信念彻底动摇，更有甚者对中国传统文化不屑一顾。比如，很多到国外的留学生外语很好，专业也很好，但是对祖国与民族的悠久文化传统却知之甚少。想当年，"五四"时期一些学贯中西的学者，如鲁迅、胡适、林语堂、梁实秋，还有后来的陈寅恪等，他们都有海外留学的经历，但是他们仍然保留着强烈的民族意识和民族特点。他们之所以没有被西方文化同化，其中一个重要的原因就是他们对中国文化具有深刻的领悟，并从内心深处为中国文化感到自豪。今天的不少学生在缺少传统文化滋养的情况下，面对外来文化，不加取舍、照单全收。其对民族文化的自信不足与崇洋媚外使不少学生丢掉了本该继承的中华民族的优秀传统道德，并进一步导致了其社会责任感的缺失。

最后，学生理想信念淡漠。就当今学生的理想信念而言，他们更加趋向于功利化的理想目标，尤其对于高年级的学生而言，这一点体现得更为明显。一部分学生的理想带有浓厚的功利色彩，讲究实惠的思想相当普遍，在个人理想与现实追求、义与利的关系问题上，他们往往选择后者，信仰实用主义，缺乏长远的眼光和责任意识。学习缺乏自觉的内在驱动力，学习成为简单的谋取职业或改变个人生存状况的手段或工具，面对专业选择或者岗位选择时，实际利益成了首要的参考标准。在某种意义上，今天的一些学校似乎变成了"分数培训场"，一些家长也只关心孩子的考试分数，导致了今天的教育缺乏人文素质、人文精神的培养，这显然与素质教育的理念背道而驰。

3.国学经典在校园文化建设中的作用

如果剖析当前学生精神文化领域存在的问题，一个重要的原因是传统文化的缺失带来的严重危害。国学经典作为我国优秀传统文化的书面教材，蕴含着丰富的精神文化思想，能有效推动校园文化建设，进而改善学生精神文化层面存在的问题。

首先，有助于提高学生的人文素质和学术创造力。任何一个民族的历史所积淀的文化、知识和经验都能使我们更明智地了解自己的过去和眼前的处境。如果一个人、一个民族和一个国家对自己的历史不了解、不重视，那么就会对自己的文化认同、自身处境的理解产生偏差。国学研究是以中国传统文化经典为核心，以中国传统学术方法为手段，保存和传承中国传统人文精神和学术文化的一种重要方式。五千年的中华文明可以照亮我们前行的道路，通过学习国学经典，可以很好地继承固有的传统学术文化，使国学中的优良传统和前人的智慧发扬光大，从而丰富校园的精神文化，使学生不断进取，不断提高自身的人文素质和学术创造力。

其次，有助于培养学生健全的人格、进取的精神。中国传统文化的经典之一《大学》中提出"修身、齐家、治国、平天下"的为学次第，身不修就无法实现齐家、治国，更不可能平天下。个体培养的最高理想是如宋代大儒张载说的"为天地立心，为生民立命，为往圣继绝学，为万世开太平"，这体现出了崇高的理想追求。另外，"达则兼济天下，穷则独善其身"的旷达、"先天下之忧而忧，后天下之乐而乐"的胸怀、"富贵不能淫，贫贱不能移，威武不能屈"的操守、"位卑未敢忘忧国"的精神、"天行健，君子以自强不息"的意志、"见贤思齐""无欲则刚"的人生哲理等无不蕴含着引人致善、教人向上的力量和精神。通过研究学习国学经典，可以将其中蕴含的精华转化为学生的精神资源，服务于新时代的校园文化建设。

再次，有助于学生的自我教育。阅读是学生进行自我教育、自我提高的重要途径。《道德经》中提道："圣人处无为之事，行不言之教。"所以，真正的教育是自我教育，而学生的自我教育往往是从读一本好书开始的。学生读一本好书等于上了一堂生动的思想教育课，就是在同一个优秀教师谈话。阅读能提高自我意识、自我评价、自我激励、自我调控的能力。学生可以在阅读中找到自己的偶像，确立自己的"参照系"。德育心理学认为，真正决定人们思想品德的是他心目中的参照系统。一个人羡慕谁，他就会向谁学习；向往什么，就会向那个方向努力。学生通过阅读国学经典，能帮助他们树立远大理想并可形成持之以恒的坚强意志。也就是说，学生通过阅读增加了一条逐渐脱离成人监护、直接受教育的途径。这种教育是内在的、长期不断的、最根本的自我教育。国学经典如果能进入学生的生活和学习之中，成为伴随其成长的"朋友"，必然能成为他们身边一种强大的教育力量，潜移默化地引导学生实现自我教育。

最后，有助于建立学生的民族文化信仰。国学是维系和平统一的巨大凝聚力量，国学教育有利于建立学生的民族文化信仰，抵制发达资本主义国家的文化殖民，有利于校园文化建设的和谐发展。从秦、汉至今，在长达两千多年的历史长河中，世界人口最多的中华民族能够保持统一，其重要的一个原因就是以儒家思想为核心的国学思想体系的维系力和融合力。传统文化已经形成了相对稳定的精神价值追求、心理状态、思维方式，这种文化心理结构已经渗透到我们的血液之中。传统文化的弘扬对形成民族的凝聚力、建立民族文化信心都具有重要意义。中华民族的民族意识和民族精神是通过国学教育培育起来的，国学教育如能在校园文化建设中得到更好的继承和推进，会使学生逐步建立起对中华民族文化的信仰，从而反过来作用于校园文化的建设，形成一个良性的循环。

第三节　国学经典对社会的价值

一、促进中华文化的传承

对于中华文明的传承而言，国学经典具有重要的价值。在形式上，国学是中华文明的重要载体。文明的载体多种多样，比较而言，国学在中华文明承载中的地位更加重要，它主要以书籍的形式进行文化传承，就像一根纽带将形形色色、方方面面的文化珍珠串联在一起，形成一个完整的统一体。在内容上，国学是中华文明的精神体现。国学蕴含着几千年来丰富的思想智慧，儒家的"德治""仁政""中庸"思想、道家的"清静无为""上善若水""道法自然"理念均已积淀为普遍的民族心理和宝贵的历史财富，滋润着中华民族茁壮成长，使中华民族以其特有的品质和精神风貌自立于世界民族之林。在纵向上，国学是中华文明向前发展的有力支撑。在中华文明的传承发展中，以儒学为主体的中国传统文化一直发挥着重要作用。而今，我们正处在中华民族伟大复兴的征途中，国学对树立文化自信、增强文化自觉、建设文化强国具有重要意义，必将成为我国从历史走向未来不可或缺的精神力量。在横向上，国学是中华文明对外交流的宝贵财富。世界上很多学者认为，中华文明蕴藏着解决当代人类面临难题的许多重要启示。就文明的互补性而言，国学是中华文明与其他文明对话交流的重要资源，对于保持中国文化的主体性、包容与吸纳世界其他优秀文化都有着不可忽视的积极意义。

中国优秀传统文化是中华民族和中国人民在修齐治平、尊时守位、知常达变、开物成务、立德立功立言过程中逐渐形成的有别于其他民族的独特标识。传承弘扬国学能够促进优秀传统文化薪火相传，推动中华文明永葆生机，有利于促进民族复兴。章太炎在《国学讲习会序》中说："夫国学者，国家所以成立之源泉也。"传统文化是中华民族的根和魂，中华民族一次次战胜灾难、渡过难关，正是得益于我们拥有民族共同认可、普遍接受、一脉相承且富有强大生命力的优秀传统文化。传承弘扬国学关系到民族认同感的巩固与民族发展力量的凝聚，能够为中华民族发展复兴提供丰厚滋养，有利于增强国家实力。以国学为代表的传统文化是中国在世界舞台上的靓丽名片，是国家软实力的重要组成部分。国学蕴含着丰富的思想资源，构成了中华民族共同的精神家园，这是维系民族发展繁荣最深沉的力量。传承弘扬国学能够培育民族精神，建立文化自信，塑造人们的价值观念、伦理道德和思维方式，营造追求真善美的良好风尚，为经济社会发展注入源源不断的动力。

二、推进社会建设

国学经典虽然是历史产物，有些甚至距今已经两千多年，但是很多国学经典蕴含的社会性价值研究适于今天，对当下的社会建设起到了非常积极的作用。具体来说，国学经典主要蕴含现代价值、后现代价值等社会性价值。

（一）现代价值

现代化是当今中国的主题，发展是当今世界的潮流。以现代化为参照系来评价和探求国学经典蕴含的现代价值是研究国学经典的一个核心价值。对国学经典的思想体系进行全面分析，我们会发现国学中的很多思想与现代化既有同构契合性，也有异质冲突性。就契合性而言，刚健有为、自强不息的进取精神可以成为现代化的内在动力；诚信为本的价值观念可以与市场经济信誉至上的伦理要求相融相通；敬业尽职、宁俭勿奢的自律意识可以成为经济发展的加速器；等等。就冲突性而言，重道轻器的伦理中心主义表现出对科学技术的忽略；重农轻商、崇本抑末的治国主张暴露出对工商业重要性的漠视；和而不争的人生态度与市场经济的竞争法则相悖，凡此种种都是阻碍现代化的精神因素相冲突的，这些对我们的现代化来说，更多的是一种反思和自省。

（二）后现代价值

20 世纪之后，西方社会发生了一系列政治、经济、军事危机，昭示着西方文化的危机。于是，在后工业社会的历史条件下，后现代主义应运而生，福柯、德里达、利奥塔等著名思想家对由启蒙思潮嬗变而来的现代性进行了深刻的反思和批判。这种对现代性的反思和批判恰恰在思想内涵、理论形态等方面表现出与先贤思想在某种程度上的奇妙暗合和惊人相似。正是基于现代西方社会的种种危机和后现代社会发展的要求，西方人发出这样的世纪宣言："人类要在 21 世纪生存下去，必须回首两千五百多年前，去汲取孔子的智慧。"在中国，原本在西方相继问世的"前现代""现代"与"后现代"却出现在同一时空，前现代、现代、后现代思想同时交织存在。科学地整合传统文化、现代性思想和后现代主义成为当代中国文化建设的基本内容。由此，中国人也和西方人一样，需要到国学经典中去寻找后现代主义的精神养料。

三、推动民族共有精神家园的建设

（一）精神家园建设的重要性

人为万物之灵。精神文化是人们追求主观精神世界过程中的文化创造。它十分脆弱，需要有居所皈依，需要有家园栖息。于是，人们提出了营造"精神家园"的命题。这里，精神家园乃是一个比喻、一个象征，指的是人们的精神信仰和精神世界，是个人或民族共同体的精神支柱、情感寄托和心灵归宿，是生命的价值追求和终极关怀。有了精神家园的支撑，人们才会有安顿感、温馨感和光明感，精神才有归宿，生活才有意义，奋斗才有方向。反之，没有精神家园，人们就会失去精神支柱，浑浑噩噩，陷于孤独、空虚、痛苦而无法自拔，古今中外，概莫能外。比如，"路漫漫其修远兮，吾将上下而求索"，就是屈原所抒发的其精神遨游、寻求归宿心理的深沉呐喊；"先天下之忧而忧，后天下之乐而乐"，就是范仲淹所表达的其人生价值、处世原则、理想追求的高尚境界。

同样的现象在西方社会也普遍存在。中世纪，许多人漫游于上帝的世界之中，用神学的启示构筑自己的精神家园。近代文艺复兴之后，西方的智者们又突破神学的囚笼，致力于在科学和理性的基础上营建精神家园。自20世纪以来，西方工业文明和科学技术的发展日新月异。然而，人们精神家园的建设依然面临着十分严峻的形势。借用18世纪德国天才诗人诺瓦利斯的名言，现代的人们仍然急切地"怀着一种乡愁的冲动到处去寻找家园"。美国"人民圣殿教"和日本"奥姆真理教"等邪教的产生表明精神家园存在着荒芜的危机绝非杞人忧天，危言耸听，这也显示物质文明的繁荣与精神文明的升华并不能简单等同。总之，在现代社会中，精神家园的建设依旧任重道远。

从某种意义上来说，精神家园既是个体的，又是群体的。人的社会属性决定了其个体的精神家园只能坐落在民族精神家园的"村落"里，集腋成裘，聚沙成塔，从而最终形成民族共有的精神家园。作为民族独特精神气质和共同价值取向的共有精神家园是民族安身立命的所在、生存发展的支撑、身份归属的标志，是维系民族共同生命的最根本力量，是民族生命力的精神之母、民族创造力的精神之源、民族凝聚力的精神纽带、民族团结奋进的精神动力，对于增强民族生命力、创造力和凝聚力具有巨大而深远的影响和作用。一个国家只有建立并坚守共有的精神家园，才会具有向心力、凝聚力和创造力，才会不断地产生和强化民族自豪感与自信心，才会以巨大的合力创造时代的辉煌与人间的奇迹。中华民族之所以能够历经磨难而生生不息，一个根本的原因就在于中华民族有着强大的共同精神纽带与文化传统，拥有归属于自己的美好精神家园。从世界范围而言，也是由于存在着多个各具特色、各有千秋的民族精神家园，整个世界才呈现出无穷的生机和多元的景象，共同推动着人类文明与时俱进，异彩纷呈。

（二）国学经典是精神家园建设的重要载体

文化是一个民族的灵魂和血脉，是构建民族精神家园的重要载体。一个民族的文化凝聚着这个民族对世界的认知和感受，积淀着这个民族最深层的精神追求和行为准则。没有民族的文化，民族精神、民族共有精神家园便无从谈起。

中华民族在五千年历史的长河中，创造了博大精深、丰富灿烂的中华文化，形成了优良的文化传统和特有的民族性格，并深深地融入中华民族的血脉之中，成为中华民族共同的文化基因和精神记忆，它无疑也是中华民族生存发展的精神支撑和心灵皈依。《周易》的"自强不息，厚德载物"精神、老子的"道法自然"原则、庄子的"逍遥游世"态度和孔子的"天下大同"理想无不是中华文化的一种体现。它供人们处在不同时期、不同遭遇时进行选择。比如，封建社会的士大夫往往在人生顺意时，遵循"修身齐家治国平天下"的人生原则，在人生坎坷时又用老庄和禅宗思想来自我安慰，这就是所谓的"达则兼济天下，穷则独善其身"。这些精神文化有效地维持了士大夫在不同人生际遇时的心态平衡。中国士大夫追求的精神家园一般是一种"不即不离"的形态，习惯于在世俗中寻找精神的超越，而不像西方人那样以借助上帝和天国的形式来谋取灵魂的陶醉。很显然，这种温情脉脉、宁静闲适的精神家园构成了古代中国人的精神支柱，至今对现代中国人依然有着重要的影响。

继承和弘扬国学文化是维系民族认同感和归属感、建设共有精神家园的基本前提。任何一种文化均具有历史传承性，否定历史，割断历史，民族就会成为无根的浮萍，民族的精神家园也便无从安置。从人类文明的发展史来看，任何一种现代文明都是从传统中吸取营养，而获得长足发展的。欧洲文艺复兴就是从古希腊文化中寻找到人文的始祖，至于现代发达国家的文明也无一不是与传统共生共荣。同样的道理，在经济全球化条件下建设中华民族的共有精神家园，必须充分认识国学经典及其中蕴含的文化思想，从而继往开来，再造中华文化的辉煌。

《周易》有云："一阖一辟谓之变，往来无穷谓之通。"文明的发展与演变既有变易的一面，更有相通的一面，片面强调其中的一面都有悖于和谐中庸的精神。当代中国的发展既不能全盘复古，更不能割裂传统。民族精神的培育离不开国学经典及其文化精华的滋养，中华民族的伟大复兴更不能离开五千年的文明。中华民族之所以能够历经数千年而不断繁荣兴盛，其重要原因之一就是我们的一代又一代先人创造了绵延不断的符合社会发展趋势的核心价值体系，并以此为精神支柱创造了我们民族生生不息的精神家园。国学经典及其蕴含的文化精华就像阳光、空气和水分一样时时刻刻滋润着我们民族的生命，潜移默化，不断更新和丰富着我们民族的文化基因和精神生活。我们必须清醒地意识到，国学经典是一座丰富的宝藏，将其蕴含的文化精华同当今时代发展相结合，实现中华文化的发展、创新是摆在我们面前的重大使命，是每一个中华儿女应该承担起来的重要责任。

四、推动文明之间的对话

（一）现代文明与古代文明的对话

众所周知，我们的传统文化是一个动态的、连续的、开放的、多元的体系，"诸子之学"是在"道术将为天下裂"（《庄子·天下》）后"百家争鸣"的结果，两汉经学是综合百家之学的结果，魏晋玄学是超越两汉名教又融合儒道的结果，隋唐佛教是外来佛教与中国固有文化交融的结果，宋明理学是儒、释、道三家思想互补整合的结果，近代实学是反思理学的空疏与部分地接受西学后的结果。每个时代有每个时代的问题，有每个时代的解决方式，表现为每个时代的文化和精神风貌各不相同。所以，没有一成不变的文化。这正是中国传统文化多元共生、与时俱进的特性。

确实，我们不能将中国传统文化归结为某一家的思想，不能将国学定义得太过狭隘，而应客观地、实事求是地看待传统文化，所有的传统文化应该和当下时代相契合，融入新的文化创造中。所以，建构具有时代精神的文化，必须立足当代现实，正视当代社会中已经存在并影响着当代社会的文化现象、观念及价值体系，吸纳传统文化和世界上一切优秀文化中与当代社会相协调的元素。这样才能创造出属于当代的文化，才能在全球化、多元化的世界中显示出自己的文化特色，进而从中提炼出具有时代性和民族性的民族精神。国学经典可以让我们更加深入地了解国学，改变我们对国学的狭隘看法，从而更好地推动现代文明与古代文明之间的对话。

（二）东方文明与西方文明的对话

随着改革开放政策的实施，中国在经济上有了大发展，忽视了相应的文化建设和道德建设，出现了政治的意识形态文化疲软现象，而此前的我们原有的文化传统和道德观念已经被"破除"，传统文化一时间难以坚强地站立起来，文化和道德虚空状态的出现必不可免。恰在此时，西方文化思潮和道德观念大量涌进，而这次西方文化进入中国不是以坚船利炮而是以诱人的美元和英镑，这对刚刚告别饥饿，正急切解决温饱问题，准备奔小康的中国而言是迫切而急需的。尽管我们一再申明坚持理想信仰不动摇，也曾在不同层面反对、抵制"资产阶级自由化"的入侵，提示人民不要受西方不良文化的腐蚀，但在今天的中国除了封闭落后的、现代电子媒介触及不到的山村外，在物质、文化、观念等方面都相当程度地被"西化"了。

正是看到、感受到当代的文化状态，无论是官方、学者还是有良知的普通民众，都在自觉不自觉地探索着我们民族文化的出路，探索着如何改善我们社会的道德状况。近十几年来，"国学热"的发起者、参与者正是出于深深的爱国情和高度的民族责任感在探索民族文化的建设。正如郭齐家所言："我们不是全球化的旁观者，更不甘心成为全球化的被动接受者，而应当凭借五千年灿烂文明所凝结的历史智慧和民族精神以文化挑战者和应战者的双重身份出场。这不是狭隘的民族主义和相对主义的盲目热情，而是中华民族的文化良知与民族精神理所当然应承担和接受的文化使命。"①显然，国学经典肩负着这一责任，它可以让我们更好地认识自己的文明，并在东方文明与西方文明的比较中看到更多的优与劣，从而在取优舍劣的过程中更好地促进自身与国家的发展。

此外，从多元文化的建构来说，中国走向世界，为人类的文明进步做出自己应有的贡献，离不开国学经典及其蕴含的文化思想。正所谓，越是民族的，就越是世界的。同样，越是能融入世界体系，就越是能凸显中华民族的特色。今天的世界是多元的世界，今天的文化是多元的文化。在构建和谐世界新秩序、创造理想世界新文明的过程中，中国优秀传统文化无疑是一种不可或缺的文化资源，必定能发挥其无与伦比的积极作用。因为它蕴含了中国古代优秀的思想理念，倡导了合理的人生价值观，培育了积极的人格境界论，体现了健康向上的民族文化精神，在推动东方文明与西方文明的对话过程中，也必然能够推动世界文化的多元构建。

---

① 郭齐家.少儿读经与文化传承 [J].湖南科技学院学报，2005，26（1）：49-52.

第四章　国学经典教育的现状探析

第一节　国学经典教育的背景分析

一、国学经典教育发展的宏观背景

（一）世界文化的多元化

经济的全球化带来了文化的全球化，随着科技的迅猛发展，世界各国经济的发展已经跨越了地域的界限，向着经济全球化的方向迈进，不同国家、不同地区之间经济相互依存、相互渗透的程度不断加强，全球成为一个大的自由竞争的世界市场，各生产要素在全球范围内进行流转与配置。随着经济全球化的不断发展，世界各个国家和地区的联系也日趋紧密，资金、技术、人员等经济要素的流通成为必然，这种经济的相互依赖、相互影响必然会带来文化的沟通与交流。一个国家的发展是指这个国家经济、政治、文化等各个要素的综合发展，各个要素之间是相互影响而又相互制约的，经济全球化带来一个国家经济的快速发展，必然会对文化的发展产生深刻的影响，经济和文化从来都不是割裂开的，经济的全球化必然会带来文化的全球化。

除经济全球化对文化发展的影响外，互联网技术的发展对世界文化的传播与渗透也起到更加直接的作用，是促进文化全球化的直接动力。互联网技术是 21 世纪最伟大的发明之一，它把人类从工业时代带入信息时代，利用网络技术，任何人都可以通过网络获取相关的信息，任何一个角落发生的事情都可以在最短的时间内让全世界都了解到，互联网技术彻底改变了传统的文化传播渠道和方式，它把世界各个国家、各个民族的不同文化通过网络传播给几十亿的网民，任一区域的人们不仅生活在现实的本民族文化氛围之中，还可以通过网络接触并了解到更多其他民族和地区的文化，世界各种文化可以同时展现在世人面前。文化全球化其实就是世界文化的多元化，任一文化形式突破了原来的地域限制，都可以通过网络得以向世界各地传播，有了更好的发展空间，这也使世界上各种文化在网络构成的"地球村"中共同存在。世界不再是原来的以地域为主的一个一个文化群体的组合体，而是各种文化形式相互渗透、相互依存的多元文化共存的文化体。

多元文化并存是人类文化多元化需求的必然结果。一种文化的诞生总和某个发展阶段的民族对自然、对社会的认识有关。在一个具体的发展阶段，人们由于受到自然环境、认识水平和能力等各种因素的制约，对自然社会的认识总会受到一定的限制。因此，一种文化从产生一开始就存在着某些缺陷，后虽经过修正和发展，但任一文化都还会存在着这样或那样的问题，世界上并没有完美的文化。文化的发展也存在着内在动力和外在动力，当一种文化能以一个开放的形式接触外部文化，并从中汲取外来文化优秀的成分，用来发展成为自己文化的一部分，则这一文化会有着强大的生命力，同时会得到较为快速的成长，我国文化史上几次文化的繁荣都和民族融合有关。多元文化并存可以让各民族文化在相互渗透中汲取其他文化中优秀的元素，用以发展本民族文化。特别是在当今时代，世界上的人们联系日益加强，共同面对的问题也越来越多，如全球污染问题、疾病问题、气候问题等。这些都需要人类携手共同解决，需要凝聚各民族的集体智慧。而各民族创造的光辉灿烂的文化是人类智慧的源泉，世界需要多元文化的并存，人类对文化多元化的需求也需要文化的多元并存。

多元文化的发展还会受到其他因素的制约。各民族多种文化并存是人类文化需求多元化的必然结果，但各种文化的发展并不是民主自由的。从经济全球化的角度看，不同经济体在经济全球化中的地位是不同的，西方发达国家利用自己领先的经济地位，向落后国家输出本国文化，他们一直认为他们的价值观念是最优越的，并在全球范围内推行其思想意识、价值体系、文化观念，最终形成了强势文化和弱势文化、传播中心文化和边缘文化。特别是以美国为首的"西方文化"凭借其强大的经济、科技、教育等实力，欲在全球实现"西化"，即以西方文化为核心的文化全球化，而一些民族的文化则在文化的交锋中被冲击和同化，其民族文化的个性逐渐消失。因此，面对世界文化的多元化，中华民族一方面要保护自己民族的文化特性，防止被外来文化过度冲击而失去自我；另一方面要不断地借用外来文化进行取长补短，汲取外民族优秀文化元素用以发展本民族文化，使中华文化永远屹立于世界文化之林。

（二）民族文化的重建热潮

当代中国民族文化的重建是当代中国社会发展到一定阶段的必然要求。自1840年鸦片战争开始，中国传统文化受到西方外来文化的强力冲击，民族文化发展出现了断层现象。自改革开放以来，中国经济获得了飞速的发展，综合国力日益增强，中国在国际上的地位也迅速提升，物质文明的发展使中国人民的自信心得到极大提升，民族的自豪感也不断得到复苏。在社会转型期的中国，虽然物质生活有了极大的改善，但是国人精神世界空虚、信仰缺失、道德失范、价值迷失等问题也非常严重，社会上还存在物欲泛滥、理想主义沉沦、重利轻义、重物质轻精神等社会现象。国人精神家园的缺失严重威胁到物质文明的持续发展。同时，在近代史上给世界带来巨大进步的西方工业文明在发展的过程中也出现了严重的问题，造成人与自然、人与社会以及人与自我之间的异化，曾经被中国文化学者奉为圭臬的西方文化越来越受到世人的诟病，而西方文化本身在解决这些问题上的无力乏术更让人们的目光转向了东方，并希冀从古老的东方文明中找到解救西方文化的灵丹妙药。在这一时代背景下，中国民族文化的重建成为必然，对本民族文化的认同和追寻成了当代知识分子不可推卸的历史使命。

民族文化的重建从 20 世纪 80 年代的"文化热"就已经开始。20 世纪 70 年代末，中国进入了改革开放时期，改革需要人文知识分子的参与，正是在这种背景下，参与改革的知识分子开始了对"人"的重新追寻，对人的本质、价值、存在意义的探寻成为那一时代的思潮，从人道主义与异化问题，到哲学、美学、文学领域对人性的倡导，都离不开一个大写的"人"字。"人"的问题实质上是一个文化的问题，因为人始终离不开文化的规定性，对人的无穷追问也就是对文化的不断求索。"文化热"在发展的过程中，明显地表现出两个阶段的不同特点。1985 年以前是以西方文化影响下的文化现代化时期。随着改革开放政策的实施，伴随着经济领域技术、资金的引入，文化也涌入国内，隔绝了半个多世纪的西方哲学、文学思潮被饥渴的中国知识分子贪婪地吸吮，并把这些成果迅速转化为民族文化发展的文化素质，因此这一阶段的文化建设明显地带有西方文化痕迹。1985 年以后，"文化热"则越来越显示出文化本土化的特征，这主要是因为文学领域开始的"寻根文学"的影响。文学中的"寻根"意向最早显现在诗歌领域，在"朦胧诗"中经常求助于本土传统文化资源及其象征符号。而 20 世纪 80 年代后期，这一意向在小说中形成思潮，虽然寻根文学的倡导者对所寻之"根"的认识并不一致，但无论是所谓正统文化的儒家或道家，抑或是非正统文化的民间文化，都指向中国本土文化这一倾向没有分歧。寻根文学作为一个创作现象，其本身并没有太大的影响力，而恰恰是它背后的文化动向引起了社会的广泛关注，可以说 20 世纪 80 年代中后期兴起的传统文化热正是在其影响下涌现的，文化回归传统，民族的文化重建拉开了帷幕。

"国学热"是一种要求重建民族文化的强烈期盼。在 20 世纪 80 年代"文化热"

的影响下，"国学热"在思想文化领域异军突起，而且持续升温，对国学的重新审视、全面评估以及各种国学机构的建立正是当代中国民族文化重建的显著表现。1992 年，北京大学成立中国传统文化研究中心，这本来属于校园学术的研究动向，但是接下来《人民日报》《光明日报》、中央电视台等多家官方媒体给予了充分的关注，《人民日报》还分别发表两篇关于国学热的文章——《国学，在燕园又悄然兴起》和《久违了，"国学"》。官方媒体将"国学热"上升到建设文化主旋律的高度，既是评论，也是引导。此后，中央电视台、凤凰卫视等多家媒体陆续推出一系列国学讲座，有力推动了"国学热"的兴起。2000 年，北京大学将中国传统文化研究中心更名为国学研究院，2002 年起开始招收国学博士研究生。2004 年 9 月，在北京举行的"2004 文化高峰论坛"上，七十余位文化界、学术界的代表发起"甲申文化宣言"，呼吁社会各界重视国学。2005 年，北京大学开设"乾元国学教室"，同年 9 月，中国人民大学成立国学院。2005 年 7 月，中国政府宣布在世界上建立一百所孔子学院，用以宣传中国文化。2005 年 9 月，中央电视台直播山东曲阜首届全球联合祭孔仪式，习近平在人民大会堂发表祭孔讲话。2004 年，文化学者蒋庆推出《中华文化经典基础教育诵本》，主张对十二岁以下的学生推广"读经"运动，中国台湾学者王财贵首倡全球"儿童读经教育"。在央视《百家讲坛》的引导下，大众对国学的热情不断高涨，于丹的《于丹〈论语〉心得》、易中天的《品三国》都受到读者的狂热追捧。各种总裁国学班、少儿国学班、读经热、汉服热如雨后春笋般涌现。"国学热"反映出中国政府、文化机构、文化学者、普通大众对中国传统文化的再次认同，以及对建设当代文化的热切期盼。

社会主义核心价值观的提出标志着当代民族文化建设正式进入实质阶段。2006年 10 月，中共十六届六中全会第一次明确提出了"建设社会主义核心价值体系"的命题，并明确了社会主义核心价值体系的内容，学界也开始对社会主义核心价值观展开深入探讨。2007 年 10 月，中共十七大进一步指出了"社会主义核心价值体系是社会主义意识形态的本质体现"。2011 年 10 月，中共十七届六中全会强调，社会主义核心价值体系是"兴国之魂"，建设社会主义核心价值体系是推动文化大发展大繁荣的根本任务。2012 年 11 月，中共十八大报告明确提出"三个倡导"，即"倡导富强、民主、文明、和谐，倡导自由、平等、公正、法治，倡导爱国、敬业、诚信、友善"，这是对社会主义核心价值观完整的概括。2013 年 12 月，中共中央办公厅在印发的《关于培育和践行社会主义核心价值观的意见》中明确提出，以"三个倡导"为基本内容的社会主义核心价值观，与中国特色社会主义发展要求相契合，与中华优秀传统文化和人类文明优秀成果相承接，是我们党凝聚全党全社会价值共识做出的重要论断。如果说"国学热"是学界对当代民族文化建设的一种自发的反映的话，那么"社会主义核心价值观"的提出则是执政党和政府对文化建设的内核框架设计和行动动员。

二、国学经典教育发展的教育背景

自改革开放以来，特别是进入21世纪以来，中华优秀传统文化正在逐渐兴起，优秀传统文化教育也在不断加强。这对培养学生的良好思想品德和行为习惯、培育和弘扬爱国主义精神、增强文化自觉自信等发挥了积极作用。但是，新时期面对新形势、新要求，当代学生优秀传统文化教育的现状堪忧。

（一）西方文化输入使优秀传统文化教育"边缘化"

自改革开放以来，我国与世界接轨的步伐日益加快。但这种接轨更多的还是一种经济接轨，在文化方面则是一种单向的接轨，即输入多，输出少。在全球化的时代背景下，人们的价值观念、思维方式和行为方式发生了剧烈变化。一些腐朽的思想观念、生活方式、价值取向趁机进入青少年的世界，严重影响着青少年的健康成长。随着当代全球化进程的加快，世界各民族的文化交流与文化冲突越来越多。在这个过程中，强势经济体的文化往往也成为强势文化，它们借助强大的经济与技术力量逐步向世界各地扩展，吞噬着包括中国在内的各种民族文化和地域文化。西方国家所谓的"和平演变"本质上就是从文化观念与生活方式的渗透上达到"不战而屈人之兵"的目的。这不禁让我们想到20世纪初国内十位教授联名发表的《中国本位的文化建设宣扬》中讲到的一句话："从文化的领域里面去展望，现在世界里面固然已经没有了中国。而中国的领土里面也几乎已经没有了中国人。"[①] 从某种意义上讲，民族独立不仅是经济与政治上的独立，也是文化上的独立与自觉。这就要求加强国人尤其是青少年的传统文化教育，保持民族的文化主体意识，逐渐摆脱"民族虚无主义"心理，使当代青少年在处理中华优秀传统文化方面远离"边缘化"。

（二）不良文化使优秀传统文化教育受到"熏染"

在当代全球化、信息化背景下成长起来的青少年，个性张扬，世界观、价值观日趋多元化。处于东西方文化碰撞、传统与现代转轨背景下的当代中国青少年更是经历着少有的内心迷茫与挣扎。在主流意识形态与严酷现实的夹缝中游走的思想道德教育

---

① 楼宇烈.中国的品格[M].北京：当代中国出版社，2007：14.

根本无法满足他们的内心需要，甚至徒增他们的反叛与对抗。同时，因为青少年的情感发育并未成熟，所以极易受到周围环境的影响，有些青少年人格畸变甚至走上犯罪的道路，其中社会不良文化对他们的影响不容忽视。

　　不得不承认，现在教育领域出现了严重的功利化、短期化的倾向，这无疑又在传统文化与青少年之间设置了一道壁垒。加之社会不良文化所宣扬的自由主义、享乐主义、个人主义人生观以及一些社会领域中出现的贪污腐败行为，道德失范、封建迷信活动等丑恶现象沉渣泛起，都给青少年带来极大的消极影响。青少年如果长期受到这种不良社会文化的刺激和感染，他们已初步形成的良好品德很容易发生变化，价值取向也会出现错位。近年来，新媒体平台裹挟着形形色色的不良社会文化进入未成年人的思想意识，影响了他们的精神生活，带来了大量的负面影响。这种虚拟的公共空间简单迎合并满足了未成年人现实中自我实现的需要，但一些不良文化也借此渗入他们的思想道德意识之中，对于思想道德抵抗力低的未成年人毒害极大。

（三）大众流行文化使优秀传统文化教育"迷失"

　　大众文化是产生于现代工业社会、消费社会的一种文化形态，是以大众传媒为载体，以城市大众为对象的复制化、模式化、批量化、类像化、平面化和普及化的一种新的文化形态。大众文化作为一种日常性的消费文化在这个崇尚物质的时代得以日益凸显和张扬，所带来的直接后果是青少年群体消费主义的恶性蔓延。物质主义、消费主义等是对中华优秀传统文化内涵的直接消解，在"利与义""物质与精神"等核心问题上，他们会毫无争议地选择前者，同时他们会因此承受内在的痛苦。具体来说，流行文化对青少年的消极影响主要表现在以下两个方面：

　　第一，流行文化倡导物质至上的消费主义和享乐主义。流行文化本质上是一种消费文化，其文化产品实质上就是商品。为了促进文化商品的消费，流行文化总是通过各种缤纷的形象和华丽的包装，竭力刺激人们的欲望，不断向人们灌输消费至上的理念和享乐主义的价值观。欲望的解放就是感官的解放和躯体的解放，快乐原则和市场化在欲望心理学方面的结合把新的消费主义和享乐主义当作正当的选择广泛传播开来。消费主义和享乐主义极容易地吞食着青少年的心灵，青少年沉湎于平庸的娱乐和无聊的消遣之中，以暂时逃避日常生活的责任及其单调乏味的学习、工作。第二，社会大众文化的齐一化以一种强烈的同质化力量单面塑造青少年的价值观。在大众文化的流水线上，模仿是绝对的，而个性化的努力最终被模仿的努力所取代。游走于大众文化之途的流行文化也概莫能外。一旦有人捏造一种流行的东西并且加以大肆宣扬，那么它就会被大规模地复制和传播，致使文化的创新性受到排斥，导致文化发展中经常生产出无创造性的同质产品。流行文化正是通过为大众提供共享的文化而在一个范围内塑造了一股潮流、一种时尚、一种环境、一个氛围，塑造着大众同一种兴趣、喜好和口味。这种齐一化已成为流行文化创作和发展的重要模式。因此，文化失去了其应有的无限丰富性和多样性。大众的需求、思想和行为被齐一化、模式化，以千篇一律、了无新意抹杀了文化的创新精神，抑制了人们的想象力，使文化成为维持现状、甘于平庸生活的保守力量，把青少年塑造成一群被动的价值认知者和取向单一的文化接受者。

（四）网络新兴文化使优秀传统文化教育"滞后"

全球化的浪潮使第三次技术革命在短短的几年内迅速得到普及，以网络文化为代表的新兴高科技文化迎合了青少年求新求异求变的心理特点，在当今社会得到了广泛传播。网络作为一个虚拟化的平台，使各种各样的文化同时涌现。网络确实给青少年优秀传统文化教育的实施创造了全新的文化环境，提供了优越的平台和渠道，但在带来先进的科学技术和思想观念的同时，不可避免地带来了与社会文明进步相违背的异质文化。

首先，网络语造成传统语言文字的失范和混乱。"有木有啊""886"，这些古怪的用语和义字，近年来在网上不断涌现，在上网交流时，他们乐于使用这些文字，有些学生甚至将"火星文"用在作文里，让语文老师无所适从。由于这些网络用语在使用上的随意性和非规范性，怪字、错字、别字层出不穷。这必将影响到青少年对严谨规范的传统语言文字的学习与掌握，冲击祖先遗留下来的丰富多彩的语言文化，从而造成青少年传统语言文字教育的失范和混乱。其次，网络多元化价值体系冲击着青少年的传统价值观教育。网络文化是一种开放性的文化，不同国家、民族的文化在网络传播中相互碰撞和交融，使文化向多元化发展，这必然会形成多元化的价值体系。网络文化中有许多先进的思想与理念，但其中也有不良文化，如宣扬拜金主义、功利主义、物质主义等。青少年正处于青春期，世界观、人生观、价值观以及审美观等思想意识尚不稳定，容易受到网络上一些与我们传统文化价值观相背离的思想的影响。最后，网络搞怪行为也歪曲经典文化形象。例如，网络搞怪中对一些古诗词的改编："两岸猿声啼不住，惊起蛙声一片""车辚辚，马萧萧，二月春风似剪刀""借问酒家何处有，姑苏城外寒山寺"等，这些搞怪现象在表面上看来产生了一些奇特的效果，让人觉得眼前一亮，但实际结果是严重影响了青少年对古诗词的学习。网络作为一把"双刃剑"，关键是如何发挥好平台的作用，为青少年创设一个适宜其成长发展的绿色环境。从青少年使用网络的情况来看，网络文化确实不是一种虚无的存在。青少年优秀传统文化教育如何利用好这个平台，如何通过这种渠道适应当代青少年的学习特点，并进而创新传统文化，使其具有时代性，这是一个值得深入研究和实践的课题。

三、国学经典教育发展的客观条件

（一）政治条件

在社会主义文化建设过程中，我国把弘扬中华传统文化作为建设社会主义文化的重点。中共十七大报告中指出："弘扬中华文化，建设中华民族共有精神家园。中华文化是中华民族生生不息、团结奋进的不竭动力。"在这次会议中，党和国家第一次从"建设中华民族共有精神家园"的角度，在党代会的报告中，对中华传统文化进行了强调，这表明我们党和国家对中华文化的自觉也达到了一个新境界。

在中共十八大之后，"中国梦"的提出意味着在官方的主流话语层次上，中国逐渐向中国传统的优秀文化靠拢，发掘中国几千年优秀文化的独特魅力，发出具有中国特色的东方文明的呐喊。站在国家的层面上提出主流话语的文化认同，这种主流话语的认同带有一定的趋势性和指导性，正是这种认同促使了社会上国学教育热潮的出现。另外，国家对文化产业发展的重视与扶持也为国学教育与文化产业的互渗融合提供了契机和条件，再加之人们开始越来越多地将目光放在了下一代的素质和个人修养之上，因而社会上的国学教育推广或传播机构便应运而生。

2017 年 1 月，中共中央办公厅、国务院办公厅印发了《关于实施中华优秀传统文化传承发展工程的意见》，其中提出："到 2025 年，中华优秀传统文化传承发展体系基本形成……具有中国特色、中国风格、中国气派的文化产品更加丰富，文化自觉和文化自信显著增强，国家文化软实力的根基更为坚实，中华文化的国际影响力明显提升。"传承中华传统优秀文化，需要深入挖掘中华文化精髓并将其贯穿国民教育的始终，使教育与生活相联系；充分调动全社会的积极性，使每一个社会成员都能担负起守护、传承优秀文化的民族职责，各类相关企业或组织也要积极地开发、利用和保护传统文化资源，生产出形式多样，社会价值、文化价值和市场价值相统一的优秀文化产品，并按照中国文化产业的发展规律进行市场化的运作。中央决定在全国小学推广国学经典教育，教材已相继问世。

教育以立德树人为根本任务，按照分学段、一体化的原则推进国学经典教育的普及，把中华传统文化全方位地融入传统教育、启蒙教育、基础教育、职业教育、高等教育等各个领域。《关于实施中华优秀传统文化传承发展工程的意见》的印发表明各级党委和政府站在了发展中国特色社会主义和实现中华民族伟大复兴的高度之上，切实地把优秀传统文化的传承摆到了重要位置，加强了宏观调控的力度，更加强了政策措施的系统性、协同性和操作性。此外，《中华人民共和国文化产业促进法》的制定也使"国学经典教育"获得了相对稳定、安全的法治环境。

（二）经济条件

自改革开放以来，我国在经济领域取得了举世瞩目的成就。经济保持快速增长，人民群众生活水平大幅提高，现代市场体系逐步建立，社会主义市场经济体制建立并逐步完善。中国用自己的综合国力赢得了世界的认可和尊重。经济水平的提高必然增强了民族自信心，也激发了对文化的需求。比如，人们开始关注并申报自己的文化遗产，开始关注自己的传统节日，清明、端午、中秋等传统节日放公假便表明了经济发展之后人们对传统文化的关注。

正所谓"经济基础决定上层建筑"，文化的发展在某种意义上来说正是上层建筑，只有经济获得了发展，才能支撑文化的发展。《管子·牧民》中也提道："仓廪实而知礼节，衣食足而知荣辱。"其意思就是说粮仓充实、衣食饱暖，荣辱的观念才有条件深入人心，老百姓也才能自发、自觉、普遍地注重礼节、崇尚礼仪。从个人层面上讲，马斯洛的需求层次理论将人的需求划分为五个层次，由低到高，其中底部的四种需要（生理需要、安全需要、归属和爱的需要、尊重的需要）为缺乏型需要，只有在满足了这些需要个体才能感到基本上舒适，顶部的需要（自我实现需要）为成长型需要，因为它们主要是为了个体的成长与发展。一般来说，这五种需要像阶梯一样，从低到高，低一层次的需要获得满足后，就会向高一层次的需要发展，只有在较低层次的需求得到满足之后，较高层次的需求才会有足够的活力驱动行为。国学经典作为中国传统文化的结晶，在人民民族自信心得到增强之后，必然会成为人们关注的对象。

另外，就世界各国的经济发展与文化需求来看，都出现了一个较为普遍的现象：当英国、美国等以英语为母语的国家经济高度发达后，全世界都在学英语。当日本经济在第二次世界大战后迅速回升，并成为世界第二号经济大国时，人们又开始学日语了。这一现象目前也逐步地发生在中国身上，国际上越来越多的国家开始关注中国传统文化，甚至学习中国传统文化，将一些国学经典作为必读的书目。随着中国经济这一条件的愈发成熟，国学经典的教育也必然会随之不断获得推崇和完善。

（三）社会条件

社会条件的涵盖较为广泛，并且各个层面所起的作用也不尽相同，但都为国学的传播和发展提供了一定的社会条件。具体来说，可以归纳为以下几个方面：

1. 传媒平台

央视《百家讲坛》推出国学系列讲座，收视率一度走高。阎崇年先生讲清帝，刘心武讲红楼，易中天品三国，于丹讲论语心得，王立群讲史记，傅佩荣讲孟子的智慧，钱文忠讲三字经，这些都曾引起全社会的热烈讨论，对国学的思想起了很好的普及宣传作用。除了电视台外，还有纸质媒体、网络媒体的积极参与推动，尤其随着自媒体时代的到来，为每一个热爱国学的人提供了平台，使他们能够在兴趣爱好的引导下，通过自媒体平台宣传国学有关的知识，这也进一步促进了国学知识的传播。

2. 学校

随着人们对国学重视程度的与日俱增，越来越多的学校将国学经典教育融入语文的教学之中，并且有越来越多的教师加入国学的研究和讨论之中，这为国学经典教育的发展提供了理论性的基础。此外，孔子学院作为推广汉语和传播中国文化的机构，自 2004 年首家孔子学院在韩国首尔成立以来，到目前全球已经接近 600 所，并且国内的很多院校和机构与孔子学院展开了合作，有效地推动了国学的传播。

3. 企业

在企业界，一场中国式管理之风逐渐兴起。企业总裁主动与高校联系，希望通过运用传统文化的智慧来管理企业。一批富有浓厚传统文化气息的企业管理书籍、音像制品陆续出版，如曾仕强的《中国式管理》《大易管理》，成君忆的《水煮三国》《孙悟空是个好员工》等非常流行。不过，有些畅销书为了博人眼球，有过分解读国学经典的嫌疑，这一点需要我们正确看待，需要我们有自己的理解，否则很容易使国学经典中的一些思想被扭曲。当然，不可否认，企业对国学经典的重视推动了国学在民间的传播。

（四）外部条件

1. 汉语热全球升温

语言是文化的载体，为了学习和研究中国传统文化，很多国家掀起了学习汉语的热潮。在亚洲，很多人已经把掌握汉语视为推动事业发展的必要条件，视为把他们的前途与中国的经济崛起挂钩的关键性技能。在韩国，越来越多的大学生将第二外语由法语和日语改为汉语，汉语和中国文化专业受欢迎的程度不亚于英语专业和日语专业。泰国被认为是新一波"汉语热"的中心之一。泰国政府已经正式宣布将中文作为第一外语，并计划在中小学开设中文课，在全境多所公立、私立大专院校基本上都设中文系。在欧美，汉语也已经成为一门新的必须掌握的语言。语言的学习是表面现象，背后是其他国家对中国文化的热忱，这种从西方文化输入中国到中国文化影响世界的转变增强了我们的文化自信，也进一步推动了国学经典教育的发展。

2.国学研究全球化

绵延五千年的中华文明不仅是中华儿女的精神宝库，也是世界难得的精神资源。尤其在短短的几十年时间里，中国从一个落后、贫穷的国家，发展成为与世界经济接轨的独立自主的发展中国家，这更激发了国际社会对中国文化学习与研究的热情。比如，德国为了研究中国，在海德堡大学专门设立了汉学系；在意大利的那不勒斯东方大学也有学界公认的汉学研究中心；在日本，东京大学东洋文化研究所和京都大学人文科学研究所正在进行中国文化的前沿课题研究，并设有日本中国学会、现代中国学会、中国社会文化学会等学术团体；法国、俄罗斯等国家也均设有汉学研究所。国际社会对中国文化的热切关注使中国的院校和学者进一步增强了国学研究、国学教育的危机感和紧迫感。

第二节　国学经典教育引发的态度碰撞

很多学者和专家从不同的角度对国学经典及国学教育进行了分析和解释，阐发了具有不同立场的观点。对这些不同甚至相互对立的观点进行梳理，有利于我们站在一个客观的角度更好地理解国学经典教育，从而推动其健康发展。

一、对国学经典教育持肯定态度的观点

对国学经典教育持积极或肯定态度的学者，主要从国学和国学教育与当前我国学术文化研究、教育社会发展及政治经济等的关系方面阐述了其积极的作用和影响。

（一）国学在学术和文化领域的积极作用

国学首先作为学术领域的研究范畴，对解决中国文化在学术研究上的"失语"问题有着积极的意义，而以国学经典为主要内容的国学教育则对提高中华文化在国际的主体意识产生积极作用。对于以国学为代表的中国经典传统文化的研究、发展和创新不仅有助于解决中国近代以来人文学术领域的"失语"问题，还有助于提高人文学术创造力。近现代以来，中国人文学术领域内出现了一个重要文化现象，即大规模移植西方学术，把基于西方文化传统和文化经验的学术类型和文化类型当作普遍形态，当作现代学术与现代文化的典范。这种情况对中国人文学术的影响是复杂的。它一方面在一定历史阶段和一定程度上使西方现代人文学术成果和理论在中国迅速普及和传

播；另一方面，它没有看到作为西方人文学术根基的文化传统和文化经验的限度，忽略了中国人文学术自身的经验、问题和语境，从而使中国人文学术在很大程度上失去了依据的资源，使中国传统文化在西方文化面前丧失了独立自主的话语权利，在各个学科中，到处充斥着西方的话语，在很大程度上影响着不断创新的文化理论的生命活力。

法国的福柯曾经说过："话语和权力是关联着的。"话语的丧失代表着在这个领域的权力的丧失，权力的丧失意味着利益的丧失，利益的丧失会导致中国在现代化诉求中与西方发达国家的发展差距越来越大，无形中降低了中国在世界舞台上应有的地位。这一关系国家兴旺的大问题迫切需要学术界以自觉的姿态寻找解决策略。要解决这一问题，必须系统深入地学习中国古典文化，即学习借鉴以国学为代表的中国传统文化的优秀精神，并在此基础上实现中西方传统、现代、当代文化的整合，形成一般理论。因此，重振国学是一种取得先机的文化创新战略，它可以使中国学界率先取得具有世界眼光的自主创新能力，从而更好更快地实现文化创新。此外，重振国学也是恢复文化自信的需要。随着综合国力的不断增强，我国在国际上的威望与影响力日益提高，世人对中国文化的兴趣越来越强烈。从某种意义上来说，文化只有是民族的，才能是世界的。重建国学就是要更好地张扬中华文化的主体意识与时代意识。

（二）国学在思想和教育领域的积极作用

国学的传播与普及，有利于提高民族文化素质，而且它的研究和教学实践是探索新型学科制度和人才培养制度的一种尝试。国学研究是以中国传统文化经典为核心，以中国传统学术方法为手段，保存和传承中国传统人文精神的一种重要方式。国学研究和国学教育将有助于人们了解中华传统文化经典，接受人文精神熏陶。了解和熟悉本国文化经典是一国国民应接受文化教育的重要内容。近代以来，我们对国学的传承和学习是十分欠缺的。对传统文化，我们要批判地继承，在其教育上更不能出现断层。

我们是一个有着悠久文化历史的国家，是一个有着灿烂文化传统的民族，这对今天我们所提倡的对全体国民进行忠党爱国的忠贞教育，孝敬父母、尊敬师长的伦理教育，树立"勿以善小而不为，勿以恶小而为之"的道德观念，吃中国饭、说中国话、过中国年振兴中华文化的观念，为国家求学问、为社会分工而习技能的利他、利群观念等教育都具有积极的意义。在这里，传统国学文化与教育和谐地融合在一起。此外，国学作为一个整体性的学科，虽然在近代尤其是中华人民共和国成立以来已因新式教育学科体系的分类而被消解，分别归属于中文、历史、哲学等学科，但是重振国学、恢复中国传统人文学术融会贯通的传统，有助于消除人文学科领域内的学科壁垒，探索建立新型的学科制度和人才培养模式。

（三）国学在经济发展中的积极作用

我国经济要实现长远而持续的发展，离不开以国学为代表的古代经典文化对其的支撑力量。文化与经济是相互依存的。经济是根，文化是魂。马克思曾将人文因素纳入经济分析之中，并予以高度重视。他在《1844 年经济学哲学手稿》的第三手稿中说："自然科学往往包含关于人的科学，正像关于人的科学包括自然科学一样。"如果追溯经济学的"根"，显然道德哲学是其母体。要促进和保持经济繁荣，特别是我国面临实现体制转轨，以人文价值和道德水准为基础的文化因素将是最为重要的精神力量。

为什么我国改革开放以后，经济发展虽然取得了巨大成绩，但是又面临不少阻力？这与我们优秀文化出现断层和缺失不无关系。许多优秀的传统文化被淡忘、被遗失、被模糊，使现代人的价值观、道德观、人生观等出现了问题。现在国外许多企业家将我国的《论语》《道德经》《孙子兵法》《三国志》等书摆在案头，将其思想精华应用到企业管理之中，甚至有人主张将其作为企业管理经典来加以研究。由此可见，文化与经济的联系是千丝万缕的。

（四）国学在政治文明中的积极作用

文化与政治的联系是多层面的，特别是在思想方面、道德方面、精神方面的影响更是巨大。我们的文化建设既要注意吸收借鉴中国古典、现代、当代文化优秀成果，又要学习借鉴西方国家的古典、现代、当代文化优秀成果。加强文化建设，离不开中国以国学为代表的优秀传统文化。中华民族的"修身""内省""治国""慎独""笃行""仁爱""忠孝"等及求真、求善、求美的思想品德与精神均源自国学经典之中。但是，中国学术界"失语"状态的现状和传统道德在现代社会的沦丧是与 21 世纪处于经济上升时期中国现代化道路不相适应的，长此以往，势必会影响 21 世纪中国的新文化建设。当前政治文化建设中所提倡的和谐社会建设正是我国国学传统文化精髓。我国国学传统文化不仅把和谐作为艺术的、外部形式的审美追求，还把它提升到政治理想、伦理、生理、心理乃至宇宙观的层面。

和谐的最高境界是"中和"，要达到"中和"，应采取"中庸之道"。中庸不是折中主义，不是平均，而是要取得事物之间的平衡、均衡，要不偏不倚。因此，就社会不同的阶层而言，要取得和谐，必须有共同的认识，遵守共同的"游戏规则"。另外，要取得和谐，还必须让事物有一定的空间，容许它保持各自的差异性，容许有不同。"和而不同"才是和谐。这个理论为我国加强文化建设，构建以"民主法治、公平正义、诚信友爱、充满活力、安定有序、人与自然和谐相处"为主要内容的社会主义和谐社会提供了丰富的思想精神营养。

二、对国学和国学教育持否定态度的观点

（一）国学概念的腐朽落后

部分对国学有所研究的学者认为，"国学"实际上是个腐朽落后的概念，而现代人对它的理解又过于肤浅。例如，著名学者舒芜就认为，"国学"实际上是清朝末年、一直到五四运动以来，有些保守的人抵制西方"科学"与"民主"文化的一种借口，是一个狭隘、保守、笼统、含糊而且顽固透顶的口号。它完全是顽固保守、抗拒进步、抗拒科学民主、抗拒文化变革的一种东西。在他看来，近年来为人们所津津乐道的"国学"也就是指能够看懂一点儿古书，能够做一点儿古诗词，能够写两笔字而已，实际上空洞得很，也很肤浅。这些大力倡导国学的人根本就不明白中国历史上究竟发生过什么，尤其是近现代思想史、文化史、文学史，这样是在走回头路，是倒退的行为。

（二）国学传播形式的质疑

很多学者对现在传播国学所采取的"快餐"形式表示质疑。近年来的国学热显然与现代传媒的推波助澜有着十分密切的关系。一些经传媒推出的国学明星学者凭借其生动的语言、通俗易懂的讲解，吸引了很多的观众、听众和读者。但与此同时，许多"明星专家"所热销的"传统国学食粮"既不是原汁原味的传统经典再现，许多时候也不是汲取传统精髓的再加工、再制作，而是一些"传统国学快餐"，是多少沾染了些国学染料以吸引人气、取悦大众、似是而非的东西而已。大众需要亲近国学，但是国学很难通过快餐的形式深深地根植于大众的心灵。中国国学是中华民族通过数千年的传承、诠释和发扬积累下来的精神食粮，从古至今每一位国学大师都是通过博闻强记和不懈的研究才能融会贯通。用"文化快餐"的形式来传播国学非但不能重振国学，反而有可能使国学庸俗化、简单化、娱乐化，满足的只是少部分人的腰包，输的却可能是整个民族的人文精神。如果让"国学快餐"成为中国文化主流，最终受损的只能是整个中华文明的精髓和底蕴。

（三）国学在现代教育中的地位问题

从整个教育环境来看，发展国学经典教育缺少与之相应的教育环境，这在一定程度上使国学经典教育成为"鸡肋"。在我国目前的教学实践中，一方面，基础教育阶

段学生理解力有限，只靠记忆力背诵完成最初的积累，因而很难掌握国学的精髓，反而加重了学生的负担；另一方面，由于目前国学经典教育没有相应的考核机制，因此在一定程度上得不到家长、学校和学生的重视，面临着没有实用性的问题。这些现实问题都成为国学及国学教育受到批判的原因。比如，一些学生家长就表示，学国学不如学英语，英语是国际交流工具，对孩子的将来更有帮助，而国学是"过时"的东西，没有现实意义。一些教师也表示，目前中小学必读的优秀古诗、古文已经基本可以满足学生的需要，不一定要把整个国学体系都搬过来。

（四）国学背后的功利色彩

国学热的背后有功利性的因素在驱动，这是国学真正的隐忧。很多学者都指出，在商业大潮面前，由于潜修国学就必须要有静心书斋与甘坐冷板凳的准备，因此国学热一度降温。尽管当前"钟情"的人不少，但以之为一生之志的人越来越少。特别是随着陈寅恪、钱锺书等一辈国学大师的离去，国学就显得尤为沉寂。但是在2005年，国学在经历了全球华人祭孔的盛典后，俨然成为当下的流行，成为一种人们拼命追捧和效仿的"时髦"。这是一种极为反常的现象，究其背后的原因是利益在驱动。大到中国人民大学国学院主办国学大师的评选活动，小到各地盛行的国学班的招生，社会上出现如此急急火火的国学"建设"市场，并出现供销两旺的"炒作"热潮，遵循的也是"有需求就有市场"的原则。这些打着国学旗号的各类活动往往被幕后的主办者所操控，利用富商们在商场上附庸风雅的需要和家长们望子成龙的心理，出卖的是传统国学的尊严和自己的良心道德，使国学成为一个有利可图又让人无法言说的"捞钱"招数。不过，热衷于此道者似乎忘了这样一个基本的事实，那就是中国传统文化向来讲究的是"义"，而耻于言"利"。即使言利，也是"取之有道"。"道""义"之于商人，意味着诚实守信，合法经营。国学班的初衷在于将国学工具化，用中国的传统文化来牟取利益，这与国学经典蕴含的精神思想南辕北辙。

（五）盲目仿古是一种倒退

许多学者指出，振兴国学并不是全盘复兴国学，通过仿古而复古的全方位国学复兴不可取。在目前的国学理念里，主要是把儒学作为国学的重点，所以对待国学的态度在很大程度上关乎对待儒学的态度。现在有的国学学者提出要"全方位复兴儒教"，这里的所谓"全方位"，包括法律制度、政治制度、教育制度和人事制度。要求把儒家的经典作为制定宪法的根据和指导原则，还要求在小学、中学和大学设立"读经"课程作为所有学生必修的共同课程，这些就是所谓"全方位"复兴的主要方面的内容。我们认为这样的"全方位"处于今天全球化的趋势面前，显然是不现实的，这实际上是一种历史的倒退行为。通过仿古来复古是行不通的。如果国学还有许多内容有价值的话，那也是要通过这些价值的现代化才能有现实意义。所以，国学的复兴不是简单地照搬，也不是"全盘"，或所谓的"全方位"。复兴必须紧密结合当代文化发展的实际，积极研究、继承和借鉴那些对于当代文化发展具有现实意义的国学理念、观念、理论和学说。

三、我们应该持有的态度

如今，当我们回首由五千年历史所沉淀而成的国学时，我们最应该思考的是如何使之与现代化建设、现代社会文化相互结合，从而为现代文明进程贡献力量的问题。

（一）国学与对现代化内涵的把握

今天我们宣传和弘扬国学，可以帮助我们批判性地反思现代化的观念，全面把握现代化的本来内涵。过去，我们理解现代化有两个比较根本的缺陷：一是在很大程度上脱离了现代化的本来含义，仅仅看到其现实的和器物化的方面，忽视了其思想内涵和制度方面；二是将其看作西方社会的专利，看作对于西方发展道路的一种简单学习与照搬。现在看来，我们应当在理性化、工业化、市场化、都市化、民主化、法制化等的统一中理解现代化的历史进程和价值取向，并立足于中国的历史与现实来探讨中国现代化的丰富内涵。一国的文化底蕴和背景是对现代化内涵进行本土化解释的基础之所在，这也是我们今天倡导国学文化并建设现代文化的目的。

（二）国学与对我国现代化方向的把握

我们应立足于全球化的背景探寻我国现代化的发展方向。现代化代表着人类文明发展的基本方向，为此我们应当坚定不移地走现代化的发展道路，但尤其应当看到的是，当今时代的现代化又有了自己的全新国际背景与时代特点，具有了全球化和本土化的丰富内容。全球化和本土化相结合代表着现代化发展的全新阶段，也应当成为我们把握当代中国发展方向中的重要内容。在这样的背景下，坚持本土文化与各种外域文化的有机结合，不断为传统国学注入新鲜血液，从而铸就新的中国文化就成为一种必需和义务。

（三）积极发挥国学的当代意义

现代化要求我们积极发挥中国传统国学的当代意义。现代化既不是同质化，更不是取消中华民族的独特性和民族性。西方一些思想家为了解决现代化中的问题，努力从包括中国传统国学在内的历史文化中寻找后现代的思想资源，甚至认为中国传统国学思想离后现代更近。我们过去忽视中国的国学资源，这不能不说是历史的教训。中华民族的现代化的特色既依据于中国的历史与现实，也依赖于新时期的创造。在这个过程中，发挥中国传统国学的现代意义具有非常重要的作用。

（四）以国学应对现代化问题

我们应特别注意研究和预防现代化过程中可能出现的复杂问题，尽可能减少其中的成本与代价。人们不能等到付出代价、已经无法控制危机了才去注意它们。应该说，中国现代化的后发优势正是也只能在对于世界现代化历程中有益经验的积极吸收和对于失败教训的自觉克服的基础上，并利用自身国学中适应现代甚至后现代发展潮流的内容，才能真正得到发挥和实现，而中国的现代化建设的合理开展与成功推进，也必将为世界现代化在 21 世纪的发展做出自己的积极贡献。

第三节　国学经典教育存在的问题及原因

一、国学经典教育存在的问题

（一）国学经典教育形式化

1.缺乏教育的主阵地

随着国学热的浪潮愈发汹涌，许多不同层次的教育机构不断成立。正规一些的中华优秀传统文化教育研究与推广中心从筹建伊始，便计划将有代表性的人物安排在中心的理事会，以促进相互的联系和交流，强化相互之间的监督和约束，引导其向着良性方面发展。还有一些发展的比较正规的民间办学，如较早的有广东私塾联谊会、江西私塾教育联合会等。总的来说，最近十几年来，国学教育风起云涌，遍地开花，呈现出迅猛发展的状态。

但是，我国的中高考制度决定了国学的发展趋势，在考试这一指挥棒的影响下，国学在体制内发展不是很快，影响也不是很大。以目前中小学的学科为例，语文虽然是三大主科之一，但是所占分值并不比其他学科高，而在语文学科中，国学经典相关的知识所占比例也不多。所以，无论是对于教师，还是对于学生，国学经典教育仍旧属于一个旁支，没有一个开展的主阵地。有时虽然风风火火地开展过一些活动，对校园进行了一些环境创设，但是并不能很好地延续下去，等过段时间活动弄完了、讲座讲完了，或者这学期国学教育开展完了，就把那些环境创设的素材拆卸下来。笔者曾经针对一些学校做过调查，多数的学校没有将国学经典教育纳入课程体系中，只是延伸到了一些活动中，始终停留在一个比较浅显的层面。

2.重"表"轻"里"

国学复兴"热"导致各种与国学有关的活动未有穷期。刚公祭了孔子，马上又要祭祖炎帝；这边联手打造中国首个"国学文化社区"，那边便兴建一座与国学有关的中华文化标志城。这些活动固然起到一些复兴国学的作用，但是在举办弘扬某类传统文化的活动时，出现了形形色色的"作秀"和刻意"仿古"的现象，如穿汉服、举行轰轰烈烈的祭孔仪式，但并没有对汉服或者对孔子的思想做进一步的思考。这些活动告诉我们，当前的传统文化复兴"热"大有忽视其深层文化内涵之势。国学经典教育同样存在这一问题，重"表"轻"里"的现象时有发生。中国人民大学教授叶君远曾告诫人们，国学经典是个巨大的精神宝库，但并非所有的东西都是好东西，其中腐朽霉烂甚至散发毒气的东西也不少。确实，如果我们只重其表，忽视其内涵，并不加分辨地将这些东西抬出来，只会适得其反。

（二）国学经典教育功利化

这些年来，越来越多的家长开始觉得国学不是那么枯燥，开始关注国学。很多培训机构都嗅到了这一气味，捕捉到这一信息，在招生广告中特意突出国学字样，以此抓住家长的注意力。一些国学培训学校或机构为了追逐最大的利益，为了维持自己的生存和发展，为了让那些国学产品销售得更好，往往无限夸大国学教育的功能，让人们产生误导，盲目地相信学好了国学能解决生活中所有的问题，对消费者进行误导和欺骗，收费也越来越昂贵。

不得不说，国学在风起云涌的同时，国学经典教育中的很多问题也随之而来。很多机构打着国学之名，借机高收费，大量敛财。怪不得有人总结，当前国学培训机构盲目招生，漫天收费，弘扬国学不是目的，赚钱才是其目的。"国学热"引起了人们对传统文化的关注，这虽然是好事，但是国学任意地被改造、学者庸俗化的倾向不得不引发我们深思。厚重、古朴、深邃的国学经典教育不能演化为"生意"，不能变成某些人的敛财工具。传播国学可以引入市场机制，适当收费是允许的，但应有一定之规，合法合理。那些动辄收费数万元的国学班使国学教育变了味，反而成为"精神污染"。还有一些违法办学单位和个人假借创办私塾的名义，打着传播优秀传统文化的旗帜，收费特别昂贵，实际上却是请老师来搞课外补习。可见，国学经典教育功利化的问题已日渐突出。

（三）国学经典教育散乱化

1.教学内容散乱

国学经典教育应该以国学经典为主要的教学材料。其实，凡被称为国学经典的著作，其内容思想大多都是"精粹"，但其中也有一些"糟粕"的东西，有些内容并不符合当下的价值观。而教师在教学的时候并不对其进行辨别，全部教给学生。那些落后的思想和观念如果灌输到学生的头脑中，必然会对学生产生不好的影响，这显然与国学经典教育的初衷相违背了。甚至有一些机构的教师选用的内容不属于经典的范畴，只是为了突出自己的与众不同，竟然将一些落后的思想文化定位"文化精髓"。

2.教学方法散乱

如何教国学和如何指导学生用国学是保证国学教育效果的关键。孔子的"仁学"反映在文艺观上，就是重视文艺对调节个体心理、完善人的道德修养的特殊作用。他把《诗经》当成修身的教科书来看待。我们在开展国学教育的过程中应结合实际，告诉学生怎样生活，怎样处理人与人之间、人与自然之间的关系，实现学用结合。然而，现在的国学经典教育没有做到这一点，无论学校还是校外的一些机构，只是让学生一遍遍反复吟诵、背诵，从幼儿到高中生都是如此。离现实久远的文言文本来就不易激起学生的兴趣，再加上这样的教法，把国学当作"普通知识的学习"或仅是"古典文献的研究"，势必会败坏学生国学经典学习的"胃口"。这样，自然很难实现国学经典教育的目的。结果，学无成果之人仍然昏昏然，对庄子、孔子形同陌路；学成之人若不是"满腹经纶，百无一用"，便是"食古不化，只钻故纸堆"。

（四）国学经典教育偏执化

1.行为偏执

在国学经典教育的课堂上，有些教师要求学生身穿汉服，峨冠博带，口中出现抑扬顿挫、韵味十足的经典诵读声："弟子规，圣人训。首孝悌，次谨信……"似是古时杏坛场景的再现。此外，笔者也时常听到一些报道，有些国学堂在开学的时候，门口赫然挂着一张孔子的画像，无论老师还是家长，一跨入大门就先向孔子像行三跪九拜的大礼，甚至学生需要穿戴着自制的仿古衣冠，向教师行跪拜礼。这些行为颇有点尊师重教的意味，但国学经典教育的重心是在这里吗？难道穿汉服，三跪九叩，给老师行几个大礼，大段地背诵《论语》《千字文》《三字经》《大学》《百家姓》就是学到了国学经典的精华？学生在中华优秀传统文化的传播中应该扮演哪种角色呢？在国学的传播中如何避免那些不学无术的滥竽充数者呢？如何避免这些偏执的行为呢？笔者认为，在国学经典传播上应该和学术之间具有十分牢固的联系，真正的国学经典教育和普及不是建立在外在的行为上，而是建立在学术研究的基础之上。

2. 认识偏执

对国学经典教育缺乏有效的认识，使国学经典教育在整个教学体系中严重缺位。在对待国学经典及其教育的总体认识上较模糊，主要表现为两方面：一是对国学经典的定义认识模糊。很多专家、学者对国学经典的概念没有清晰的认识，这意味着"国学经典"不成系统，在没有完整的理论指导下，国学经典教育"泛滥"，尤其是在各种商业炒作下，表现为各种国学网站、国学教育机构等开展各种以"自我特点"为特色的国学教育，令人眼花缭乱。在这种模糊的认识下，很多教师对国学及国学经典教育的认知逐渐偏执。二是对国学经典教育的当代价值认识不足，导致不能体现国学经典教育的意义所在。为什么要学习国学经典？若对学习国学经典的当代价值认知不足就不能体现其教育的现实意义。目前，无论社会教育机构开展的国学经典教育还是学校所开展的国学经典教育，都基本处于一种蜻蜓点水的状态，有些甚至到了偏执的地步，没有认识到国学经典中蕴含的人生哲理、道德标准等，导致国学经典教育出现了"虚热"之势。

（五）国学经典教育师资匮乏化

在学校的所有资源中，教师最为重要。学校的兴衰成败、教育水平和教学质量的高低，在很大程度上取决于教师。教师自身的国学素养和水平决定着国学经典教育的质量。通过调查发现，许多教师自身的国学素养不高，一个重要原因是之前我国的教育体系中很少涉及国学内容，大学专业体系中也没有设置相应的国学专业，而近几年刚设置国学专业的大学还没有输送出国学专业人才。这就导致专业的国学教师十分匮乏，也使教师在国学经典教育中很难发挥出自身应有的教育作用，甚至会由于自身国学知识的欠缺，对文本做出误读，从而误导学生。

学校中大部分教师已经习惯了自己的教学风格，积累了一定的教学经验，他们不愿意去接受新的教学内容、教学理念和教学模式，不愿去探讨教材以外的更加深奥的国学知识。尤其是对新教师来说，出于评优和职称的需要，会把大部分精力用于提高学生的成绩，对于不在考试范围的国学内容，一般不会去深究。同时，绝大部分学校的国学教师主要是语文教师或班主任兼任。这一方面给语文教师或班主任造成了工作压力，另一方面不利于国学文化的有效传播。另外，由于国学本身内容丰富、深奥，想要真正走进国学，必须经过专业的培训和系统的、长时间的学习，因此许多教师心有余而力不足，最后只能敬而远之。

（六）国学经典教育狭隘化

国学经典教育狭隘化主要表现在把国学等同于儒学，即将国学的定义、文化范围等基本要素认定为儒学的基本知识与道德规范等。其基本表现是，将弘扬国学与弘扬儒学等同起来。儒学作为支撑中国传统文化发展的支柱之一，对塑造国民民族性格，使国民养成坚定的民族精神具有极大的影响。儒学本身蕴含着丰富的精神文化内容，其中合理的儒家思想对今天的国学文化教育与发展具有重大的启迪与借鉴价值。但如果简单地将儒学等同于国学，则会导致国学狭隘化，不能使民众全面了解国学，更不能充分发挥国学的基本作用。[1]国学经典的内容浩若烟海，涵盖甚广，只要是对建设新时代中国特色社会主义事业有益的，都应成为国学发展的借鉴与应用对象。

就近几年的学界学术发展来说，学界对国学的研究很多时候也只是单一地集中于儒学。在高校的学术研究中，全部将研究方向变更为关于儒家学派的一些内容或者是贴近儒家的一些内容，这其中必然会存在问题。这种狭隘的做法无助于中国传统文化的交相辉映，也在一定程度上导致国学经典教育偏向"儒学"。这种狭隘的做法也是我们在发展我国传统文化时应该注意的。

不可否认，对于"国学"的内容阐述，儒学确实构成了国学的一大部分，但是仅限于儒学的国学肯定是有问题的，我们可以将儒学作为中国传统文化的研究核心，但是不能忽略其他各家，否则会阻碍各种传统文化共同发展。国学经典教育同样如此，不能将国学狭化为儒学，更不能将儒家倡导的那一套当作颠扑不破的真理、唯一正确的价值观来强迫学生接受，这样无疑会使国学经典教育的发展愈发"狭隘化"，最终在越来越窄的道路中无路可走。

二、国学经典教育存在问题的原因分析

（一）国家方面

1.对国学经典教育的开展缺少政策支持

虽然近年来国家对国学经典教育持积极的态度，但政府部门对国学经典教育的开展并没有明确且有效的制度规范和支持，这从根本上导致了国学经典教育的不专业。没有相关的文件规范国学经典教育，使大量以营利为目的私塾、书院、各种宣传网络媒体存在，五花八门地开展自己的国学经典教育，也就会误导很多家长盲目跟风，将孩子送入名气大的私塾等机构，而孩子在里面学到的可能也就是皮毛，无法形成系统

---

[1] 任丽梅."国学热"与中国传统文化现代化再思考[J].马克思主义研究,2013(10)：107-113.

的知识结构。这些私塾的存在到底合法与否，政府没有针对开办者进行资质查验，没有对办学环境进行调研，没有对师资力量进行有效的评估，没有对教学场地进行综合考察，也没有对教学内容进行审核。到底学校教授了什么、学习的课时、教学材料、教学方式、教育成效的评判标准，在这些方面，教育部门没有制定一个具体而完善的制度去规范和引导。

对于校内的国学经典教育，无相关政策的支持，就没有具体的教学大纲、明确的教育目标、标准的教材，没有完善的评价体制，也就无法有效地监督和保障学校的国学经典教育，没有理论依据作为教学指导，使教学方式较随意化，更无法正确定位国学经典教育，使教授内容碎片化。因为缺乏纲领性的政策文件去规范和支持，也就缺乏有效监督机制，没有一套完善的评价体系作为理论依据，就无法有效地对国学经典教育进行考评，国学经典教育的开展也就如同纸上谈兵。

2. 对国学经典教育的研究缺乏足够重视

目前，国学经典教育的开展基本处于探索阶段，急需国学教育理论的支持。其实，国学经典教育古已有之，由于历史原因中断多年，至 20 世纪 90 年代初开始再度兴起，也推动了国学经典教育研究的发展。但从近几年国学经典教育研究的现状看，国学经典教育不容乐观。首先，从研究内容上看，对国学经典教育研究的比较少，也较零散，对于国学经典教育的一些基本问题（如国学的学科定位、国学教育所培养的人才规格、评价与监督机制、教育模式等）缺乏深入而系统的理论研究，对现有的国学经典教育实践缺少经验总结，不能充分发挥理论对实践的指导作用。其次，从研究队伍上看，由于国学经典教育中断多年，其价值也逐渐被国人所淡化，故专门从事国学经典教育研究的人很少，致使研究队伍的专业素质不是很高，其研究成果很难为现实的教育实践提供理论支持。总的来说，因为国家对国学经典教育研究的重视不够，导致学者对国学经典教育研究的积极性不高、力度不够，从而导致国学经典教育在缺乏理论指导的情况下出现了问题。

3. 对国学经典教育宣传的力度不足

尽管近年来对孔子学院、传统文化的宣传越来越多，传统文化的凝聚力、影响力、创造力日益增强，但是在经济生活、文化生活发展不同步以及多元文化相互影响的背景下，国学经典教育宣传力度相对不足。这迫切需要教育部门借助大众传媒发挥自身的喉舌作用，组织开展有关国学的各类学习活动，挖掘国学经典所蕴含的文化思想和文化价值，加大国学经典教育的宣传力度，将国学推广到生活的各个方面、各个领域、各个层次，促使以国学为代表的优秀传统文化走向世界，进一步激发当代国学的生机与活力，进一步增强学生的文化自信。

（二）社会方面

1. 对国学经典教育的价值缺少科学认识

国学经典是时代的产物，具有历史局限性，存在许多不合时宜的东西。这是事物发展的客观规律，但有相当一部分人不能正视这一客观事实。再者，百年来国学经典的价值一直处于遭质疑、遭贬低和遭否定的尴尬境遇，导致部分国人片面夸大其不足，进而对国学经典教育持忧虑、怀疑乃至否定的态度。另外，由于国学经典教育断层多年，许多国人没有机会接触国学经典，对国学经典的精华了解甚少，对国学经典没有兴趣，对国学经典教育价值的认识亦无从谈起。再加上民族虚无主义和急功近利思想的影响，相当一部分国人对国学经典所持的态度很偏激，认为国学经典是愚昧、落后的代名词，学习它没有任何现实意义，导致国学经典教育的价值大打折扣，进而使国学经典教育的开展受到了一定的阻碍。当前，有少数学校怀着历史责任感和神圣使命感，顶着各种舆论压力开展了系统的国学经典教育，但在实践过程中遇到了许多棘手问题。而相当一部分学校缺少探索的勇气，持观望态度，无形中使国学经典教育发展之路举步维艰，增加了学校开展国学经典教育的阻力。思想是行动的先导，如果人们对国学经典认识上的障碍不消除，势必会严重阻碍国学经典教育的深入开展。

2. 对国学的研究不够深入

无论是学校的教师，还是社会上的学者，目前对国学的研究还远没有达到深入的境地。当然，国学经典研究的难度很大是一个重要的原因。这种研究不够深入的一个体现就是对传统经典的"注解"不同。虽然注解的不同大多是可以理解的，但有些"注解"的不同是原则性的，甚至会引发很大的争议。比如，《论语·学而》："学而时习之，不亦说乎？有朋自远方来，不亦乐乎？人不知而不愠，不亦君子乎？"这句就有好多种版本的解释。传统的中学语文沿用朱子的观点将"习"理解为复习，强调学习要经常复习。南怀瑾在《论语·别裁》中指出，"学"应该是指学问，"习"是实习、见习之意，强调做学问要随时随地学习，学习后有所得，要注意去实践，那样才会获得真正的快乐。台湾师范大学教授曾仕强认为，"习"应该解释为"习惯"，学了，要逐步变成自己的习惯，这样会很快乐。台湾大学教授傅佩荣则认为，关键字不在"习"上，而在"时"上，学习要在适当的"时机"。这几种解释似乎都有道理，到底哪一种是正确的，对于国学初学者来说，还真不好区分。又如，《论语》："自行束修以上，吾未尝无诲焉。"这句话中的"束修"作何解也有多种观点。传统观念认为，"束修"是"十条腊肉"，是一种拜师礼。也有人认为，"束修"是指十五岁以上的男子。还有人认为,"束修"应该与前面连起来解释,"自行束修"是指自我约束,不放任自流,整句话的意思是"凡是能够自己约束自己,不放任自流,听从老师教导规劝,修整错误,好好学习,天天向上,我没有不认真教诲的"。

从以上两个例子可知,国学经典的研究是相当有难度的,一字之差,意思可能就有天壤之别。可对国人而言,不同的解释就会有不同的理解,这种理解的千差万别会影响人们对国学经典的认识,进而影响国学经典教育的发展。

(三)学校方面

1.学校领导层不够重视

很多学校的领导层没有将树立文化自信作为国学经典教育的目标,缺乏对国学经典教育地位和作用的深刻认识,缺乏对文化自信的高度认识,对国学经典教育不够重视。有些学校甚至把国学经典教育当作形象工程,将国学经典教育视为学校向外界展示的面子,注重形式,注重宣传,实际上却没有认真开展国学经典教育。比如,有些学校未开设国学经典课程,也没有制定相关的课程标准;有些学校对国学经典教育缺乏系统的规划和研究,没有明确为什么开展国学经典教育,也不清楚选择什么作为主要内容、以什么方式进行国学经典教育等,导致对课程开发和课程改革没有形成正确的认识,进而影响了国学经典教育的成效。

2.对专业化教师队伍建设不够重视

传者与受者是文化传承的主体,传者是文化的传递者和传播者。国学经典教育作为以学校为主要教育场所的文化传承行为,无疑需要文化的传者,而这个传者就是教师。国学经典到底谁来教一直是困扰国学经典教育发展的主要因素之一。我国在培养专业国学教师方面还处于起步阶段,目前只有为数不多的几所高等院校开设了国学专业。从目前的状况看,国学经典教育主要是由语文教师兼任,由于缺乏有效的监管和评价,很多语文教师就直接把国学课用来上语文课,这就造成了国学课成为变相的"语文课"的乱象。此外,语文教师在自身比较繁重的工作外再来教授国学知识,难免会力不从心。国学这门课程,需要教师具备良好的国学素养和深厚的国学知识。但在现行的学科体系下,教师基本都是在自己所教的学科范围内进行学习和研究,对国学只是零星地学习,没有形成体系,所以在对学生进行国学经典教育时,没有一套完整的体系和课程标准。再加上学校对教师的培训也不够,很多老师在教授国学时显得力不从心、无从下手,导致国学课逐渐被边缘化。

3.评价机制不健全

有效的评价机制不仅可以对教学效果进行评估,还可以有效地促进教学活动。评价机制的缺失会导致教学活动缺乏监督与评估。目前，国学经典教育没有规范统一的评价标准，尽管很多学校在积极探索评价机制，但真正将评价落到实处的少之又少。笔者曾经和一些学校的教师针对这一问题沟通过，很多学校都没有对国学经典教育制定统一的评价标准。当然，有些学校也会对国学课程进行评价，但是通过"考级"来评价学生的国学知识掌握水平，并且其形式多是通过背诵来对学生进行考级评估。这种对国学经典教育内容的评定仅限于经典典籍背诵，会让学生对国学知识的掌握过于狭窄。另外，对于教师而言，学校也没有任何措施对其国学经典教育的实施情况进行评价，以至于国学经典教育出现了随意性的现象。可以想象，缺乏相应的评价机制，学生的学和教师的教都会在无形中失去约束，效果自然可想而知。

（四）教师方面

1.对国学经典教育的意义认识不足

中华优秀传统文化是中华民族独特的精神标识，是我们的"根"和"魂"，要加以继承和发扬，赋予其新的含义。学习国学经典，学习优秀传统文化，能够有效提高学生的文化自信，这在外来文化不断侵蚀传统文化的今天显得非常重要。但教师并未认识到国学经典教育对提高文化自信的作用。中华文化绵延数千年，仅时间的跨度便足以让我们自豪和骄傲，同时国学经典凝结了无数先哲的智慧，蕴含着无数精辟的哲理，这些在今天仍可以为我们的生活提供指导。然而，在国学经典教育的目的、国学经典教育对现代社会的作用及国学经典教育的效果上，教师都没有正确认识到国学经典的重要意义。试想，如果教师认识不到国学经典教育对学生素质、人格的重要作用，认识不到其对提高学生文化自信的重要性，又怎么能够更好地实施国学经典教育呢？

2.过于关注学科教学和学生成绩

尽管国家推行素质教育已经多年，学校也在大力倡导和实施素质教育，注重学生个性的培养，注重学生生命体验的独特性，着力培养学生各方面的基本素质和完善的人格，但当前我国应试教育的影响依然深远，应试教育的积弊无法完全革除。这体现在教师非常关注学科教学和学生的成绩。很多教师依旧认为学科知识才是学生学习的根本，对于那些尚未列入课程的国学经典始终不够重视，经常挤占本该属于国学经典的教学时间，特别是有教学比赛或者临近考试的时候，这种挤占的情况更为严重。不少教师认为，国学经典中"之乎者也"的知识对学生的成长没有太大作用，在思想意识上未充分认识到国学经典教育的价值。

（五）学生方面

1.缺乏积极的学习兴趣

爱因斯坦曾经说过："兴趣和爱好是最大的动力。"我国一直以来都是以应试教育为主，尽管近年来一直倡导素质教育和新课程改革，但是在中考、高考的压力下，多数学生只会花费很少的时间去阅读和学习国学经典。笔者曾对一些学生做过调查，他们对国学经典的兴趣普遍不高，对国学经典的重视也不够，进而影响了学习国学经典的积极性。就目前学生学习国学经典的方式来看，仍旧只是简单地识记、背诵、朗读等机械的形式，缺乏学习方式的创新。在核心素养理念下，教师应该以学生的全面发展为核心，在自主发展、社会参与、文化基础三大领域中积极引入和借鉴更多传统文化节目方面的形式，如"百家讲坛""中国成语大赛""中国诗词大会"等，以扭转学生的思维，使他们走进国学经典，学习国学经典，爱上国学经典。

2.对国学的认识不足

进行国学教育，必须先让受教育者搞清楚什么是国学。一个世纪以来，我国传统文化一直受到西方文化的强力冲击，导致我们的传统文化逐渐衰弱，对于国学以及国学经典到底是什么，许多学生认识不足。当然，近年来，随着国学一点点地热起来，很多学生对国学还是有一些了解的，只是对国学的真正内涵仍认识不清。此外，对国学的认识不足还体现在对国学经典教育存在的重要性认识不够。通过国学经典教育不仅可以陶冶学生的情操，还能提高学生的文化修养、道德素质和人文素养，但为什么国学经典能够实现这一价值，很多学生并不能说清楚。

3.偏执的功利发展观

目前，我国经济社会正处于转型期，实用主义、功利主义思想盛行，这种不良之风亦吹进了学校，尤其对高中和大学的影响最为严重，使不少学生染上了这种"流行病"。以大学为例，在这种思想的作用下，很多大学生把大部分时间都用在英语过级考试、各种证书考试及专业考试等实用学科上，很少有时间读"闲书"。再则，国学专业未被列入考试科目，而且对将来找工作无多大帮助，自然不会受到学生的青睐。另外，学习国学经典是一个循序渐进的过程，是在长期积累的过程中逐渐显现其功效的，很难像有些学科经过突击就会产生短期效应，这对急功近利思想较重的大学生来说很难产生兴趣。如果学校对学生的这种实用性、功利性成才观不及时予以纠正，那么将会极大地阻碍国学经典教育在校园中的开展。

第五章 国学经典与小学语文教学的内在联系

第一节 国学经典与识字

一、汉字的文化内涵

美国人类学家怀特在《文化的科学》中曾说："全部文化（文明）依赖符号。正是由于符号能力的产生和运用，才使文化得以产生和存在；正是由于符号的使用，才使文化有可能永存不朽。"中国文化和汉字的关系也同样如此，汉字的特殊性又使其承载着丰富的文化内涵。

（一）汉字的表意性

亚里士多德在两千多年前提出了"文字是口语的符号"，这被视为古典定义。根据亚里士多德的文字定义推论，文字不过是"一种符号之符号"，它和"心灵的经验"（思维、认识、情感等）没有直接的联系，不能绕过语音直接表达观念。西方语言学经典定义认为，"文字是有声语言的书面表达形式""文字是有声语言的辅助工具""它同思维的联系是通过语言的间接联系"，即思维—语言—文字。

汉字的历史不同于西方的文字发展史。汉字是不需要通过语言为媒介的，它直接与思维联系，即中国人的思维是通过具有表意特性的书面符号系统——汉字来直接反映的。汉字并非简单的书写符号，之所以蕴含着丰富的文化信息，成为中国文化的微缩信息库，取决于文字特定的构造原理，也是由汉字自身的特性——表意性所决定的。"中国现行的文字（汉字）就是现今世界上表意文字唯一的代表。"①汉字的起源是建立在象形基础上的，因此具有"以形构意、以形表意、形声合义"的特点，使汉字的表现力超越时间、跨越地域。汉字是以表意为基本特点的文字，即根据语言的意

---

① 陈望道.中国文法革新论丛[M].北京：商务印书馆,1987:161.

义来构造文字形体的文字体系，造字中字形的设计是要表达它所记录的词的词义，而不像拼音那样用字形表达语音。亚里士多德的定义是根据表音的希腊文字提出的，但不适用于表意的文字。确实，西方语言学或中国现代语言学都只把语言和文字看作一个单纯的工具或符号系统，忽视了汉语和汉字中深藏的文化积淀和文化心理。因而，中西文字的差异并非只是方块汉字和线性字母的差异，而是思维方式、价值体系乃至世界观的差异。将义与音融为一体的汉字并不是汉语的附属物，其本身有着丰富的内涵和深邃的哲理。在识别性能、词汇扩展、时空跨度、空间存储等方面，汉字有着拼音文字无法比拟的优势。

古老的汉字承载着丰富的古代文化信息。汉字是文化的载体和外在表现形式，文化是汉字深层意蕴之根本。汉代著名文人扬雄在《法言·问神》中的观点提炼并翻译来说就是，语言是思想的声音，文字是思想的图画。学者曹念明说："文字是人们使用右线条（笔画）组成的字符集来表达、记录、交流观念、情绪的视觉符号系统。"汉字既是作为一种传播工具的推理符号，又是一种表达意念的象征性符号，本质上是一种程序化了的、固化了的意义系统。汉字作为一种象征符号，既表现一般的概念意义，这一点等同于世界上其他文字系统，但不同的是蕴含在汉字身上的深层意念，即汉字独特性之所在，它是汉民族文化的心理体现。在这深层的文化积淀中，有来自政治、道德、宗教、艺术等多种外在因素的渗透，又受到人们观念的制约。汉字绵延几千年，已经成为中国悠久历史的有机组成部分。

（二）汉字的认知性

汉字是汉民族认知实践的产物和工具，具有独特的文化特性。其文化性最重要的方面就是汉字不仅作为一种记录语言的辅助性的交际工具而存在，还同语言一样是一种独特的认知工具，即为了认知才会作为记录语言的工具，所以汉字的本质属性是认知工具。汉字记录汉语只是认知作用的一个环节，最终是为了认知才会产生和存在的。汉字起源于图画记事就充分说明这一点。汉字的认知性是汉字的文化特征中最重要的内涵。

汉字是汉民族为适应实践的需要才创造出来的，必然会与实践产生密切的关系，也就不可避免地同文化发生一定的联系。所谓的文化，就是人类认知和改造世界的方式和结果，与汉字具有密切关系，必然会对汉字的构字产生一定的影响。在认知世界的实践过程中创造出的汉字也具有透过汉字折射世界、认知世界的作用。例如，"山""水""日""月"这几个字，从形体上就能看出这些字所表达的事物的形态；通过"江、河、湖、海"等字的偏旁，就可以判定这些字所表达的事物与水有关系。汉字的形体构造过程就是获取一定的形体蕴含认知结果的过程，其中必然会打上汉民族特定的认知方式的烙印，积淀着对事物的特殊的认知方式所形成的某种观念。所以，形形色色的汉字形体构造之中必然积淀着汉民族特定的厚重的民族文化内涵。

（三）汉字的民族性

汉字是民族文化的工具和载体。这是汉字不同于其他文字形式的最突出的文化特性。汉字的产生、创造出于华夏先民之手，汉字的发展必定制约于其特有的依存背景，即汉字凸显了同华夏人民的语言结构、思维方式、心理素质、人文状况、社会环境的密切关系，从而形成了特定的具有汉民族特色的思维方式。汉字既是民族文化的产物，也是承载民族文化的工具。汉字是文化的载体，载负着文化信息；汉字本身也是文化，一个文化项，一个文化元素，必要与其所处的文化系统中的其他内容实现高度与厚度的整合。换言之，文字的面貌在很大程度上要受制于它背后的文化环境。汉字是汉民族思维和交际最重要的书面符号系统。

汉字的音、形、义无不蕴含着丰富的文化因子，积淀着古代的文化现象和不同时代的文化内容，小小的方块字折射出博大精深的汉文化。正如向光忠所指出的："是汉族的社会历史造成了汉字的特定背景，汉字的固有功效推进了汉族的凝聚发展，是汉族的思维理路促成了汉字的实象摹拟，是汉字的尚形原则体现了汉族的表意理念，是汉语的词汇特点制约了汉字的构造法则，是汉字的内在性能增强了汉语的构词活力。"[①] 他从宏观上探讨了汉字文化的生成机理，认为"汉字结体所潜蓄的华夏文化历史征迹之繁富斑斓是其他文字无可比拟的"，之所以如此，就在于汉字是按义构形、以形示义的表意文字。总之，汉字不仅是一个符号体系或交际工具，还是汉民族认识、阐释世界的一个意义体系和价值体系。

汉字是世界上唯一一种生生不息、历久弥新的文字。汉字书写了中华民族的历史，承载了光辉灿烂的中华文化。汉字在加强中华民族凝聚力、维系中华文明数千年绵延不断向前发展方面起了巨大的作用。余光中在《听听那冷雨》中这样描述："而无论赤县也好，神州也好，中国也好，变来变去，只要仓颉的灵感不灭、美丽的中文不老，那形象、那磁石一般的向心力必然长在。因为一个方块字是一个天地。太初有字，于是汉族的心灵、祖先的回忆和希望便有了寄托。"汉字从远古走来，一路变换着身姿，通体闪烁着中华民族祖先的智慧。汉字记载了五千年的中华文明，也正是由于汉字的传承使用，才使中华文化得以绵延不绝。正如钱穆所说，在中国史上，文字

---

① 向光忠.文字学刍论[M].北京：商务印书馆，2012.

和语言的统一性大有裨于民族和文化之统一，这已是尽人共晓而仍应该特别注意的一件事。要明白中国文化之所以能扩大在广大的地面上，维持悠久的时间，中国文字之特性与其功能亦是很重要的一个因素。

二、小学识字教学现状

（一）小学识字教学存在的问题

1. 教法单一

汉字的主要构成单位是笔画和部件，这也是每个汉字构成的基本要素。其中，笔画是最小的组成部分，笔画组成部件，部件又可以称为字素。在目前许多小学识字教学课程中，教师都会将汉字进行笔画、部件的拆分讲解。例如，"艹"（草字头）在汉字中出现的频率高，有极强的构字能力，包含"艹"这一部件的汉字可以写出草、艺、芙、蓉、芸、芽、节、芋、芍、药、芝、芬、芳、苍、茫、芯、劳、花、苦、苗、英、茄等，教师讲解一个草字头就可以举例出一大批汉字，收到以一当十的效果。例如，讲解"芽"字：教师先出示生字和读音，再指出汉字的部首是"艹"下边是"牙"，然后分析汉字的笔画，横、竖、竖、横、撇折、竖钩、撇共 7 画，最后讲解这个字部首是草字头，说明和草有关，表示植物的幼体，组词"嫩芽""绿芽"等。

这种笔画、部件分析法依据汉字字形对汉字进行拆分讲解，能够有效地指导学生认清汉字笔画，识记汉字的各个部件，使学生掌握科学分析现代汉字的构形方法。这种教学方法在过去也曾取得过令人欣喜的成绩，但随着教学改革和发展，也出现了其弊端和缺点。如果小学语文教师仍然热衷于将汉字笔画和部件拆分讲解的教学方式，无疑是将汉字生搬硬套地教给学生，学生的理解也只会局限于汉字的笔画和部首。不得不承认，这种教学方法识字速度快，容易达到《全日制义务教育语文课程标准》要求的识字量，但是一直局限于笔画和部件的识字教学未免太过单一，容易使学生丧失识字的兴趣，从长远来看，效果不是十分理想。

2. 文化性缺失

当前，在小学识字教学中普遍存在文化性缺失的问题，大多数教师仅将识字教学的重心放到解决字音、规范书写、理解字义上，认为学生只要会读、会写、会用就没有必要再去浪费时间讲解了，很少在讲解中考虑怎样去渗透文化。在实际教学过程中，教师的讲解仅局限于教书写笔画、笔顺和理解字典上所列举的词语。以"说"字的教学为例，教师先利用多媒体课件出示汉字"说"，告诉学生这个字的读音是"shuo"，然后通过笔画部首进行拆分讲解"说"的书写，要求学生在本上跟着老师一起书写，最后用提问的方式让学生组词"说话""说明"，并利用词语进行造句，以此达到会使用这个汉字的目的。课后，教师给学生布置的作业则是将今天所学的生字每个字写五遍、组两个词语。

以这种方式进行识字教学的教师并不少。不可否认，强调字音、笔画、笔顺书写在识字教学初始阶段是很有必要的，也是不可或缺的，但这种教学形式并不适合所有学段的教学。机械乏味的就字识字、漠视汉字深层的文化意蕴不仅是不尊重汉字教学，更会导致学生失去学习兴趣，失去对汉字的热爱之情。另外，学生对汉字的理解也会局限于字面意义，无法了解其背后隐含的文化，更不可能将汉字中蕴含的文化继续传承下去。

3.随意拆解文字

汉字中有很多合体字，在讲解这类字的意义时应当根据汉字本身的客观组合来讲，这样才能够对汉字的构形进行正确的解析。一些语文教师却不从汉字构形的规律和理据出发，而是对汉字进行随意肢解，这样虽然在一定程度上可以帮助学生识记汉字，但是会让学生对汉字的认识产生混乱。比如，"章"字，在日常生活中也有很多人说"立早章"，其实"章"应该是"音十章"。《说文解字》对该字有明确的解释："乐竟为　章。从音，从十。十，数之终也。"据此可知，"章"是指一段音乐结束，所以把"章"字说成"音十章"才是正确的。这与当初王安石的《字说》把"愁"字解释成"古代农民秋天的心境——发愁怎么过冬"犯了相同的错误，也就是当今的"拼形说"。这种看似常见的拆分歪曲了汉字的本意，听起来简单易记，但违背了汉字的造字原则，完全不符合汉字构造规律。

（二）小学识字教学存在问题的原因

1.教师汉字文化知识匮乏

在小学识字课堂上，教师作为传播知识和引导学生学习的重要角色，肩负着艰巨的任务。教师在教学中不仅要正确地讲解出每个字的音、形，还要渗透汉字的文化内涵，使学生了解到源远流长的中华文化，在掌握汉字的同时，了解中华文化。因此，小学语文教师必须具备汉字文化知识和传承中华文化的意识。然而，目前很多小学语文教师自身文化知识匮乏，对汉字渊源了解不多，难以实现汉字教学的文化功能。

在这一点上，笔者曾对一些教师进行访谈。在谈到关于"识字教学目标"这个问题时，多数教师认为现在的识字教学就是要保证学生认识语文教材附录中认字表上的字，会写字表上的字，知道正确的笔顺，确保书写美观。在谈到关于"自身汉字文化学方面的素养"时，教师都表示，小学教学、管理都非常烦琐，很少有时间去看关于汉字学方面的书籍，而当初自己在师范学校学习时对汉字文化方面的知识接触也非常少，所以大致只了解汉字分为象形、指事、会意及形声四种，有时候拿一个字出来并不能马上区分到底属于哪一类。

综合分析，造成教师汉字文化缺失的原因主要有以下两点。其一，教师汉字文化意识淡薄，一些小学语文教师认为识字教学注重字音、字形、字义，狠抓读音、结构、笔顺笔画，让学生会读、会写、会认即可，却忽略了汉字本身的规律和汉字蕴含的文化。这类教师往往只看到或看重汉字的工具性，没有意识到汉字的人文性，或者说他们认为给小学生补充与汉字文化相关的知识过于深奥，不利于识字教学的顺利进行。其二，教师汉字文化底蕴不足。一些教师已经意识到汉字本身承载了一定的文化含义，也试图在识字教学中对学生进行汉字文化的熏陶。但由于其自身对汉字文化学等知识的匮乏，他们在课堂上容易给出望文生义、背离汉字本义的一些讲解。

2. 考试方式的影响

当前，"应试教育"仍然是主导教育教学的主要模式，虽然考试不是教学和学习行为的最终目的，但是无论中学还是小学的教师都在围绕"应试"教学。教师和学生也随之变得具有功利性，急于求成，迫切追求成绩，以各种升学考试为教学和学习标准。字词作为一项基础知识，在语文考试中所占比例较小，考查形式也相对单一，大概有看拼音写词语、给汉字注拼音、生字组词或词语辨析等。

由于这种考试方式的影响，许多教师在汉字教学中对学生的要求仅局限于让学生掌握字音、书写、用法。学生只要达到了这几点要求，就基本合格了，不会再提出额外要求。这样的测评价值仅停留在文字训练的功利性层面，并没有充分展现识字测评的意义。另外，这些手段相当传统，只看重学生是否能写出正确答案，汉字所承载和蕴含的丰富文化完全被忽略了。甚至许多教师觉得过多地渗透汉字内涵的文化信息非常浪费课堂时间，而是有选择性地将时间分配在其他考试侧重的方面教学。

3. 教材本身的限制

教材是指导教师组织学生教学的主要参考，是学生学习课程的主要根据。在小学语文识字教学中，教师引导学生系统、全面地学习汉字，帮助学生有效地认识汉字。这就需要教师在教学活动中依据规范的识字教材和教辅资料给学生进行知识建构。所以，识字教材中不仅要列出目标生字，其编写还必须展现汉字意义，符合学生的心理认知和学习规律。但是，在目前小学语文教材中对识字教学的内容和编排并不详细，也不够科学，对汉字的溯源演变涉及甚少。

我国目前所使用的各个版本小学语文教材在编写内容上都以选编多篇课文的形式

组合而成。没有单独编写的识字课本，所学生字随文出现，强调在阅读中识字。低年级的识字教材在内容编排上有一部分会按照汉字的构字规律，将象形字、形声字或会意字分别归为一组进行归纳学习，或者是将一组字形相似、字音相近的汉字放在一起对比学习。其实，这种编排方式相对较为科学，因为语文学科的教学并不是单纯的识字教学，不能为了识字教学而影响了其他方面的教学，所以虽然可以归因于教学本身的限制，但似乎也无可非议。

三、国学经典对小学识字教学的重要影响

在国学经典中，《三字经》《百家姓》《千字文》是古代识字教学中最具代表性的教材，不论在内容选择、教材编写还是兴趣鼓舞、习惯养成、人格模塑等方面，均具有科学价值，对小学识字教学具有重要的影响。具体来说，其影响表现在两个方面，一方面是有助于小学识字教学效率的提升，另一方面是能对教师产生科学的启示。

（一）有助于提高识字教学的效率

1.利用国学经典提高学生的识字量

常用字集中是汉语的一大特点。汉语虽然字量很多，还有一字多音、多意，多字同音、同意或近意等复杂现象，但常用字非常集中。据王相注本，一部《三字经》共1152个字，去其重复共用542个字，《百家姓》全文142句，共568个字，再加上《千字文》，共有2100多字。据蔡若莲分析，"学会了字频高的311个字，就能识读《三字经》全文八成"。那么，认识了《三字经》《百家姓》《千字文》中的2100多字，再读经、史、子、集就不会太困难。《全日制义务教育语文课程标准》中规定，小学毕业要求认识常用汉字3000个左右，其中2500个会写，如果按照这样的标准，学生诵读完《三字经》《百家姓》《千字文》就基本可以完成小学的识字量，如果学生再阅读一些其他国学经典，便可以超出小学语文课程的要求，大大提高识字量。

2.利用国学经典提高学生的识字乐趣

"记字难、遗忘快、不会写字、兴趣低下"是小学识字教学中常见的问题，其原因有三点：一是小学生天生活泼好动，静不下心，坐不住；二是识字任务繁重，学生一打开课本就是大量的生字，容易厌烦；三是教师的教学方法单一，容易使学生产生厌烦的心理。通过带领学生阅读国学经典在很大程度上解决了这一问题。比如，《三字经》是小学生非常喜欢的读本，笔者便经常利用课上以及其他阅读时间带领学生诵读《三字经》等国学经典，并且诵读的形式多样，如比赛读、表演读、谁是背《三字经》的小能手、谁是识字大王等，激发了学生诵读的兴趣，使学生的识字量大增。

　　此外，通过国学经典诵读，丰富了识字教学的方式。"三分钟热度"是小学生学习的一个特点，如果让小学生在形式单一、枯燥无味的方式中学习，他们很容易产生枯燥乏味的心理，进而丧失学习的乐趣。但经典诵读方式的融入可以丰富教师识字教学的方式，并且诵读的方式多种多样，可以一个人读，也可以几个朋友一起读，可以下课读，也可以放学路上一起读。另外，可以大家一起齐诵，可以分段轮流读，可以师生一起合作读，还可以学生自己表演读。教师甚至可以把诵读和阅读任务制订成不同的游戏方案，在做游戏、讲故事、你问我答中激起学生诵读的热情，从而强化学生那种愉悦的情感体验，最终达到提高学生识字水平的目的。

　　3. 利用国学经典加深学生对字义的理解

　　笔者发现，学生在诵读完《三字经》后，能够理解"黄香温席"的孝道和"孔融让梨"的悌道，如此就可以明白"孝悌"这个词的含义。汉字具有一词多义的现象，很多词义需要在一定的语境中才能够准确释读，而蒙学经典诵读恰好提供了这样的语境，对于小学生理解词义来说事半功倍、一举多得。在《三字经》《百家姓》《千字文》中，《百家姓》最容易理解，因为都是姓氏，不需要太多的解释，可以说一目了然，即使复姓也是如此。《三字经》所用的词汇比较浅显，通俗而易懂，但除了名物制度之外，也夹杂了一些文言虚词，这些虚词对小学生而言虽然不是教学重点，但是因为其出现频率很高，所以可以通过反复诵读，逐渐理解其基本含义，这对以后中学要学习的文言文词义大有裨益。相对来说，《千字文》的文言程度最高，因为是 1000 个字不重复出现，加之其出现最早，是南朝时候的文章（《百家姓》是北宋，《三字经》是南宋），所以比较深奥。但是，正因为《三字经》《百家姓》和《千字文》难度不同，所以形成词义的梯次分布规律，难易结合，有利于提高小学生的文学素养和思维能力。

　　正所谓"书读百遍，其义自见"，北宋教育家程颐的观点就是如此，他认为不要以为小孩子没有记性，其实他所经历的事情都不会忘记。朱熹也强调"读多自然晓"。所以说，大量诵读国学经典不仅能够达到积累字词的作用，而且有助于学生对字义词义的理解，如果教师在讲解词义时能够结合蒙学经典中的语句故事，则会大大提升词义教学的效率，加深学生对词语的理解和记忆。

（二）能带给教师科学的启示

1. 尊重小学生身心特点，注重兴趣鼓舞

　　小学生在知觉、记忆、思维等方面都有其自身的特点。比如，在知觉方面，轮廓知觉占优势，细部知觉则较差；在记忆方面，无意识记忆占优势，有意识记忆则相对较差；在思维方面，形象思维占优势，抽象思维和逻辑思维则相对较弱。此外，汉字

有形、有音、有义，且字量大，对其的识记是一件既枯燥乏味又十分辛苦的事情。而国学经典中的《三字经》《百家姓》《千字文》不论是内容安排，还是编写形式，都充分尊重小学生的这些身心特点，能最大限度地吸引小学生的注意力，激发其兴趣。

在内容安排上，《三字经》《百家姓》《千字文》十分注重从小学生的身心特点出发，做到了以下几点：一是由简到繁、由浅入深、由部分到整体。比如，《三字经》对"数"的教授："知某数，识某文。一而十，十而百。百而千，千而万。"把数字顺序的推进与识字的由少到多巧妙地结合在一起。在谈到时令、方位时，《三字经》写道："曰春夏，曰秋冬。此四时，运不穷。""曰南北，曰西东。此四方，应乎中。"在这里，仅用了24个字，就把四季、四方的轮廓勾勒得一清二楚。二是从儿童所熟知的、与日常生活密切相关的事物入手，激发其学习兴趣。《三字经》对与日常生活密切相关的事物的描写："稻粱菽，麦黍稷。此六谷，人所食。马牛羊，鸡犬豕。此六畜，人所饲。"《千字文》也有"具膳餐饭，适口充肠，饱饫烹宰，饥厌糟糠""寒来暑往，秋收冬藏"等叙述。这些都是贴近生活、儿童能感受到的。它把枯燥的识字活动与自然、生活相关联，平添了许多意趣，很容易引起学生的学习兴趣，调动其学习的积极性。三是借助具体事物的表象、外部特点等，诱导学生由具体到抽象、由感性到理性地进行思维。比如，在谈到学习的重要性时，《三字经》写道："犬守夜，鸡司晨。苟不学，曷为人？蚕吐丝，蜂酿蜜。人不学，不如物。"这些形象的比喻、生动的事例、浅显的道理是儿童容易接受、乐于接受的。

在编写形式上，《三字经》《百家姓》《千字文》运用韵语、对偶等形式，这种方法既契合汉字的特点，又符合儿童的记忆规律。正如章太炎在《论文章》中所说："儿童记忆，本以谐于唇吻为宜，古人教字，多用此体。"《三字经》句式短小、文约意丰、音韵铿锵、朗朗上口，读来意趣盎然，故有"千古一奇书"之美誉。比如，《三字经》在揭示教育的重要性时写道："人之初，性本善。性相近，习相远。苟不教，性乃迁。教之道，贵以专。"这些语句读起来朗朗上口，富有韵律，听起来和谐悦耳，富有乐感，真可谓老少咸欢，雅俗共赏。既便于小学生诵读，更有利于小学生记忆，有效避免了识字教学的单调、枯燥，提高了小学生识字的兴趣，调动了其学习的主动性和积极性，使他们"趋向鼓舞，心中喜悦"，进而"其进不能已"。

2.融入常识教育，拓宽学生的视野

《千字文》把1 000个互不重复且多能独立表意的汉字巧妙地组合在一起，揭示了十分丰富的客观知识：有人类进化、历史演变的重大历史事件、人物；有饮食、居处、祭祀等生活常识；有修身养性、为人处世的人生哲学；有帝都规制、朝廷铺陈之繁华盛况；有山川逶迤、园林秀美之入微刻画；等等。用四言韵文之格式，融叙述、说明、议论、描写、抒情于一体，读起来文采飞扬，既有利于识字和读写训练，又能在识字训练过程中拓宽儿童的知识视野。《百家姓》全文 142 句，568 字，共收入中华姓氏 530 多个，其中单姓 504 个，复姓 30 个，可谓中国姓氏大全。

《三字经》除用较大篇幅阐发伦理道德、为学做人、修身养性外，还涉及数学、自然、生活等基本常识、名物性状、文史典籍等。在文史、典籍方面，有此前的朝代更迭，有"四书""五子""六经"；在数的方面，有"一""十""百""千""万"的基本概念；在自然及基本常识方面，有"三才""三光""四时""五行""六谷""六畜""七情""八音""九旅"等。《三字经》用字虽然不多，但几乎包罗万象，简直可称之为"微型百科全书"，使小学生在识字的过程中既提高了识字量，又拓宽了视野。

3. 积习成性，塑造学生品行

注重道德教育，突出品行修养是中国传统文化的一大特点和优点。《三字经》《百家姓》《千字文》亦不例外，把良好习惯的养成、道德品质的涵养蕴于其中，寓道德教化于识字之中，使小学生在识字的同时，受到了道德品行的教育，较好地解决了知识传授与习惯养成、品格模塑之间的有机统一问题。

"人之初，性本善。性相近，习相远。苟不教，性乃迁"，这是《三字经》的开篇之语。"善"作为人的优良品性，不是与生俱来的，而是随着人们年龄的增长、与其所受教养程度以及环境影响的差异，会有所变化，甚至呈现出巨大的差别。因此，"教"与"善"紧密相连，只有经过长期不懈、卓有成效的专门教化，才能塑造出人的高尚品格。《三字经》就是在满足识字教学需要的同时，注重从多方面行道德之教化："玉不琢，不成器，人不学，不知义。"等论述是在鼓励为学；"为人子，方少时，亲师友，习礼仪"所行的是礼仪节式之教；"香九龄，能温席""融四岁，能让梨"所倡导的是孝悌之道；"曰仁义，礼智信，此五常，不容紊"张扬的是伦理纲常……可以说，《三字经》《百家姓》《千字文》等国学经典不仅是识字教材，更是修身养性、尊师孝亲、劝人向善、待人处世、珍爱生命等塑造高尚人格的教科书。

第二节　国学经典与阅读

一、阅读的本质

（一）阅读是对话的过程

对话这一阅读理念是以存在论哲学的对话理论作为基础的。存在论哲学注重直观情绪体悟，充满了人文关怀，对话阅读理念便是在此基础上更深入一层，以关注学生生命体验和情感发展为主要目标。德国哲学家马丁·布伯说："教育的目的并非是告知后人存在什么或必会存在什么，而是晓谕他们如何让精神充盈人生，如何与'你'相遇。"他把人与人的关系分为"我—他"关系、"我—你"关系，还提出对话的生命在于"内在行为的相互性"，是"从一个开放心灵者看到另一个开放心灵者之话语"。德国当代解释学哲学家伽达默尔也从"我—你"关系入手，与马丁·布伯所提出的观点不同的是，他把人与人的关系看作"主体—主体"的关系，两者是平等的、独立的，同时主体与主体存在着密不可分的联系，两者之间是随着具体境遇的不同而不断改变的。在经典文本阅读中，是由正在阅读的主体出发，展现他所独有的视角，并不仅限于作者在写作时所表达的意蕴，只有这样，主体才有真正的自主性。

对话理论认为，文学源于对话和交流，在文学领域的各种关系中，作者与读者的关系是最基本的一种，就其本质而言，体现了人与人之间的精神联系，作者创作出文本，需要有人与之交流，读者的阅读是积极主动的参与过程，是思维碰撞和心灵交流的动态过程。这种对话和交流是双向的、互动的、互为依存条件的，是主体与主体之间的关系。读者的阅读过程并不是人与生硬的白纸黑字的交流，而是人与人之间灵魂的对接，是读者用自己的生命体验与自己脑海中另一个活生生的人的对话与交流。

对于学生来说，书籍是精神得以寄托与憩息的殿堂。学生与书籍对话的过程应该是走进这殿堂寻找自我的一个过程。在书籍那里找到的可能是自己的形骸，也可能是一束思想、一点灵光、一个智慧、一种情怀……人生的许多感悟很可能在与书籍对话的过程中产生。比如，与《女娲补天》《精卫填海》的文本对话，可以感悟到知其不可而为之的不屈意志；与《西游记》对话，可以感悟到人的想象力的奇异无边；与《三字经》的对话，仿若与一位博学的古人交谈……书籍把学生带入民族与世界、古代与现代的宝库，与百年之远、万仞之遥的大师巨匠，与古代最出色的哲学家、历史学家、剧作家、诗人，与孔子、老子、庄子等进行心灵的交流、精神的对话。学生将触摸集中了人世大智大勇的高贵头颅，融合了人间大欢喜、大悲悯、大憎恨的博大情怀的颗颗大心，将在有声有色、有思想、有韵味的语言世界里流连忘返，透过美的语言窥见心灵美的世界。这是一个燃烧的大海，对话者不能隔岸观火，必定要把自己也"烧"进去，把自己的心交出来，与这些民族的乃至人类的精英一起思考、探索，共同承担生命的轻与重。

（二）阅读是自我定义的过程

阅读的过程实质上就是文化个体对自身的一种定义，个体通过阅读活动，不断吸收外在的文化营养，并将其逐渐积淀和创新，转化成自我认识，实现自我定义。"人的自我定义是人在生成过程中依据对自我能力、效能、需要等方面的理解，对自身做出特定的认识和评价，以此建构一个关于人、民族、群体或个体的相应概念和刻画其图像的过程。"[①] 随着阅读的不断加深，个体对自我的定义也就越来越清晰。具体来说，个体对自我的定义表现在两个方向，一是在群体中的自我定义，二是个体本身的自我定义。

个体在群体中的自我定义是指个体通过了解民族的文化发展历史、社会现状和需求以及自身和社会的关系，确定自己在群体中应处的位置、应担负的责任和应完成的任务。人的本质属性是社会性，人总是生活在一定的社会关系中，且在这个社会的关系网中，每个人所处的位置是不同的，这就要求个体必须明确自己在社会中的位置，这样才能保持一种和谐的关系。我国古代传统文化中要求的忠、孝、悌、义等都是处理个体与社会之间关系的一种态度。除此之外，个体还必须明确自身在群体中所扮演的角色，这样才能清晰地知道如何发挥自己在群体中的作用。人们生活在特定的文化环境之中，社会的各种功能要求人们承担不同的社会分工，扮演不同的社会角色。另外社会文化在对每一个个体的塑造过程中也是有所区分的。个体在成长过程中，要树立群体性概念，在增强自我意识的同时，明确本群体、本民族甚至是国家的意识，并处理好与社会群体内其他成员的关系，处理好个性与共性的关系等。

个体对自我的定义是指人根据自己的理解和感悟，对自身的品质、标准、价值做出的自我设定。人对自我的设定一方面受客观条件的制约，另一方面取决于主观的自我设计。人是自由的，他必须选择自己、规定自己，按照一定的价值观念设计自己的生活，包括自己的形象、行为举止、品质、精神世界等，并在生活中加深自己对价值

---

① 丁虎生.教育：人的文化存在形式 [J].当代教育与文化，2009(2)：1-7.

和意义的感悟，提高对自己的设计层次。具体来说，就是提高自己的主体性，改善自己的人性，升华自己的人格。人对自我的定义永远只是一个过程，不可能完结，因为人对自身的认识始终是一个不断深化的过程，不论遭遇到什么困难，总是会努力探索和解决。而这种行动的内驱力就是"人的意义"，它召唤、吸引着个体去追求心中的理想，为理想而奋斗。个体对自我的定义是通过阅读活动逐步完成的，因为无论群体中的自我设计还是个体自身的自我设定，都不是凭空臆想出来的，它是在他人思考结果的基础上的选择或更深入的探索。而他人的思考成果以文字的形式记录下来，就是一篇篇的作品，对这些作品的阅读正是一种文化的涵化过程，在这一过程中，个体的文化素养不断提升，人对自我的定义也越来越清晰。

二、小学阅读教学现状

（一）小学阅读教学中存在的问题

1. 学生阅读缺乏主动性

小学生进行语文阅读学习该学会什么，达到什么水平，重点、难点是什么，这些内容都是带有强制性的。很多时候，学生的阅读学习是围绕着教师和教科书进行的：过于依赖教师的阅读讲解、提问，而自己的主动阅读兴趣、主动学习兴趣欠缺。教师的功能犹如计算机的录入功能和输出功能，完成这两个功能就完成了教学的整个过程，在这个过程中考虑学生的因素较少。小学语文阅读教学中有许多内容比较简单，学生在实际生活中就已掌握，但在教学中被当作重、难点反复地学习。还有一些内容让学生自学，但因无头绪，学生根本找不到目标，不知道如何学习。考试中如果出现超出老师讲的内容，学生常常会不知所措。学生因此也养成了被动学习的习惯，老师教什么就学什么，老师怎么教就怎么学。他们根本不知道自己想要学什么，一直都是在外部的限制下学习，主动求知的欲望被一点点地削弱，养成了等"现成的"的懒惰习惯。

2. 阅读教学趋于感官化

随着信息技术的不断发展，当代学生获取新信息的渠道越来越多，接受新观念的速度越来越快，并且大多采取快餐式浏览的阅读方式，不求甚解，利用网络了解大意，或者观看文本改编的视频，同时为了体现教学方式的多样性，教师大肆运用多媒体技术，课堂上的经典文本被缩略成片段或者以故事的方式展现给学生，使学生的阅读呈现感官化的趋势。长久以往，学生便习惯于接受这种简单化、通俗化的文本阅读，而忽略文本的内在意蕴及语言特色，使经典文本的阅读变身为"关于经典的阅读"，在嬉笑中将经典抛诸脑后。阅读是一种文字的倾诉和聆听，作者向读者倾诉，读者用心灵聆听，同时读者拥有与作者对话的权利。翻开经典文本的任何一页，都是走进一个世界，窥见一段人生，感悟一种智慧，领受一片情感，接通一颗心灵，经典的魅力便在于它本身，如果经典文本阅读成为一种感官化的阅读，那么经典文本将离当代小学生越来越远。

3. 教师过分关注教材中的内容

由于受考试因素的制约，教师在阅读教学中会更多地关注教材中的内容，以教材中的课文为重心，为学生讲解有关阅读的知识。其实，这种讲解方式并没有太多问题，只是对阅读来说，仅依靠教材中的文章很难实现学生阅读能力的提高，因为阅读是一个积累的过程，是一个由量变到质变的过程。而教材中的文章非常有限，只有几十篇，如果单纯地依靠这几十篇的文章，根本达不到学生阅读的目标。所以，还需要教师将视角放在教材之外的书本上，引导学生进行课外读物的阅读。关于课外读物的阅读，一种是学生自主在课外进行阅读，内容的选择完全由学生自主决定；另一种是将课外读物引入课堂，利用课堂时间，和学生一起进行解读，帮助学生更深入地理解书中的内容和思想，而这就需要教师在课文讲解与阅读拓展之间做出平衡。

（二）导致问题出现的原因

1. 教师的阅读素养不高

这里的阅读素养不是指教师阅读教学的能力，而是指教师自身阅读的情况。北京大学教授温儒敏曾经做过一次演讲，演讲的题目是"语文教师要做读书的种子"，他在演讲中说道："我们做过一个大数据的调查，结果发现现在教师读书的状况很不好，很多教师是职业性阅读，明天要备课了，赶紧找来看一看。这样一来，基本上不需要额外读书了。"而阅读教学需要教师具有一定的阅读素养，需要教师阅读大量的书籍，才能在讲课的时候做到正确延伸，也才能对课外书籍做到正确解读，而不是泛泛一讲，这样很难引起学生的兴趣，也很难让学生对书籍内容产生深刻的理解。语文教师自己要做读书的种子，如果自己不读书，肯定很难把学生培养成喜欢读书的人。

2. 学校及家庭阅读环境较差

阅读环境的好坏直接关系到学生阅读质量的高低。一个干净、整洁、轻松、舒适的阅读环境往往可以让学生感到身心的愉悦，更容易进入阅读的状态。反之，不适宜的阅读环境会影响学生阅读的心情与情绪。在学校里，图书馆是学生阅读的一个重要场所，但很多小学图书馆的环境并不理想，如面积较小、开放时间较短、书籍杂乱，导致很多学生不愿意去图书馆读书。在家中，大部分学生都不喜欢阅读，回到家的娱乐活动通常是看电视或者玩手机，这就使家里的阅读环境同样嘈杂。此外，从软件环境上看，多数的学生家长阅读素养较低，在学生阅读上很难给出指导性的建议，再加上他们自身没有给学生起到一个很好的榜样作用，没有在闲暇之余拿起书籍、杂志、报纸等进行阅读，也在无形之中影响了孩子。

3.学生自身因素影响

小学生年龄较小，往往不懂得如何去选择读物，而且掌握的阅读方法非常有限；也不懂得读精、读透一本书，一般只了解故事梗概，而不会注重文章布局或精彩片段；也很少做读书笔记，更别说读完之后相互讨论一下。小学生在读自己喜欢的读物时可能会比较认真一些，对不太感兴趣的或者尚未入门的读物则一般不喜欢读。这样，学生因缺乏正确的阅读方法，即便是读过几本书，也经常是囫囵吞枣、收效甚微，仅能起到消遣和娱乐的作用。此外，小学生自我控制能力差，很容易被外界的事物吸引。在当今信息发达的社会，网络游戏、QQ 聊天、微信聊天、短视频等非常吸引学生，因为小学生本身自我控制能力就差，外界稀奇古怪的东西很容易把他们吸引过去，自然就没心思学习，对相对枯燥的阅读自然也就没有兴趣。

三、阅读书目选择的原则

（一）系统性原则

国学经典阅读是一个系统性的过程，因此选择阅读的内容时要从系统论的角度出发，从整体上把握，让教学能够连贯、系统地展开。这是众多教育工作者用长期的教学实践反复论证过的原则。正所谓"杂施而不孙，则坏乱而不修"，如果教师选择的内容杂乱无章、毫无系统，那么学生的学习就会陷入混乱，不知所措，自然也就得不到应有的学习效果。千百年来的教学实践证明，如果阅读没有系统性、连贯性，学生获得的就只能是一些零碎的知识，不能形成知识体系，很难取得好的阅读成效。同时，在杂乱的阅读中，学生的智力也无法得到系统的训练，不利于学生今后的发展。因此，在选择经典阅读的内容时必须遵循系统性原则，把一年甚至更长时间的阅读内容看作一个整体去考虑，考虑到每个月、每个学期、每一年甚至整个小学阶段所阅读内容之间的逻辑关系，循序渐进，绝不能是毫无计划地乱读。

（二）连贯性原则

国学经典阅读不是一个短期的工作，而是一项长期的浩大工程，不可能一蹴而就，只能徐徐图之。在这较长的时间中，每一阶段所诵读的内容必须由易到难，由浅入深，逐步深化提高，具有连贯性。否则，所学的知识将会是一盘散沙。我们学习的知识是有逻辑关系的，具有连贯性，学生学习新的知识往往是以已经掌握的旧知识为基础的。阅读如果不按照一定的顺序连贯地开展，学生所学的知识就会杂乱、断层，甚至有些学习内容无法理解和掌握。因此，国学经典阅读必须系统、连贯、循序地开展。例如，具有凝练的语言、丰沛的情感、丰富的意象的唐诗宋词是国学经典诵读不可或缺的内容，但我们不可能把所有的唐诗宋词放在一起集中诵读。对此我们可以按照由易到难、由浅入深的原则，把它们相应地分散到每一阶段的诵读中去。所以，每一阶段的诵读内容的安排应该具有连贯性。

（三）多样化原则

多样化原则是指国学经典阅读的内容不可局限于某一种体裁，应该呈现出多样性。提到国学经典，能够想到的东西很多，但很多教师往往倾向选择古诗词，因为古诗词是一种有节奏的、语言生动形象的文学作品，对小学生来说更容易接受。虽然事实如此，但文化是具有多样性的，不能局限于一种，而应尽量兼顾各种形式，做到百花齐放。例如，古代蒙学教材《三字经》《百家姓》《千字文》等可诵，教人韵律的《笠翁对韵》可选，语言凝练、感情丰富的唐诗宋词可诵，给人以启迪的古代寓言故事可读，古代智者的《论语》《孟子》等中的精彩片段可以领略，古代精美散文可以尝试品味，古典小说读之也未尝不可。总之，国学经典作品有许多，我们可以选择其中最优秀、最经典的内容去读，并尽量遵循多样化原则，从多种体裁、不同内容去选择，从而领略不同的风采。

（四）适宜性原则

所谓适宜性原则，就是指所选择的内容必须适宜学生阅读。活泼好动是小学生的天性，他们的注意力集中时间短，形象思维占主导，理解能力有限，因此选择阅读内容的时候，篇幅要适当，难易程度要适中。对于小学生来说，我们应该选择节奏明快、富有韵律、便于记诵的内容让学生去阅读。然后，根据学生的身心发展规律，一步步加深阅读内容的难度。在小学阶段，教师必须选择篇幅较短的内容去阅读。对于篇幅较长的阅读材料，教师可以选取其中具有代表性的片段让学生去诵读。当然，在选取片段让学生诵读的时候，教师一定要联系好这一片段前后的内容，保证这一片段的内容、思想不是分隔开的，否则容易造成对书籍内容的误读，这就得不偿失了。另外，一些国学经典中也会包含一些封建糟粕思想或者不适宜学生现在就去接触的思想内容，教师应该去除这一方面的内容。国学经典阅读的一个重要目标是为了使学生接受古代圣贤智慧的启迪，受到思想道德修养的熏陶，因此教师可以选择与学生日常生活息息相关的、可以陶冶人性情的内容，教给学生立人立德的知识，帮助学生养成良好的行为习惯。

四、国学经典对小学阅读教学的重要意义

（一）用国学经典促进阅读教学文化价值的实现

每一个人的成长都离不开民族文化的涵养，这也是一个民族文化得以延续、发展的基本渠道。在传统的阅读教学中，学生在入学之前通过家庭、社会的影响已经积累了基本的民族文化知识，形成了初级的民族文化心理，这为学校教育打下了良好的基础。但在当代社会，由于科技的迅猛发展，电视、网络、手机、电子书等新的阅读渠道越来越多，学生可以轻松地阅读到自己感兴趣的内容，这一新的形势对传统的阅读教学带来了严峻的挑战。因为学生面对的阅读内容丰富而复杂，大多是没有经过加工的"粗材料"，这些内容未必都蕴含学生成长所需的文化营养，而借助新的阅读渠道，娱乐文化、消费文化、物质文化等文化形式轻而易举地获得了与学生直接亲密接触的机会，学生对文化又缺乏必要的甄别力，很容易受到这些文化形式的影响，形成一种变异的文化心理。阅读教学所依据的国学经典是中华传统文化提炼和浓缩的精华，蕴含着深厚的精神文化思想，蕴含着学生成长所需要的文化营养，能够满足阅读教学方面文化价值实现的需求。

阅读教学从某种意义上说是一个以"文"育"人"的教学过程。在这个过程中，它不仅是一种文化知识的传授，更是对学生精神世界的建构，因此要让学生树立正确的情感、态度和价值观，从这种内在的修养出发，主动地指导自己的外在行为。国学经典反映了作家对世界、人生的情感和态度，这些都是对学生进行文化熏陶极好的文化营养，能够触动学生的精神世界，对学生的情感、态度产生影响，进而影响他们的外在行为，指导他们的一言一行。比如，尊老爱幼是中华民族的优良美德，当他们遇到困难时我们应当予以帮助，但当真正遇到老人跌倒在路旁、小孩需要帮助的时候，我们能不能实施这种救助行为才是文化价值的关键所在，只有那些把文化规范内化成为自己的文化修养的人，才能自觉地指导自己的行为。我们的教育要培养的对象就是既知道自己"该如何做"又"真正去做"的人。阅读教学借助国学经典能够进一步深化以"文"育"人"的目标，所以对阅读教学文化价值的实现具有积极的意义。

（二）用国学经典拓宽学生的阅读视野

提高学生的语文素养离不开将语言文字中所包含的文化素养转化为学生自身的文化素养，而这个文化素养的中转站就是学生的阅读能力，在语文教学中称之为阅读教学板块。当前，许多中小学都在积极地探索提升学生阅读能力的方法，这是一个可喜

的现象，但我们也必须看到作为发展和提高学生语文素养的重要环节，阅读教学正潜伏着危机：在当代这样一个电话逐渐代替书信、网络日益代替读书看报的社会里，人们慢慢地改变了对阅读的看法，甚至开始怀疑阅读的意义，尤其对经典阅读的重视程度正在急剧下降。而语文考试中的阅读内容由于受时间的限制，大多是"速成式"的"短平快"，与国学经典相去甚远，这更加速了这种危机的到来。[①] 小学生正处于海量吸取各种知识与信息的学段，而"阅读危机"的到来让他们局限在教科书和考试的条框内，阅读面狭窄，阅读视野无法拓宽，从而影响到了他们语文素养的提高以及阅读教学的效果。

信息时代的来临让青年一代有了更多获取知识的途径，报纸杂志、网络、影视媒体、光碟……逐渐进入学生的视野，这是一个好的趋势，也是文化多元的必然要求。但不可忽视的是，作为历史文化精华的国学经典同样是学生阅读的来源。无论在哪个国家，对传统经典的阅读都是教育中不可缺少的环节。我们不妨将目光投向世界其他国家，法国在《高级中学语文教学大纲》中要求高中阶段阅读的作品包括从 16 世纪到 20 世纪的经典作品，如小说、诗歌等，巴尔扎克的《欧也妮·葛朗台》、雨果的《巴黎圣母院》、莫泊桑的《漂亮朋友》等都在阅读清单之内。《英国国家课程标准·英语》要求初中学生应阅读莎士比亚的戏剧、简·奥斯汀以及夏洛蒂·勃朗特的小说。德国要求中学生按阶段完成对经典作品的阅读，如歌德、黑塞、席勒的诗歌，艾兴多夫、冯塔纳、凯勒的小说，歌德、豪普特曼、莱辛的戏剧和广播剧等。[②] 虽然在年级段的要求上存在差别，但对经典的要求并无二致。国学经典作为我国文化知识的宝库，教师应该将其重视起来，将其融入阅读教学之中，丰富学生的阅读内容，拓宽学生的阅读视野。

（三）用国学经典促进终身阅读教育目标的实现

联合国教科文组织在 1972 年向全世界发出了"走向阅读社会"的号召，从此，阅读成为一种不可或缺的行为能力相伴人们左右。阅读的意义有太多，不仅能让人明理、增智、看清事物的本元，还可以充盈人精神世界，陶冶人的情操，让人变得快乐，更能使人从中获取灵感，甚至变得强大、勇敢。古人云："书中自有颜如玉，书中自有黄金屋。"书籍是一位永远不会拒绝我们的朋友，对于每个人的需求，它都是有求必应和倾囊相授：它让求知的人从中获知，让无知的人变得有知；它给迷惑彷徨的人指点迷津，让他们找到方向；它是曲折的人生道路上的润滑剂，给予人们希望和

---

① 倪文锦. 阅读经典：提高学生语文素养的必由之路 [J]. 课程·教祠·教法,2004（12）:36-40.
② 倪文锦, 欧阳汝颖. 语文教育展望 [M]. 上海：华东师范大学出版社,2002:220.

动力，更将人们的童心加以灌溉，使人们拥有诚实舍弃虚伪，拥有充实舍弃空虚，拥有踏实舍弃浮躁。

在今天，阅读俨然成为人们必须具备的一种能力和获得成功的基础。研究发现，小学阶段是人阅读能力发展的关键时间段，学生将形成自己的阅读习惯和自主阅读能力，且在阅读学习过程中逐渐能够独立思考。这就是为什么小学生在识字不全的时候就能独自阅读各种图文并茂的书，能够与书对话，成为自主阅读者的原因。阅读这种能力虽不是与生俱来的，却是生存的必需品，拥有了这种能力，我们才可以获取信息、知古明今，才能将知识的广度和心灵的高度加以延展。俗话说："活到老学到老。"生活在终身学习、终身阅读的时代，面对日新月异的知识信息和价值多元的观念，更需要通过阅读学习来与外界对话，并使阅读成为陪伴我们终身的行为。小学阅读教学中，教师除了要培养学生的阅读能力外，还需要为学生终身阅读习惯的养成打下基础。而国学经典在阅读教学中的融入丰富了阅读教学的内容，并且其蕴含的文化营养能够涵养学生的身心，这对学生终身阅读习惯的养成起到了积极的作用。

第三节　国学经典与写作

一、写作的价值

（一）写作是现代人必备的基本素质

现代社会是一个高度开放、快速发展、充满激烈竞争的社会。这个社会需要大量高素质的人才。这个时代对人才提出了新的要求，需要既懂专业又具有创造性的开拓型人才。创造性是现代人才的灵魂，而善于写作、具有写作能力无疑是现代人必备的基本素质。著名作家余秋雨说："写作是构成一个现代人人格素质的重要部分，没有足够的写作能力就很难算作一个真正的现代人。"

进入科学技术飞速发展的现代社会，电脑的发展虽然取代了一部分脑力劳动，但电脑的第一载体仍然是语言和文字。没有相应的写作能力作基础，驾驭、操作电脑会非常困难。国外学者把人的阅读、写作能力称为"第一文化"，把掌握电子计算机语言称为"第二文化"。现代社会的新型人才必须同时掌握两种文化，而"第一文化"（人的阅读、写作能力）是获得"第二文化"的基础。可见，培养、提高写作能力是人适应现代化社会发展趋势的需要。

之所以说写作是现代人才必备的基本素质，原因有以下几点：

首先，这是现代社会对人才提出的基本要求。写作是人际交流与沟通最有效、传之最能久远、影响最为深广的手段。缺乏写作能力的人就不能有效利用这种交流和沟通方式。从现代人才定位的角度看，这样的人缺乏吸引力和竞争力，对事业的发展会产生不利的影响。

其次，写作是现代人格建构诸要素中最为活跃的因素。每个人都有自己独有的精神世界，而写作就是人精神世界的"发言人"。每个人在日常的工作和生活中都需要发声，都需要通过写作来向外部世界敞开自己的心灵，与世界和他人建立最广泛的联系，就各种社会问题和人类普遍关心的问题发表看法和观点，以自己笔端流出的"声音"去激发他人，影响社会。

再次，现代社会需要的创造性人才必然与写作密切相关。创造性人才要为社会提供创造性成果，这些成果都要靠写作来凝聚成文章，靠写作来呈现。离开了写作，这些人类创造出的成果就无法凝聚、贮存和传播。从某种意义上说，写作能力越强的人，创造性成果就越多；创造性成果越多的人，就越能成为高层次人才。可见，写作能力和人的创造力是成正比的，是创造的"成果需要"。

（二）写作是人生事业的组成部分

写作能使个体生命得以延续，精神文化跨越时间而流传。孔子说："君子疾没世而名不称焉。"（《论语·卫灵公》）即希望个人名声能够在身后流传，否则即为人生憾事。魏文帝曹丕在《典论·论文》中甚至把写作看成"经国之大业，不朽之盛事"。这说明他已看出了写作与人生事业乃至治国安邦都有着极为重要的关系。这一传统在中国文化史上源远流长。

古往今来的仁人志士都把写作当作自己人生事业的重要支柱，甚至把它当作建功立业的有效途径。古人强调，人生在世，应追求"立德、立功、立言"的事业目标，这是古人立人追求的基本内涵。可见，从事写作活动，实现"立言"的人生理想，也是人生事业成功的标志。所谓"立言"，主要指的就是写作。从古至今，那些在中华文明的星空闪烁着耀眼光芒的文化巨星都因写作的成功而为人们留下了宝贵的精神财富。比如，司马迁在遭受人生命运的重大打击之后，最为忧虑的是"没世而文采不表于后"。许多杰出人物即使在艰难困苦的情况下，也总是设法利用片纸写下自己的思想，故此，我们才看到了方志敏的《可爱的中国》、顾准的《希腊城邦制度》等珍贵作品。另外，很多伟人也都把写作当成直接传播其思想的重要工具，而写作所传播的思想就成了推动革命事业走向成功的巨大精神力量。

在今天，有众多的作家、理论家、科学家、记者等，他们所从事的专业工作就是写作。他们的生活因写作而充实，他们的生命因写作而闪光。即使从事其他行业工作的，写作也与其人生事业密切相关。从事教育工作的，要写教案，编写教材，撰写教研论文等；从事科技工作的，要写科技成果报告、发明申请书、工程（产品）设计说明、科技学术论文等；从事公务员工作的，要写章程、条例、规章、办法、请示、报告、决议、决定等；从事法律工作的，要写起诉书、公证书、答辩文、破案报告、调查记录、判决书、法律论文等。当前，各级党和国家机关录用公务员的公共科目考试中都有"申论"一项，全国各地公开选拔党政领导干部的公开科目考试中也有作文一项。总之，写作活动已渗入了各行各业，凡是有事业心、渴望事业成功的人，都会与写作结下不解之缘。

（三）写作可以开发人的智能

整个写作活动需要调动人的观察、感悟、联想、想象、思维、语言、空间等综合能力，并在写作过程中切实锻炼和提高这些能力。这些能力的提高不仅有利于学习别的学科，还有利于写作主体对事物做出批判性考查，更有利于诱发人的创造性思维，催生创造性成果。写作行为的不断进行就是对人的潜在智能的不断开发。正如朱光潜所说，"写成的字句往往可以成为思想的刺激剂"，在这种刺激下，"新意自会像泉水涌现，一种新意酿成另一种新意，如此辗转生发……"[①] 如此在写作中相互刺激，不断生成，人的大脑将越写越灵敏，越写越聪明，越写越易激活思路，越写越易找到新的写作点。

写作与学生的学习、成长密切相关。首先，写作可以增强人的记忆。写作是向人类的遗忘挑战并战胜遗忘的最有效方式。"不动笔墨不读书""再淡的墨水也胜过最强的记忆""好记性不如烂笔头"，强调的就是"动笔"在读书学习过程中所具有的这种作用。其次，写作可检验人的思维。对于学习来说，写作不仅可以增强记忆，还有检验思维的价值。正是在这个意义上，意大利美学家克罗齐才说，要判断一个人是不是真像他自己说的那样，心中有着"思想和意象的财产"，最好的检验方法是"这里有笔，写出来"。他关于"笔"能够"检验"思维内容的观点确实符合写作的实际。再次，写作能促进思维深化。在写作的推动下，思维向深入和细化发展。在写作过程中，很多新的想法会涌现出来，有时会让写作主体感到惊讶和欣喜。经过这样不断地多次反复，思维逐渐成熟，写作活动也就在这样逐步深化的过程中向前延伸。这种深

---

① 朱光潜.艺术杂谈·作文与运思 [M].合肥：安徽人民出版社，1981：22.

化思维的过程也是对写作主体锻炼和培育的过程。正因为如此，教育界的有识之士提出了一个响亮的口号："学习通过写作。"

古今著名的文章家、教育家都很重视运用写作来开发智力。古人说的"读十篇不如作一篇"，就是看到"多做乃切实求己功夫"（清·唐彪语）。鲁迅曾谆谆告诫青年作家"写不出时不硬写"，可是他还就自己写作的体会说过这样有趣的话："笔，是有点古怪的，它有编辑先生一样的'挤'的本领。袖手坐着，想打盹。笔一在手，面前放一张稿子纸，就往往会莫名其妙地写出些什么来。"这几句话说明一旦进入写作活动，就会促使精神活跃起来，思维就会产生新的组合、新的方向，而最后的收获往往是动笔之前所未曾料到的。

二、小学语文写作教学现状

（一）学生缺少积累

1. 缺乏生活的积累

著名教育家叶圣陶曾经把生活和写作的关系比作源泉和溪水，他认为生活是写作丰盈的源泉，文章是流淌的溪水，只有源头有充足而不枯竭的水源，文章才会自然而然地流淌出来。由此可见，生活为学生的写作提供丰富的材料，学生的作文离不开生活。但在实际生活中，我们发现学生的生活单调乏味，活动范围只局限于学校和家庭之间，范围狭窄，且课业繁重，每天忙于应付各种作业，即使有课余时间，也在各种辅导班之间奔波行走，根本没有机会接触自然和社会。家长视学生为掌上明珠，细心呵护，看管严格，一切事情都代办包办，学生缺乏各种活动体验。当然，学生也有自己的生活范围，学生的生活在形式上丰富多彩，但是在内容上不够充实，他们往往疏于记录对生活的体验感受，导致对生活没有切实的感悟，在写文章时生活中的细节不能运用到文章当中，使文章苦涩干瘪，内容空洞。

2. 缺乏阅读的积累

阅读是写作的基础，也是写作的重要源泉。大量的阅读可以为学生的写作提供知识储备。但现阶段有很多小学生写作时没有阅读积累的习惯，这主要表现在学生不读书、不积累精美词句、不背诵精美古诗文。学生写作缺乏语言的积累和强有力的支撑材料，写出来的文章显得单薄无力，这导致在作文中出现套话、空话和简单描述的现象。同时，现阶段学生重视声色的表达方式而轻视文字。电视、电影、音乐是文化的表达形式，这些表达形式与文字相比，具有更强的刺激性，接受起来更加容易，相比之下，文字就显得乏味与枯燥许多。所以，现代社会人们阅读书籍的欲望大大下降，这种趋势必然会对语文教学造成一定的冲击。学生生活在这种环境中，很难对文字产生浓厚的兴趣，更不用说文章的创作。这些因素无疑会对学生知识的积累产生严重的影响。

（二）学生写作兴趣寡淡

1.害怕写作

怕作文几乎是大多数小学生共同的心病。在小学作文教学的长期实践中，教师还会发现一些常见的教学现象：小学生一提起写作文，就心情异常沉重；给学生一个小时，也写不出一篇作文，无话可写；即使硬着头皮好不容易写出一篇作文，从所写的内容来看，要么是一大段与作文主题无关的口水话，要么一个自然段就已经交代完所有的事情，味同嚼蜡；周末或寒暑假布置的作文训练作业要么数量上完成不了，要么质量上难以保证；考试作文也是仓促上阵，在短时间内扛着成绩的高压勉强凑字数而为之；等等。可以说，作文是绝大多数小学生面临的一道难以逾越的坎，他们惧之如虎，谈虎色变，有的人这个心病甚至伴随终生，唯恐避之不及。当然，也就极大地影响了个人潜能的发挥，耽误了个人的前程。这即学生作文中存在的"害怕写"的问题。

2.局限的写作观

局限的写作教学目标和观念影响了学生的写作兴趣。至今许多小学教师和学生都弄不清楚写作的目的，而大多数小学生更不清楚"写作是为了什么"，更不是"我手写我心"的状况。这些小学生仍认为写作是写给老师看的，是为考试而写的。大多数的教师在写作教学中仍是围绕着考试指挥棒而团团转，这种情况在小升初考试、中考、高考中屡见不鲜，同时，这种功利性的教学也辐射到了小学生写作教学指导上。冯建军在《生命与教育》一书的前言中指出："教育只教人'何以为生'的本领，放弃了引导受教育者'为何而生'的思考……人文精神的贫乏和人文教育的脆弱所造成的后果却很少有人去考虑。"如今的教育开始追求经济的、技术的、功利性的实际目标。小学教师的写作教学指导不再是为了个人的情感宣泄和抒发，而是为了追求某个具体的目标。孔子先生的"兴观群怨"的观点已较难寻觅了。

（三）学生写作缺乏真情实感

1.情感抒发趋于机械化与模式化

许多小学生都习惯在最后一段作抒情的描写，这就会给他们一种错觉，感觉自己已经抒发了自己的感情。实际上，仔细翻阅小学生作文可以发现，这种抒发情感都是模式化的，似抒发情感，实则不是，而是一种机械的描写而已，缺乏真正的情感抒发。同时，小学生作文大多是一些成语、形容词的简单堆砌，这种堆砌导致小学生的作文语句单调，写作手法死板、僵硬，对人、事、物的描写不具体、生动，语言艰涩、贫乏，缺乏感情。

2. 假、大、空现象严重

作文作为一种交流、沟通的方式，应该有一定的阅读对象，也就是读者。但是，当前小学生写完作文之后大都不会相互传阅，甚至连自己都不会再重复读一遍，学生的作文除了老师没有别人会看，因此学生作文的读者只有老师。正因为如此，学生作文已经没有情感可言，假、大、空现象越来越严重。在作文教学中，学生缺乏读者的意识，一个重要的原因就是学生作文的读者一直是固定不变的老师，学生面对这样一个读者，往往从心里就开始畏惧，这就抑制了学生写作的主动性和积极性。学生和教师处在一种不能平等互助的关系基础上，教师只是居高临下地给学生打分，而不能与学生平等交流，这就给学生造成一种隐形的负担。而且，教师在打分过程中往往都会把自己的价值观作为作文评分的标准，这必然导致学生将写作文视为"任务"而进行敷衍。这样，长此以往，学生为了完成任务只有按照老师的思路、意图去写作文，丢掉了作文的应用性，甚至抹杀了自己的个性，造成写作中出现了假、大、空的现象。

三、国学经典对小学语文写作教学的重要意义

（一）用国学经典优化学生的"文辞"

"文辞"即"文采"，不仅包括作文的字词、句子，还包括修辞，更是汉语汉字那种特有的达和雅，要"辞以达意"。苏轼说："辞至于达，足矣，不可以有加矣。"何谓"达"？苏轼解释说："物固有是理，患不知之。知之，患不能达之于口与手。辞者，达是而矣。辞至于能达，则文不可胜用矣。"[①] 即要能对所要表达的事物有深入的认识，还要能够用恰当的言语把这个认识表达出来。从大文豪苏东坡的经验之谈中可以知道，作文教学其实应该在两个方面着力：一是"达理"，二是"达辞"。所谓"达理"，就是要着力提升学生对生活中基本道理的认识。所谓"达辞"，就是没有言不达意和不能我手写我心的担心，不至于有"此中有真意，欲辨已忘言"的感叹。

学生在学习国学经典时最先接触的就是其独特的语言文字，为此要让学生丰富"文辞"，即积累国学经典的语言文字，包括词汇、经典名言、古诗词和文言文等，而读书越多、越丰富，就越能够优化文辞。只有有了足够的阅读量，尤其是经典的阅

---

① 张定远. 吕叔湘《说"达"》作文教学论集 [M]. 天津：新蕾出版社，1982：127.

读，才能够有所悟，胜义精言，进而写出佳作。国学经典作为时代、民族文化的结晶，能给学生以正确的引导。著名人文学者钱理群说："要用人类、民族文明中最美好的精神食粮来滋养我们的下一代，使他们成为一个健康、健全发展的人。"他强调，大量读书，特别是古今中外的经典，吸收得越多才越能够丰富文辞，在此基础上细细体会、推敲，最终优化文辞，而不是生搬硬套。杜甫"读书破万卷，下笔如有神"便是对博览群书后能更好地写作的最佳诠释。

古人读书可在"枕上""厕上""马上"挤时间，教师也要让学生每天挤出一定的时间阅读，这是量的积累；结合学生思维发展特点，选择一本国学经典名著进行深度阅读，这是质的提升。无论浅读还是精读，都要有所思考，重要的就记下来。在国学经典的阅读过程中，一定要多动笔，"好记性不如烂笔头"，随时圈点书上的重要知识点，及时记下自己的想法，便于再次查看。这样，遇到同样的困惑时，能更好、更快地了解之前的看法和体会。此外，要勤记笔记，学生在看书时总有一些共鸣与感悟，将这些点点滴滴记录下来，便可成为今后写作的素材。要"劳于读书，逸于作文"，只有不断地积累，丰富文辞，"厚积"了才能"薄发"。正如庄子所说："水之积也不厚，则其负大舟也无力。风之积也不厚，则其负大翼也无力。"

（二）用国学经典把灯学生的"文脉"

"文脉"即"文理"，是文章的脉络、结构，反映的是思路问题，也即思维模式，在作文中呈现出来的便是作文的结构。"文章的结构就是文章的材料按什么顺序，以什么方式组合起来的问题。结构是文章的'骨髓'，'骨髓'不立，血肉'焉附'？合理的谋篇布局体现出一个人思维的整体性和连贯性。"[1]学生模式化、套路化的作文看上去结构清楚、有条有理，实则思路不清、层次不清、条理不明，可以说是文理不通。作文的思想内容是主要的，可是它必须靠严密的结构组织和恰当的语言、词句表现出来。这里的结构组织就是作文中材料的安排、作文各部分之间的联系。一篇作文无论思想内容多好，无论词句多么优美，必须全篇组织得好，构思绝妙。一层一层、一段一段安排得清清楚楚，有条不紊，该详写的详写，该略写的略写，前后联系得紧密，照顾得周到。

不同的文体有不同的文脉。比如，议论文要有理有据，从结构上说，其主体部分是论据和论证，确立了论点后，引经据典，正反对比用论据进行严密论证。又如，记叙文常常根据记人和记事的线路来呈现作文的结构，从事情的起因、开端、发展、高

---

[1]　陈玉秋. 思维学与语文教育 [M]. 桂林：广西师范大学出版社，2007：182.

潮、结果和人物外貌、语言、动作、心理等的详细描写，按照时间的纵向发展或空间的横向转换及纵横交互的顺序安排文章的结构，详略得当，有血有肉。用国学经典把好学生的文脉，就是要在国学经典作文教学中，让学生真正掌握不同文体的文章结构，在写作时能够熟练运用，不至于盲目套用某一篇范文的结构模式，以致结构混乱、条理不明、文理不通、脉络不清。

子曰："视其所以，观其所由，察其所安，人焉廋哉？人焉廋哉？"大致意思是说只有全方位地考察一个人，方能把一个人看清看透。对国学经典的学习与此同理，不仅要学习其中的文辞，还要学习其文脉。而要把好学生的文脉，使其作文的结构好，就要在平时的国学经典作文教学中给学生明确写作的对象和目的，加之清晰严密的思路，"不为结构而结构，结构是为写作文的目的服务的。结构不是单纯的方法技巧问题，根本的问题在思路"[1]，于开阔活跃和细致严密的思路锻炼中加强作文谋篇布局的思维模式。教师要善于利用国学经典作品，引导学生从开头的自然起始，使下文势如破竹，到结尾自然收束，留有余韵，令人品味不已，加之中间的起承转合，过渡照应，上下文衔接连贯，作文血气贯通，脉络分明，各个部分严丝合缝地成为一个整体。这样，学生的作文就能表现出严谨、自然、完整、统一的结构美。

（三）用国学经典锤炼学生的"文情"

"文情"即文章感情，是学生情感态度、价值观的集中体现。作文讲求文情并茂，文章写得不仅要富有文采，还要感情丰富。文须情真，刘勰曾说"夫缀文者情动而辞发"，情动于中，方能言表于外，没有真情实感，不可能写出好文章。没有人愿意看言不由衷、人云亦云的东西，要"言为心声"，在纷繁复杂的社会现象中识别真、善、美与假、丑、恶，用社会主义核心价值观作为衡量标准，从国学经典和生活中汲取高尚的人和事，使中华民族的高尚感情在胸中激荡，写作时真情流淌。

只有学生表达出发自内心的切身感受，才不会写出的文章没有真情实感。所写的内容只要是自己的，就很难遇到与人雷同的情形了。《全日制义务教育语文课程标准》中也指出："鼓励学生自由地表达、有创意地表达，尽量减少对写作的束缚，为学生提供广阔的选择空间；鼓励学生积极参与生活，体验人生，关注社会热点，激发写作欲望。引导学生表达真情实感，不说假话、空话、套话，避免为文造情。"因此，教师在以国学经典进行作文教学时，要遵从学生的内心，让学生从自身最为熟知的历史文化文学出发，真实地表达对这一特定的传统文化经典发自内心的切身感受，进而做到

---

① 张定远．张志公《怎样锻炼思路——谈文章的结构》作文教学论集[M]．天津：新蕾出版社，1982：224．

"意到笔随绮思现，文从字顺吐珠玑"。这样，久而久之，自然能够字从文畅，写而达意，尤其是在对国学经典的传承上，将国学经典运用于作文当中，不单是把国学经典的词汇、古诗词句、文言文经典名言、典故运用到作文中，也不只是国学经典文章样式的运用，更重要的是对国学经典的态度，所写语言文字须是发自内心的真实感受。

此外，《全日制义务教育语文课程标准》中还指出："教师要给予学生广阔的写作空间，减少对写作的束缚，鼓励学生自由个性、有创意地表达。"无论时间还是空间上，都给予学生充分的自由，打破那种在教室完成一篇有时间限制的作文写作制度，但也要抓好作文课的实时限时训练。放手让学生写自己认为值得写的东西，不限内容和问题，使写作教学从"目中无人"变为充满人文、人性的关怀，充满鲜活的生活气息。让学生坚持写日记，仔细观察生活，感受生活，把生活与写作融为一体，用新的眼光观察、感受、认识新事物，尤其是对国学经典，要突破习惯性的思维，摆脱习以为常的表达模式，创造出属于自己的语言，写出属于自己的作文，以达到"义辞真比丰年玉，气味还同幽壑兰"。

总之，在国学经典作文的教学中，语文教师要善于利用国学经典优化学生的"文辞"，把好学生的"文脉"，锤炼学生的"文情"，用国学经典融洽课堂气氛，使学生乐学、好学，在学有所得的同时，做到学以致用。正所谓"不畏浮云遮望眼，只缘身在最高层"，潜心领会国学经典的艺术魅力，净化我们在物欲生活中的浮念，让承载历史与人文的语文写作培养发展成为语文教学的神圣使命。运用国学经典进行作文教学，使学生的作文审题立意沿袭传统文化之思想，思维结构传达经典文化之精神，作文素材承载传统文化之精髓，语言表达散发经典文化之气息，让我们共同在国学经典的作文教学中开辟一方领地，带领学生在其间自得其乐。

第四节　国学经典与口语交际

一、口语交际教学概述

（一）口语交际的概念

1.口语与交际

口语交际的内涵包括两个关键词：口语和交际。

口语是口头交际的工具。口语交际中的口语指的是口头言语。《辞海》中对"口语"的解释是："口语也叫口头语，口头上使用的语言，与书面语相对，是书面语产生和发展的基础和源泉。"一般来说，它比书面语灵活简短，但不及书面语完整严谨，而且往往带有方言特征。

交际，顾名思义，是人与人之间的往来接触。它是一种人类需求，传递着信息和符号。通过交际，可以传播信息，并产生相应后果的社会活动。交际能力是由美国语言学家海姆斯在乔姆斯基有关"语言能力"研究的基础上提出来的，即人们在社会生活、人际交往中知道什么时候该说话或不该说话，能够在合适的地方、合适的人群面前说出合适的话，随机应变不失大体。

2. 口语交际

口语交际即口头言语交际，是指人们在特定的语境中，为完成某种特定的交际使命，针对特定对象，借助标准的口语（有声语言）和非口语（态势语）进行的听说沟通、双向反馈的一种实践活动。

口语交际包括以下几个基本要素：

（1）口语交际的主体要素。所谓口语交际的主体，是指口语交际活动的实际参与者。口语交际不是单一的活动，而是信息发出者和信息接收者双方面的互动过程。活动的双方可以是个体与个体，也可以是个体与群体，或者是群体与群体。

（2）口语交际的目的要素。正如定义中所言，口语交际是"为完成某种特定的交际使命"，这种"交际使命"即为交际目的。口语交际本身是一种具有明显社交目的的口语活动。交际主体通过双向的口语交际过程来达到自己交流信息、交流思想、交流感情等目的。所有交际目的并非一定是"处心积虑、动机复杂"。在实际生活中，简单的交谈、看似随意的闲聊都有着显性或隐性的交际目的，没有目的的口语交际是不存在的。

（3）口语交际的语境要素。语境是口语交际的重要因素，所有的口语交际过程都需要一定的语言环境和交际环境。具象的口语交际语境包括口语交际主体、空间等，抽象的口语交际语境包括时间、背景、氛围以及交际主体的气质、目的、心态、情绪等。语境是口语交际的必要因素，好的语境也是口语交际活动得以顺利进行并保持良性互动的重要保证。

（4）口语交际的形式要素。口语交际过程是一个具体的交际过程，需要借助具体的交际形式来实现。口语交际的形式一般包括以下几类："介绍"类，如自我介绍、介绍朋友宾客、介绍产品项目等；"独白"类，如说经验谈教训、说目击情况、反映事情经过等；"交往"类，做客、祝贺、待客等；"表演类"，如当众演讲、主持节目等；"讨论"类，如辩论、谈判、商讨等。

（二）口语交际教学的概念

在口语交际定义的基础上，我们可以将口语交际教学这样定义："教师引导学生在口语交际活动中规范口语表达、提高口语交际能力、培养口语交际素养的教学。"学校的口语交际教学不同于日常生活中的口语交际经验，它有着自身的特征，并且有着一定的教学内容，是有计划、有目的、有策略的口语交际训练。

1. 口语交际教学的特征

（1）交际性。交际性是 2000 年以来教学大纲和课程标准将听说能力改为口语交际能力最突出的特性。口语交际强调的是交际双方为了传递某种信息、达到某种目的而进行的双方或者多方的口语活动。

（2）互动性。互动性是口语交际教学区别于简单的单向口语表达形式的重要特征。互动相强调了口语交际的参与者是双方甚至多方的。因此，口语交际教学要求在教学中将传统的单向教学转变为双向甚至多向的互动教学。

（3）场合性。口语交际归根到底是要运用到日常生活的，其本身无时无刻不处在特定的场合环境下。因此，口语交际教学务必要结合生活实际，并对不同场合下的口语交际进行训练。

2. 口语交际教学的教学内容

口语交际教学应该"教什么"一直以来是教育研究者和教育实践者关注的问题。交际目的的达成有赖于交际双方对交际媒介的正确运用和理解，发出与环境相协调的信息。除此以外，重要的还在于交际双方的礼貌修养。因此，在口语交际教学中需要学生具备的口语交际能力主要有以下两点：

（1）倾听能力。倾听能力不只是一般意义上的"听力"，更重要的是对语音（音节、语流、语调、语气）的感受、鉴别、理解等一系列接收语言的能力。具体来说，可分成三个层次：第一，学生应该具有良好的倾听习惯与礼貌，不能随意打断他人的讲话，要尊重他人，善于思考。第二，应该具有正确的理解能力，不能曲解别人的意思。第三，做到对信息的分类归纳和总结，通过自身的知识背景获取相应的信息。

（2）表达能力。口语表达是指用口头的语言表达自己的思想和情感，使他人能够理解或者产生共鸣。在交际的过程中，无论对他人倾听的反馈还是表达自己的思想，都需要借助口语表达，如果口语表达的能力欠缺，则不能清楚地表达自己的观点，自然会在一定程度上影响交际的效率。

此外，注意力、思维力、理解力以及个人的生活阅历、知识储备等也是构成口语交际能力的重要因素。在具体的口语交际活动中，这些因素是相互交叉，同时进行并起作用的。

二、口语交际教学的价值和现状

（一）口语交际教学的价值

1. 社会发展的需要

"一人之辩，重于九鼎之宝；三寸之舌，强于百万之师"的社会环境虽与我们相距已远，但没有一个时代比当今社会更加需要人的口语交际能力。高速发展的经济、便捷的交通、日新月异的通信使人与人之间的交流成为必不可少的生活内容。从求职应聘到国际谈判，从家长里短到国家大事，无一不需要口语交际。微软亚洲研究院院长沈向阳这样形容口语交际能力在当今时代的意义："70 年代，要么发表，要么毁灭；80 年代，要么演示，要么消亡；90 年代，要么拉关系，要么失败；新的世纪，要么演讲，要么投降。"美国人形象地把"舌头、美元、电脑"称为"现代世界威力无比的三大战略武器"。《全日制义务教育语文课程标准》明确将学生的全面发展和终身发展作为语文教学的最终目标，学生掌握一定的口语交际能力是将来适应社会、寻求自身价值和实现自我价值的必要条件。

2. 学科发展的需要

"听、说、读、写"是语文课堂教学的基本任务。《全日制义务教育语文课程标准》提出了要培养"口语交际能力"，强调"听、说"任务。语文教师要把"听、说、读、写"这四项基本任务在课堂教学中全面落实，切勿厚此薄彼，更不能顾此失彼，从而真正将培养学生的"口语交际能力"作为语文课堂教学的重要任务。社会高度发展，信息空前活跃，对听说能力的要求会更高。语文学科只有加强听说训练，发展和提高学生的听说能力，才能使他们适应社会发展的需要。

听、说、读、写是相辅相成的，培养听说能力有助于读写能力的提高。张志公说过："忽略口头语言必然会回过头来削弱书面语言能力，其结果是两败俱伤，全面降低语言能力。"对此，张志公还做过生动的比喻："忽略口耳，只注意手眼，这是砍掉植物的根而希望它开花的办法。充其量这叫插瓶，也许能开两朵花，然而开不多，也开不久。"他形象而中肯地指出了听说训练是读写训练的基础。听说训练可以帮助学生丰富词汇，增长知识，活跃思想，为读写积累材料，还可以锻炼学生的注意力、记忆力以及分析、综合、概括、判断等能力，这些能力都是读写所必须具备的能力。说话训练还可以培养学生思维的敏捷性、严密性，培养学生综合运用语言的能力，直接有利于作文。写作前的说话训练还可以使学生思路更清晰、观点更明确，从而提高作文教学的质量。阅读中的说话训练也可以加深学生对课文的理解，提高学生的阅读能力。

3. 学生发展的需求

语言是思维的外壳，思维是智力的核心。口语交际是把内部语言（思维）快速转变为外部语言"口语"的过程，是一个语言的内化和外化频繁交替进行的过程，是一种复杂的心智活动。学生需要集中注意力，认真接收信息，并随之进行加工，通过解释、分析、判断、联想、推理，做出反应，然后用语言发表自己的见解。口语表达与思维结果具有同步性，交际双方不能深思熟虑、反复修改，而必须现想现说、脱口而出、应对如流，才能圆满完成交际任务。与读写相比，口语交际对思维能力等智力要求更高，因此口语交际训练本身就是很好的思维训练、智力训练，它能有效训练学生思维的条理性、准确性、敏捷性、灵活性，也有助于培养学生稳定的注意力、敏锐的观察力、持久的记忆力和丰富的想象力。

（二）口语交际教学现状

笔者曾经对学生做过访问，在口语交际的学习兴趣方面，大部分学生都表示出了较高的兴趣，但从学生的兴趣出发点进行调查又发现，很多学生喜欢上口语交际课的原因是口语交际课上没有压力，可以嬉笑打闹，为了锻炼自己口语交际能力的学生只是少数。可见，教师没能从思想上引起学生对口语交际的重视，这表现了口语交际教学效果的欠佳。除了思想上外，最能体现口语交际教学效果的就是学生在口语交际方面的具体表现。《全日制义务教育语文课程标准》对口语交际教学总体上提出了培养学生的倾听、表达、交流能力方面的要求，并要求学生文明地进行人际沟通与社会交往。但目前很多学生在倾听、表达与交流上都存在不足，这也就表明了口语交际教学的效果并不理想。

1. 学生在倾听方面没有达到《全日制义务教育语文课程标准》的要求

"倾听"并不是指简单地听，对《全日制义务教育语文课程标准》中小学中高年级阶段的口语交际教学阶段目标从倾听的维度进行归纳与整合可得出：在倾听方面，3～4年级的学生应该能做到用认真的态度来倾听，听别人说话能够将对方表达的主要内容把握好，并且能够进行简要的转述；5～6年级的学生除了达到上个阶段的水平之外，还应该能够耐心地听别人讲话。通过对这一年级段学生进行观察发现，学生在倾听时存在不够认真、不够耐心的现象，如会打断别人的讲话。另外，"听"不仅仅是要求学生听听而已，还要求学生听得进去，并能够抓住对方说话重点，可以进行转述或做出有效的回应，但很多学生不能很好地做到这一点，这说明了学生在倾听能力上的欠缺。

2. 学生在表达方面没有达到《全日制义务教育语文课程标准》要求

表达并不单指将自己要说的话说出来已，对《全日制义务教育语文课程标准》中小学中高年级段的口语交际教学阶段目标从表达的维度进行归纳与整合可以得出：在表达方面，3～4年级的学生做到用普通话交谈，在对别人讲述自己的见闻时可以做到表达得清晰与明白，并且自己的表达能体现内心的相关感受和想法，若是讲故事，则要求讲述得具体、生动且形象；5～6年级的学生能够突出表达时内容的条理性、层次性以及语调和语气的恰当，并在一定场合，稍做准备的情况下可以进行简单的发言。然而，通过课堂观察发现，很多学生在语言表达上存在问题，讲故事的时候只是将自己脑袋里的故事背出来，没有生动性可言，在跟同学和家人讲自己的见闻时仅局限于说上，说完可能对方都没有弄清楚是怎么回事，更别说表达时融入自己的感受和想法了。另外，在一定场合稍做准备进行发言方面，很多学生也不能做到，这说明学生在表达能力方面存在不足。

3. 学生在交流方面没有达到《全日制义务教育语文课程标准》要求

交流是指学生与他人直接的沟通，最突出的特点就是双向性的特点，对《全日制义务教育语文课程标准》中小学中高年级段的口语交际教学阶段目标从交流的维度进行归纳与整合可以得出：在交流方面，3～4年级的学生应做到在与他人的交谈时能够就自己不明白和不能够理解的内容向对方进行请教，还要能发表自己的不同意见，并与对方商讨；5～6年级的学生能够乐于参与讨论，敢于发表自己的见解。通过课堂观察发现，很多学生在交流方面存在问题，即使有不懂之处也不敢向对方进行请教，即使自己有所想法也由于羞怯等各种原因不敢发表出来。大部分学生在与人交流时都能注意到礼貌用语的使用，学生较好的文明修养与态度是值得肯定的，但也有少数学生会不自觉地使用不文明用语。另外，学生不敢在交流时发表自己的见解，与教师对话和与陌生人对话时感到害怕，这也是学生口语交际能力不足的体现。

三、国学经典对小学语文口语交际教学的重要意义

（一）用国学经典丰富学生的记忆仓库

从语文教育心理学的角度来讲，说话的能力包括三个部分：第一，组织内部言语的能力，这是指人们对说话的内容、目的、方法等的思考能力。第二，快速选词组句的能力，这是指说话者根据需要迅速从自己记忆的仓库中选词组句，按语法规范进行

表达的能力。第三，运用语音表情达意的能力，这是指运用语音来表达情意的能力。可以看出，语言的表达需要从头脑中的记忆仓库选取材料，接着用声音的高低起伏变化来表达通过语言所要传达的情感。这样的材料从何而来？记忆仓库怎样建立？如何用语音表达情感？这些是在对学生进行语言表达训练时必须解决的问题。

在学生的大脑中建立起一个材料丰富的记忆仓库，诵读国学经典就是一个很好的途径。国学经典作品内容丰富，包罗万象，涵盖各个领域的信息。长期诵读国学经典，把文言字句及其背后的思想情感储存到大脑里，并形成长时记忆。经过这样长时期的积累，大量经典语句的信息输入会逐渐内化为对语言敏锐的感知能力，这就是我们常说的语感。以古诗词为例，古诗词本身在字词句段、作家作品等方面就提供了丰富的知识，虽然不能说"不学诗，无以言"，但如果学生能够积累一些知识，对于口语交际的帮助是非常明显的。其实，很多古诗词都非常简单易懂，学生理解起来并不困难，也比较容易记忆。比如，唐代诗人孟郊的《游子吟》："慈母手中线，游子身上衣。临行密密缝，意恐迟迟归。谁言寸草心，报得三春晖。"仅三十个字的肺腑之言，没有用一个生僻的字眼，平实通俗而又深情流露，让即使从来没有离开过家乡的人也会为之动情。当口语交际的内容涉及亲情的时候，如果学生能够引用一些诗句或者一些有关的意象，必然能够使其语言增色不少。所以说，要让人"会说话"，就需要打开语言的门扉，而打开这扇门的力量可以从国学经典中去寻找。

（二）用国学经典精炼学生的表达

用词准确、表达精练是口语交际的坚实基础，这一点看似简单，但其实颇为困难。用词准确要先确切了解词意，每个词都表示着一定的意思，这个意思一般都有其特定的语言环境，只有确切了解了它的意思，然后依据其特点，经过反复推敲，确定它所适用的语言环境，才能使用得恰如其分。比如，"她告别了妈妈，推开房门，冒着风雪，步履蹒跚地向学校走去"话中的"蹒跚"意指腿脚不灵便、走路缓慢摇摆的样子，多用于老人或腿脚有残疾的人，说话者对此不解而拿来就用，结果出现了误用现象。另外，现代汉语中有不少词都带有一定的色彩，有语体方面的，有感情方面的。语体色彩主要指书面用语和口头用语，感情色彩主要指褒义词和贬义词。正确区分，恰当使用，无疑会对表情达意起到良好的作用。而精练地表达自己的意思就必须有较丰富的词语积累、较高的概括能力。

以古诗词为例，古诗词在表情达意上通常会运用多种修辞方法，加上凝练而简约的语言，往往是言已尽而意未穷。另外，古诗词借用典故也是一个表意精练妙招，有时一个名字、一个词语、一句话都可能承载着一个经典的故事，而只要一看到这些名字、词语、句子，就会想到这些故事。比如，看到"萧何"就想到成败皆由一人，看到"刮目相看"就知道某个人在某方面有了巨大的变化，看到"水能载舟，亦能覆舟"就知道了要谨慎处事。用典往往能化繁为简，把意思表达得含蓄、委婉而有韵致，让人联想，让人玩味。因此，阅读国学经典，在丰富学生知识储备的同时，还可以使其语言更为精练，从而达到表意精练的效果。

（三）用国学经典诗化学生的表达

口语第一要"活"，表现在快速反应和得体的对答上；第二要"雅"，活而不雅流为水。雅化的口语有两个方向：一是白净冲淡，如同陶渊明的诗境；二是富丽豪华，如同汉赋的铺张。但富丽豪华要求的不是在口语中吟风舞月，这样只会让人觉得是附庸风雅，而是运用丰富的词语在语言上带给人美好的联想和想象。感性地说，诗意的表达能给人一种如沐春风的舒服和享受，追求一种"诗的接近"；理性地讲，诗意的表达要求语音和语调的和谐、用词的文雅、体态语的恰如其分。

事实上，不论是白净冲淡，还是富丽豪华，都是雅化的口语，只是有的人严谨，有的人幽默，有的人理性，有的人简单。而流传至今的国学经典为历代读者所喜闻乐见，对培养学生把握美的能力非常适宜。阅读这些国学经典，体味作品中反映的生活美、自然美、情感美、艺术美、语言美，在优美的作品感染熏陶下受到美的教育，从而培养和提高学生的审美能力和审美情趣。当然，过于追求雅化会走向做作。但学生在口语交际中适当地插入一些"司马青衫""高山流水"等并没有什么不妥，只要不是一味地卖弄，就不会引起人的反感。而我们的口语中也的确需要这些富有内涵的词句来避免大白话的平淡。

（四）用国学经典规范学生交际中的行为

中国自古就有"礼仪之邦"的美誉，这源于儒家思想中的"仁"和"礼"。"仁"者，爱人，"泛爱众""忠恕之道"，是一种内在的文化心理。其外在的表现形式则为"礼"。"非礼勿视，非礼勿听，非礼勿言，非礼勿动。"（《论语·颜渊》）孔子在《礼记·礼运》中还说道："夫礼，先王以承天之道，以治人之情，故失之者死，得之者生。""是故夫礼，必本于天，殽于地，列于鬼神，达于丧、祭、射、御、冠、婚、朝、聘。故圣人以礼示之，故天下国家可得而正也。"孔子把"礼"看成治国之本。由于"仁"与"礼"的互补互用，人们形成了一种温情脉脉的"仁爱之心"和朴实厚道的"博爱"感情。尊敬人也是"仁"和"礼"的一种具体表现。"仁""礼"在两千多年的历史文化发展中已经成为比较稳定地作用于中华民族心理的文化精神。对于小学生来说，"礼"文化的渗透还未深入，而通过阅读国学经典，则可以使"礼"文化进一步渗透到小学生的思想之中，进而使小学生在交际中也体现出"礼"的文化精神。

人类进行交际活动除了最重要的工具语言外，还要依靠很多非语言的符号来弥补言谈表达的不足。正如《礼记·乐记》所云："说之，故言之；言之不足，故长言之；长言之不足，故嗟叹之；嗟叹之不足，故不知手之舞之足之蹈之也。"非语言的交际系统在人们的整个交际过程中起着巨大的辅助作用，有时甚至起独立的作用。中华民族的非语言交际十分丰富，并且深深打上了本民族文化的烙印。当然，很多礼仪动作是在封建宗法等级制度下产生的，并不适用于现代社会，教师要加以区分，选取那些适用于当下的礼仪规范。综合来看，无论是语言符号的交际，还是非语言符号的交际，借助国学经典都可以很好地向学生传达"礼"的思想，这对规范学生在口语交际中的行为无疑起到了非常积极的意义。

第六章　国学经典与小学语文教育融合的路径探究

第一节　经部与小学语文教学的融合

一、经学概说

（一）经的定义

我们要了解经学，必须先明白：什么叫作经？经是些什么？什么叫作经学？就"经"字的本义来讲，《说文解字》以为"经，织纵丝也"。因为织物的纵丝是有一定的次序而不能紊乱的，所以后来辗转假借而为"法"字和"常"字的意义。"经"可作"法"字、"常"字解，于是那些可作为人们日常言行的法则的古书都被蒙上一个"经"的名字了。但这不过是一般的解释。

据经学专家的意见，今文学派认为，"经"是孔子整理著作的专名，在孔子前或孔子后的著作均不得称为"经"，所以只有《诗》《书》《礼》《乐》《易》《春秋》可称为"经"；古文学派认为，经是一切书籍的通称，不是"六经"所专有，因为经是钉书的线，所以凡是线装书都可称为"经"。在这两种说法中，古文派过于广泛，今文派过于狭窄，也都未足为定论。

其实，因为历史的转变，"经"字的意义也在随着时代而演化。现代人所称的"经"的范围已由孔子删定的"六经"扩展到以孔子为中心的其他书籍，如《孟子》《尔雅》等，这些都已列入"经"的范畴。

（二）经目的演化

"经"的名称始见于《国语》，但孔子整理的著作《诗》《书》《礼》《乐》《易》《春秋》被称为"经"始于《庄子·天运》。在《礼记》中则仅称"四术"；扬雄、班固又仅称"五经"。东汉以后"经"的领域续渐扩张，于是又有"七经""九经""十经""十一经""十二经""十三经""十四经"及"二十一经"等的称号。

四经：即"四术"，为《诗》《书》《礼》《乐》。

五经：因六经中佚去《乐经》，故称五经。《白虎通·五经》："五经何谓？《诗》《书》《礼》《易》《春秋》也。"

六经：《诗》《书》《礼》《易》《乐》《春秋》的全称。

七经：西汉于六经外加《论语》，称七经；东汉则加《孝经》而去《乐经》。晋傅咸以《易》《诗》《书》《周官》《左传》《论语》《孝经》为七经。宋刘敞以《尚书》《毛诗》"三礼"《公羊传》《论语》为七经。清圣祖《御纂七经》则指《易》《书》《诗》《春秋》"三礼"等七种。

九经：唐时所立学官，以《易》《诗》《书》"三礼""春秋三传"为九经。《经典释文》则以《易》《诗》《书》"三礼"《春秋》《论语》《孝经》为九经。

十经：《南史》以"五经""五纬"为十经。《宋书》则以为"《周易》《尚书》《毛诗》《礼记》《周官》《仪礼》《春秋左氏传》《公羊》《谷梁》各为一经，《论语》《孝经》为一经"，所以谓之十经。

十一经：宋儒于十二经中除去《论语》《孟子》便为十一经。因为他们已将《论语》《孟子》列入"四书"之故。

十二经：名始见于《庄子·天道篇》。《经典释文》以为有三义：一以"六经"加"六纬"为十二经；二以《易》上、下经并加孔子《十翼》为十二经；三以《春秋》分十二公为十二经。至唐太和中所刻十二经，则为《易》《诗》《书》"三礼""三传"《论语》《孝经》及《尔雅》。

十三经：宋于唐之九经——《易》《诗》《书》"三礼""三传"外，增《论语》《孝经》《孟子》《尔雅》，称为十三经。现代所用广义的经目，仍多以此为准。

十四经：宋尝并《大戴礼记》于十三经之末，称为十四经。

二十一经：清段玉裁主张于十三经外，应加《大戴礼记》《国语》《史记》《汉书》《资治通鉴》《说文解字》《周髀算经》《九章算术》八书，为二十一经。

总之，虽然经目的范围各不相同，但依照普通的惯例，多以十三经为限，在本书中针对经学的探讨同样依据这一惯例，以十三经为准展开的讨论和研究。

（三）经学的派别

因为历来研究家对于经典本身就有许多不同的见解，于是就产生了所谓经学。所以我们要明白经学是什么，不能不去分析这些研究家的派别。经学家的派别，据多数学者的意见，可以归纳为西汉今文学、东汉古文学及宋学三派。

诸经遭秦火之厄，多数被毁。汉惠帝除挟书的禁令，书始陆续出世。但诸经本用古篆所写，古篆在汉代已不通行，为便于诵习起见，乃改为当时通行的隶书。于是始有所谓今文。其后山岩屋壁，复次第发现旧籍。此种书仍用古篆书写，以其对今文而言，遂有所谓古文。所以，所谓今文与古文，本指书写文字之不同。后因经学家各有所宗，门户之见甚深，于是才产生了所谓今古文学派。

西汉今文学派产生于汉初，就是所谓"今文十四博士"之学。在当时因帝王之利用的提倡，所以在学术界有独尊之势。后来，因古文学的暴兴，与郑玄、王肃的混乱家法，遂至逐渐衰落。延至魏、晋时期，因政乱及祸乱的连绵不息，连仅存的章句传说也多灭亡于兵燹。到了清代中末叶，因社会、政治、学术各方面趋势的汇合，于是这久无声息的今文学忽然复兴起来，居然在学术界有盛莫能当的现象。当时所谓常州学派、公羊学派，就是西汉博士派的裔孙。它的余波回响，直到现在还在学术界里存在，并且正在向着新的途径发展。

东汉古文学派产生于西汉末年。到了东汉，因为今文学派自身的腐化，同时也由于古文学大师的努力，遂有取今文学而代之之势。所以，西汉今文学亡于魏、晋时期，而东汉古文学却发展起来。后来六朝的南北学，隋、唐的义疏派，虽虚实繁简不必尽同，而其立场于古文学则无二致。一直到宋学兴起，东汉古文学始暂废歇。但元、明之末，因姚江学派之流于虚妄，及清朝思想压迫政策之现实，于是顾亭林扛了"舍经学无理学"的大旗复兴古文学，于是形成了清代300年学术界的权威。其中，以惠栋为领袖的吴派与以戴震为领袖的皖派，都和东汉古文学派有血统的关系，但其现在硕果仅存的，亦只有章炳麟了。

宋学被称为经学上的怀疑派，唐代时啖助、赵匡、陆淳辈已开其端。但这种怀疑风气之盛行，却在北宋庆历之后。到了南宋，因研究方法的不同，分为三大派：一为归纳派，以朱熹为领袖，旧称朱学；一为演绎派，以陆九渊、杨简为领袖，旧称陆学；一为批评派，以叶适、陈傅良为领袖，旧称浙学（宋学派又有关、闽、濂、洛之分，专以地域为主，无甚意义，故不取）。他们都立足于哲学的见解，以理欲心性为研究的对象，而借助经学的解释。元、明以来，朱学因朝廷的提倡，取得正统的地位。陆学则得以王守仁的加入，而为具有天才的学者所信仰。但这两派都借经学言理学，结果均空疏无一物。于是元、明二代转成为经学衰落时期，而东汉古文学遂得乘间以起。

综上所述，这三派的不同点在于：今文学派以孔子为政治家，以六经为政治学说，所以偏重于微言大义，其特色为功利的，其流弊为狂妄。古文学派以孔子为史学家，以六经为孔子整理古代史料之书，所以偏重于名物训诂，其特色为考证的，而其流弊为烦琐。宋学派以孔子为哲学家，以六经为孔子载道之具，所以偏重于心性理气，其特色为玄想的，而其流弊为空虚。

二、经部与小学语文教学融合的意义

将经部的一些著作融入小学语文的教学中，不仅对学生的成长起到积极的作用，著作中的很多教育观对于教师的教学还具有非常积极的启发意义，其中《论语》的教育观，更是值得教师思考和借鉴。

（一）对教师教学的启示

1.因材施教

孔子的一生都致力教育事业，所以孔子也总结了很多有益的教学方法。比如，孔子懂得因材施教。因材施教包括两个方面，一方面孔子注意个性差异，根据不同的弟子采取不同的教学方法。《论语·先进第十一》："子路问：'闻斯行诸？'子曰：'有父兄在，如之何其闻斯行之？'冉有问：'闻斯行诸？子曰：'闻斯行之'。"同样的问题，孔子却给出了不同的答案。弟子公西华也曾疑惑，明明是同样的问题，为什么给出不同的回答？孔子做出了回应。孔子认为，子路是胆大好胜心强的人，做事比较冲动，所以让他请示父兄再做决定，这样能避免一些冲动的行为。而冉求的性格是犹豫不决的，做事情比较拖沓迟缓，所以一旦冉求有想去做的事情，就需要鼓励他去实行，否则考虑过多会延误时机。另一方面孔子注意教学内容差异，根据不同的内容采取不同的教法。有的内容需要反复诵读体会内在的深层意味；有的内容艰涩难懂，需要理解性记忆；有的内容的范例偏于生活化，教师应该结合生活实际进行讲解；有的内容偏于哲理化，教师便要联系哲学知识进行传授。

2.学、思、行并重

子曰："学而不思则罔，思而不学则殆。"学习不思考，人就会迷惘；光思考不学习，人就会更加危险。学习的实质在于理解，学习的过程是将外在的经验内化的过程，学习者接收到新知识，相应地，这种新知识与学习者内部旧有的知识系统发生矛盾，此时思考就成为两者的桥梁，它将双方的矛盾不断统一协调，最终使新知识内化为学习者自身的经验。反之，如果没有思考，那学习者就会不辨好坏，全盘接受新知识，导致内部知识系统的紊乱。思考的对象是客观信息，思考的主体是学习者本身，思考的过程是学习者对客观信息的加工。所以，思考力首先取决于思考者关于思考对象的知识量和信息量的大小。光有思考却不去学习，没有思考的对象，那只会陷入绝境。学习的最低层次是接受知识，这是学生最基本的学习方式，随着阅历的增长，知识的增多，势必就要对大量的知识进行梳理。于是，学习便上升到第二层次，就是思考着学习，哪些知识该识记，哪些知识该理解性记忆，这样就形成了知识框架，然后随着学习的深入，知识系统越来越完善，然而决不能止于这个层次，还应有第三个层次，就是主动学习。

此外，学习还需要实践，实践是检验真理的唯一标准，只有理论与实践相结合，才能实现学习的价值。无论是强调实践是结果还是手段抑或目的，都是在说明理论与实践的结合是学习本质的一种体现。学习和思考都是学生的内在心理活动，我们无法去检验我们到底学到了什么？我们的学习到底是不是有效果？因此我们必须要有行动，"问渠哪得清如许，为有源头活水来。"行动或者实践，是一种外在的表现形式，它能够最直接的证明学习的效果。新课标指出，语文课程是一门学习语言文字运用的综合性、实践性课程。语文教育必须重视学、思行并重的学习方式。

（二）对学生成长的启蒙

1.树立正确的价值观

儒家的人生理想是"修身、齐家、治国、平天下"，这些在《论语》《孟子》中都有所体现。孔子、孟子虽然身处乱世，但是强烈的忧患意识使其意欲承担起社会环境的苦难，以济世救民为己任。因此，孔子提出了"仁"的最高道德理想，孟子树起了一个"大丈夫"的理想人格范型。儒家认为，使自己的思想言行符合社会道德，符合国家、社会的公利是社会生活中的一种精神动力，而利己营私、自甘堕落则是人生最大耻辱。当今的一些青年学生总以自我发展为中心，他们的成才动机与国家的振兴、社会的发展联系不多，我们在小学语文的教学中讲述《论语》《孟子》等儒家经典，无疑能增强学生的民族责任感与使命感。儒家的人生价值取向是"舍生取义"和"重义轻利"，正是受这种价值取向的影响，中国历史上无数仁人志士、民族英雄在为国家、民族利益而献身时能够视死如归。目前，社会上很多人的价值取向向个人倾斜，向金钱倾斜，向急功近利倾斜，为了自己眼前的利益不惜牺牲未来，不惜牺牲道义。针对这些现象，我们可以从经学的思想中汲取智慧，从而引导学生树立起与当代社会相适应的正确人生观和价值观。

2.培育坚毅的品质

《周易》有云："天行健，君子以自强不息。"意思是，天（即自然）的运动刚强劲健，相应的君子处事，也应像天一样，自我力求进步，刚毅坚卓，发奋图强，不可懒惰成性。《礼记·大学》指出："欲诚其意者，先致其知，致知在格物。物格而后知至，知至而后意诚。"意思是，在对万物的探索中认识万物，在对万物的研究中认知万物。这种格物致知的思想蕴含着坚持不懈的探索和研究精神。上述经学著作中的精神思想确定了此后几千年我们民族文化精神的基调，构成了中华民族生生不息、长盛不衰的深层动力。当代的青少年，独生子女较多，他们成长的环境比过去优越，所以他们的抗挫折心理比较脆弱，在碰到人生道路上的难题时容易感到无所适从，产生困惑、悲观的情绪，通过将经部的一些著作融入小学语文的教学中，将有助于培养他们乐观进取、自强不息的坚毅品质。

三、经部与小学语文教学融合的策略

（一）结合教学内容进行拓展

小学语文教材中虽然"经学"的内容不是很多，但教师可以抓住有限的内容，在学生可以接受的范围之内，适当地进行拓展，从而使学生在课本学习之外可以接触更多与"经学"有关的内容。下面，笔者将以人教版的教材为例，做一个简要的阐述。

一方面，我们从文言文着手。在人教版的小学语文教材中，有一篇文言文是属于经学类的文章，即选自《孟子·告子》的《学弈》，全文共六十九个字，讲述了两个同向奕秋学习下棋的人，其中一人聚精会神，另一人却三心二意，最终俩人成绩相差甚远的故事。文章简单易懂，但却告诉学生应端正学习态度，专心致志的道理。无论是在《论语》中，还是在《孟子》中，关于学习的言论非常之多，所以在讲解完这一节的内容之后，教师便可以从《论语》或《孟子》中选取一些内容，为学生做进一步的讲解和论述。比如，"知之为知之，不知为不知，是知也"，出自《论语·为政》，意思是指在对待学习的态度上，应该做到知道就是知道，不知道就是不知道，这样才是真正的智慧。再如，"三人行，必有我师焉。择其善者而从之，其不善者而改之"，出自《论语·述而》，意思是指几个人在一起，其中一定有人可以当我的老师，应当选择他们的优点去学习，对他们的缺点要注意改正。

另一方面，语文教材中本身也有知识拓展的部分，这里有一些选自"经学"的言论，教师可以直接运用这些内容。比如，在四年级下册的"语文天地"中，有"言必信，行必果"(《论语·子路》)、"与朋友交，言而有信"(《论语·学而》)、"己所不欲，勿施于人"(《论语·颜渊》)、"爱人者，人恒爱之；敬人者，人恒敬之"(《孟子·离娄下》)，这几句话告诉我们诚信的重要性以及尊重他人、爱人敬人的待人处世之道，同时还有尊老爱幼的传统美德，这都是学生应从小就培养的优秀品质和道德修养。另外，五年级上册的"回顾·拓展六——日积月累"中有一则出自《孝经》的名句"爱亲者，不敢恶于人；敬亲者，不敢慢于人"，意思是关爱、尊敬自己的父母，要和对其他所有人的父母是一样的，体现了一种广施爱心的博大胸襟。

（二）加强吟咏诵读教学

吟咏诵读在我国传统语文教育中源远流长。自古以来，中国就强调吟诵涵咏，熏陶渐染。近几十年来，我国语文教育受苏联和欧美教育理论的影响，强调理性认知，体悟被有意无意地忽视和冷落了。针对语文教学中普遍存在的只注重认知分析的现象，在新一轮课程改革中制定的《全日制义务教育语文课程标准》（实验稿）指出："语文课程丰富的人文内涵对学生高尚人格的形成具有深远的影响，学生在学习过程中的反应往往又是多元的。因此，需要重视语文教学的熏陶感染作用和注意教学内容的价值取向，同时也应该尊重学生在学习过程中的独特体验。"而经学著作中的很多内容都非常适合诵读，所以教师要加强吟咏诵读的教学。

叶圣陶先生也曾强调过："吟诵就是心、眼、口、身并用的一种学习方法……亲切地体会，不知不觉间，内容与理法化而为读者自己的东西，这是可贵的一种境界，学习语文学科，必须达到这种境界，才会终身受用不尽。"如果从心理学的角度去解释，其原理是视觉形象和美感之间只是构成间接的情感呼应关系，中间穿插着联想和理解，而听觉形象和美感之间，却构成了直接情感对应关系，可以迅速拨动阅读主体感应的心弦。

在实际的教学中，笔者便采用了多种多样的诵读形式，以调动学生诵读的积极性。首先，笔者会安排课前领读和齐读。课前三分钟，笔者要求一个学生上讲台领读三遍，然后齐读三遍。领读的同学不固定，按照座位的顺序往下排。这样每一位领读的学生为了自己能够流畅地领读，课后是会下功夫把自己领读的内容读熟练的。不用老师强调，学生自己就会形成一种竞争的氛围，每个人都想领读得比别人好，这样自然调动了每一个学生的诵读积极性。其次，笔者会拿出语文课的部分时间进行诵读比赛，不要求背诵，只要求诵读，要求读出韵味、读出感情。不要求背诵这一点就为学生卸下一个重担，他们会积极踊跃地参加，因为不要求背诵。这其实是老师的一个小技巧，虽然明着不要求背诵，但是学生在全身心投入地诵读很多遍以后，自然而然地已经能够背诵下来了。而如果一开始告诉他们要求背诵，学生本能的抵触情绪很强，反而不利于背诵。最后，笔者组织学生分组诵读，这样能够提高学生合作学习的意识和能力，让组内的每一名学生都参与进来，不仅提高学生的诵读热情，还能增强学生之间的集体凝聚力。

（三）"言传"与"身教"相结合

特级教师陈日亮说过："我即语文。"成功的教师，总是与他所教的学科水乳交融在一起，他将自己的精神与生命融进到学科里，仿佛学科是他的精神与思想的载体。学科即他，他即学科。开展国学经典教育，作为老师更应具备这种"科人合一"的意识与境界。因为国学经典教育开展得好不好，关键看效果，而这种体现在学生身上的效果是无法量化的。因为国学对学生的教育与影响是个长期浸染、熏陶、潜移默化的过程，学生思想意识、言行举止的改变是一个漫长的过程，往往很难立刻显现。在学生的心田播下一粒国学的种子，即便当时没能萌发，日后能够生根发芽，也是好的，这说明国学经典教育产生了效果。所以，开展国学经典教育不要有太强的功利目的，别期望有立竿见影的效果。在濡染、影响、熏陶学生方面，有什么方式比老师的"身教"来得更直接些呢？

在小学阶段，国学经典中经部内容的选取多集中在"道德""礼仪""学习"等方面，无论是"道德""礼仪"，还是"学习"，这些更多的是体现在外在行为上，所以要想使这些内容更好地渗透到小学语文的课堂上，除了语言上的讲解和传授之外，教师的示范作用也非常重要。比如，孔子要求弟子们敏而好学、谦恭有礼，孔子本身就是敏而好学、谦恭有礼的典范。《论语·子路篇》中有"其身正，不令而行；其身不正，虽令不从"，意思是指，当管理者自身端正，做出表率时，不用下命令，被管理者也就会跟着行动起来；相反，如果管理者自身不端正，而要求被管理者端正，那么，纵然三令五申，被管理者也不会服从的。引申到教育之中，就是当教师能够在行为上起到表率作用，学生便会自发地去遵从和效仿。要想在小学语文的教学中融合国学经典，教师要做到本身就是国学，本身就是经典，本身就是一个大写的"人"字，从言谈举止到思想意识，都要体现经部著作中蕴含的精神与思想。在成为顶级教师的道路上，笔者以为，教师的人格修养远胜知识学问，亲力亲为远胜言语说教，真诚友善远胜方式方法。

第二节 史部与小学语文教学的融合

一、史学概说

（一）史的定义

史是什么？就"史"字本来的意义讲，《说文解字》说："史，记事者也。从又，持中；中，正也。"《玉篇》则云："史，掌书之官也。"《周礼》也说："史，掌官书以赞治。"前一说以史为一种书籍的名称，后二说以史为专掌官书的职名。从这三种解释里我们可以知道，所谓史，第一，须"中正不阿"；第二，须"有补治道"。一是指史的本质，二是指史的功用；两者合并以观，便可窥见古人对于史的观念。

但是史为什么是一种官名呢？因为古代一切学术，皆掌于官，民间不得私相传授；其用意在避免歧义，阻止乱源。史为学术之一，自然立官以掌，因此成为一种官名了。

古代称"史官"叫"史"，而称"史书"则叫"坟"，如"三坟"。为三皇之史——"典"，如"五典"。为五帝之书——"书"，如《尚书》及《春秋》。"史书"称"史"，大约始于司马迁的《史记》。但《汉书·艺文志》称《史记》为《太史公书》，可见《史记》之名，是否出于作者，尚属疑问。其后或称"纪"，或称"志"，或称"略"，颇不一致。

虽然针对"史"的定义不一，但我们可以从史的目的去进一步界定其定义。刘知幾以为史的目的，在于"达道义，彰法式，通古今，著功勋，表贤能，叙沿革，明罪恶，旌怪异"。史的目的是这样，所以梁启超说："'史'者何？记述人类社会赓续活动之体相，校其总成绩，求得其因果关系，以为现代一般人活动之资鉴者也。"吴贯因说："何谓之'史'？记载人类能发生影响之种种言动，俾得以播诸当时，传诸后世。"李守常说："史学是研究人生及其产物的文化的学问。"这三种说法，字面上虽互有歧异，而实际的意义却并无不协。由此，我们也可以对"史"的定义了解一二。

（二）史籍的分类沿革

史的分类，人各不同。现在所见较古的著录，仅存《七录》。它的《纪传录》分史为十二类，为国史、注历、旧事、职官、仪典、法制、伪史、杂传、鬼神、土地、谱状及簿录，但这种分法后代并未沿用。自《隋书·经籍志》出，分史为十三门，始

135

成为史目权威。十三门为正史、古史、杂史、霸史、起居注、旧事、职官、仪注、刑法、杂传、地理、谱系及簿录。具体如下：

正史类：在《经籍志》所分史部十三类中，"正史"之名首次确立，位居史部之首，它是指以《史记》《汉书》《东观汉记》《后汉书》《国志》《晋书》《宋书》《南齐书》《梁书》《陈书》等为代表的纪传体史书及其评注，特别指所谓"一代之史"的纪传体断代史。"自是世有著述，皆拟班、马，以为正史，作者尤广。一代之史，至数十家。"

古史类：指以《竹书纪年》《汉纪》《后汉纪》《汉魏春秋》等为代表的编年体史书。"其著书皆编年相次，文意大似《春秋经》。诸所记事，多与《春秋》《左氏》扶同。学者因之，以为《春秋》则古史记之正法，有所著述，多依《春秋》之体。"

杂史类：以《战国策》《楚汉春秋》《越绝书》等为代表。"大抵皆帝王之事"，但"其属辞比事，皆不与《春秋》《史记》《汉书》相似，盖率尔而作"，难免"体制不经""又有委巷之说，迂怪妄诞，真虚莫测"。

霸史类：以《赵书》《燕书》《秦书》《凉书》《十六国春秋》等为代表。"自晋永嘉之乱，皇纲失驭，九州君长，据有中原者甚众""而当时臣子，亦各记录"。

起居注类："录纪人君言行动止之事"。两汉虽有《禁中起居注》《明帝起居注》，然皆散佚。"今之存者，有汉献帝及晋代以来《起居注》，皆近侍之臣所录。"

旧事类：主要记录杂记典章制度、帝王臣下之事，如《汉武帝故事》。"古者朝廷之政，发号施令，百司奉之，藏于官府，各修其职，守而弗忘""搢绅之士，撰而录之，遂成篇卷"。

职官："汉末，王隆、应劭等，以《百官表》不具，乃作《汉官解诂》《汉官仪》等书。是后相因，正史表志，无复百僚在官之名矣。搢绅之徒，或取官曹名品之书，撰而录之，别行于世。"

仪注类："后汉又使曹褒定《汉仪》，是后相承，世有制作"，以《汉旧仪》《晋新定仪注》《宋东宫仪记》等为代表。

刑法类："先王所以惩罪恶，齐不轨者也""晋初，贾充、杜预删而定之。有律，有令，有故事"，以《晋宋齐梁律》《隋开皇令》《魏名臣奏事》为代表。

杂传类：以《海内先贤传》《陈留耆旧传》《高士传》《逸民传》《孝子传》《忠臣传》《正始名士传》《烈女传》《高僧传》《列仙传》《搜神记》《幽明录》等为代表。虽"杂以虚诞怪妄之说"，但"推其本源，盖亦史官之末事也"。该类著录若以部数计，则居史部十三类之首，超过史部书总部数的四分之一，其记社会风貌尤为全面。

地理类：以《山海经》《水经》《风土记》《佛国记》《异物志》《地理书》《洛阳

伽蓝记》《舆地志》《隋诸郡土俗物产》等为代表。其著录书目性质，有记、志、传、图、注，还有簿、录、谱、故事、图赞等，涉及总志、方志、河渠、名山、户口、风俗、物产、都邑、宫殿、园林、寺塔、墓冢、异物、游记、外记、图经、图志等，极具学术价值。

谱系类：以《汉氏帝王谱》《百家谱》《后魏皇帝宗族谱》《冀州姓族谱》《谢氏谱》《氏族要状》等为代表。其著录类别大致有总序、帝王、英贤、宗室、族姓、州姓、家谱等，内容包括族源、世系、婚宦、子孙等。

簿录类：以刘向《别录》、刘歆《七略》、王俭《七志》、阮孝绪《七录》等为代表，就是现在目录类图书，其"剖析条流，各有其部，推寻事迹，疑则古之制也"。

《隋书·经籍志》的史部分类大致确定了中国古代史书分类的原则和方法，后世虽略有增减和变更，但基本沿袭不变。至清代修《四库全书总目》，将史部分正史、编年、纪事本末、别史、杂史、诏令奏议、传记、史钞、载记、时令、地理、职官、政书、目录、史评共十五类，大大超越隋唐，堪为中国古代史学分类之大成。具体如下：

正史类：所录为《史记》《汉书》《三国志》等二十四史，并于每史后附录注释、补表、补遗、辨误、纠谬一类的书，凡三十七部。

编年类：所录为《竹书纪年》《汉纪》《资治通鉴》《靖康要录》等三十八部。

纪事本末类：所录为《通鉴纪事本末》《蜀鉴》《平定金川方略》《绎史》《滇考》等十九部。

别史类：所录为《逸周书》《东观汉记》《路史》《契丹国志》等二十部。

杂史类：所录为《国语》《战国策》《渚宫旧事》《松漠纪闻》等二十二部。

诏令奏议类：所录为《太祖高皇帝圣训》《唐大诏令》《包孝肃奏议》《名人经济录》等四十一部。

传记类：所录为《孔子编年》《晏子春秋》《朱子年谱》《古列女传》《明儒学案》《吴船录》《入蜀记》等六十部。

史钞类：所录为《两汉博闻》《南史识小录》《北史识小录》等四部。

载记类：所录为《吴越春秋》《华阳国志》《南唐书》《安南志略》等二十二部。

时令类：所录仅《岁时广记》及《月令辑要》两部。

地理类：所录为《三辅黄图》《明一统志》《新安志》《水经注》《洛阳伽蓝记》《荆楚岁时记》《大唐西域记》等一百四十四部。

职官类：所录为《翰林志》《玉堂杂记》《词林典故》《官箴》等二十一部。

政书类：所录为《通典》《唐会要》《文献通考》《大唐开元礼》《荒政丛书》《历代兵志》《唐律疏义》《营造法式》等五十六部。

目录类：所录为《崇文总目》《子略》《汉艺文志考证》《集古录》《兰亭考》等四十七部。

史评类：所录为《史通》《三国杂事》《史纠》《御批通鉴纲目》等二十二部。

二、史部与小学语文教学融合的意义

（一）借史明智

历史是什么？历史是一个民族、一个国家形成、发展及其盛衰兴亡的真实记录，是前人知识、经验、智慧的总汇。中国是一个拥有五千年文明的古国，可谓历史悠久，文化灿烂。阐述这部文明史的不朽典籍浩如烟海，如银河繁星、令人目不暇接。试图揭示历史价值的学说和流派更是层出不穷。每一个中国人只有熟读历史，才能明确自己的定位，才能明确自己的目标。如果我们不从历史出发，只看到眼前，就有可能看偏、看扁。无论什么行业，无论什么人，只有重视历史书籍的阅读，重视对历史经验的总结，才能力避错误，铭记教训，不断进步，不断发展。

正所谓"以铜为鉴，可以正衣冠；以人为鉴，可以明得失；以史为鉴，可以知兴替"。著名学者章太炎曾说过："夫读史之效，在发扬祖德，巩固国本，不读史，则不知前人创业之艰难，后人守成之不易，爱国之心何由而起。"通过认真学习阅读历史书籍，可以从前贤的嘉言懿行中获得精神鼓舞，不断升华思想境界，使人眼光高远，视野开阔，明智通达。此外，英国哲学家弗朗西斯·培根曾在随笔《论求知》中，也提出了"读史使人明智，读诗使人聪慧"的言论阐述。国学经典中的史部包含非常多的历史书籍，并且多是经过学者认真的考量，具有较强的客观性，通过在教学中融入部分史部著作，无疑可以起到"读史明智"的效果。

当然，读历史书籍并不是为了读历史而读历史，古为今用是一个重要的目的。如果一味照搬、照抄古人的经验乃至教训，则同样会陷入形而上学的绝境。唯有把历史经验同社会实践相结合，才能读出历史的新意，读出历史的积极意义。真正做到学有所知，学有所悟，学有所获，学有所用。前人写的历史让我们受益无穷，而我们又在书写新的历史。前事不忘后事之师，今天的我们必须以史为镜，铭记前贤，开阔视野，明智通达，更好地借鉴昨天，把握今天，规划明天。

（二）借史析文

古人说"文史相通"，即表明文与史两门学科的密切联系。自古以来，文学、历史源为一家。即便现在属于两门学科，但现实生活中纯文学作品并不多见，大多文学作品都离不开它所处的那个年代，无不留下那段历史的烙印。真实的历史记载需要艺术性的文字表述，而文学作品往往产生于一定的历史背景并反映某一个方面的社会现实，因此包含大量历史信息。由此看来，从内容上看，两者是互补关系，或者是内容与形式的关系。在中华民族悠久的历史和文化传统中，历史与文学始终有着不解之缘。

"文以载史，史以文传。"文章是作者个人的历史和所处时代的结合。因此，任何文学作品的解读都有一个最恰当的坐标，只有把作品定格在历史纵横交织的坐标上，才能让我们看到作品的原貌，才能还原人物思想，追寻其内在的价值。很多文章非但要提及历史，还要仔细品析，认真揣摩，才可见文中真味。就以教材中的古诗词为例，这是一种语言凝练而形象，结构自由而跳跃，富有节奏和韵律，饱含联想与想象，高度集中与概括的反映社会生活、表达思想感情的文学体裁。虽然古诗词的篇幅很短，但其中却蕴含着丰富的情感和思想，而要深入理解这些情感和思想，必然需要结合当时的历史背景。其实，无论哪种形式的文学，总是在一定历史条件下的产物，对于任何时期文学作品的研究，如果能够结合对该时期的历史背景，必定可以使学生对文章有更为深入的理解，从而达到以史析文的效果。

（三）借史说道

在中华民族的文化滥觞之时，文史本为一体。在随后几千年的发展中，才由同源母体中逐渐分离出来。因此，人们常说义史同源，文史一家，两者与生俱来具有各自显著的特征，又有其不可分割的特性。这种不可分割的特性首先表现在精神上的一致性，即都关注道德教育和人文关怀。而教育作为传承文明和接续历史的一项活动，一个重要的目的是为了拓展而不是控制学生的思想和精神。作为教育的内容，历史与文学，对于拓展学生的精神空间，丰富学生的内心感受，形成正确的人生观和世界观有着不可替代的价值。目前，教育中倡导的道德教育和人文关怀，其目的并不在于熟识作品名称、文人姓氏、历史年代和重大事件的简单记忆，而在于引导学生选择价值观念。唯有如此，才能为学生提供通往更广阔知识世界的途径，引领他们感受更为博大、丰富、深邃的人类文明。让学生从历史中、从伟大人物的传记中、从文学作品中，去感悟生命的伟大、去感悟人性的美好、去感悟人生的创造之美、奋斗之美，去激发和推动他们追求比生活本身更高远的东西，这才是历史和文学的教育价值。

中华民族是一个历史悠久、文化灿烂的民族，在五千余年的文明发展史中，沉淀了浓厚的文化宝藏。正如有识之士所指出的"历史、文学、人物传记，并不是能更直接地参与世界的改造，但它却能唤起人们内心深处渴望改造世界的冲动和欲望，能唤起人之所以为人的自豪感受，能唤起一个人坚信自己内在的力量是无坚不摧的信念"。

（四）借史育美

历史著述既是对客观历史的反映，包含着大量有关历史真实过程的信息，同时又是和社会大众具有相同的社会属性的史学主体的主体化的产物，历史之与史学主体，历史与社会大众，史书与社会大众，史学主体与社会大众等不同层面的审美取向，映照出了史学在社会化中所形成的多重的审美关系。梁启超盛赞司马光的《资治通鉴》"文章生动，使人看后欲哭欲笑，并令人百看而不厌"。格式塔心理学认为，外部事物和人的心理间存在着异质同构的力的图式，当美的外部事物作用于人时，即达到平衡、契合、圆满时，人就会产生美感。南宋诗人杨万里说，读袁枢《通鉴纪事本末》"如生乎其时，亲见乎其事，使人喜，使人悲，使人鼓舞，未既，而继以叹且泣也"。梁启超和袁枢的美感体验说明史籍中蕴含着打动人心的审美价值。

黑格尔说，美的生命在于显现。历史过程有始无终，昨天是今天的前身，今天有昨天的投影，明天又是今天的延伸。历史并没有死去而是转化成另一种形式存在于人们的生活中。史学使历史过程得以显现，给历史过程的生命力付以形式。史籍通过对历史过程的动态显现，使人不仅能做历史过程的旁观者，而且能使人理智地、清醒地、全方位地思考问题，做历史过程的积极参与者。人们通过史学揭示的"逝者如斯不舍昼夜"的生命历史、事件历史乃至整个人类进化的历史的过程的壮美，会自觉地拥抱过去，投身现实，呼唤未来。

历史著作之所以使人荡气回肠，产生情感上的共鸣，是因为其中包含着关系到社会大众审美情趣的要素。人们在读史时，找到了历史与现实的契合点、历史与大众的衔接处。读者在优美流畅的行文中浏览了历史的大略，领会了历史的神韵，同时也产生了感情上的回应，实现了情感的升华，形成一种特殊的达观通识。

三、史部与小学语文教学融合的策略

（一）史部与小学语文教学融合的具体方法

1.完善教师的知识体系

在小学语文教学中，教师应突破传统的应试教育理念，加强对跨学科理论与实践的研究，增强自身在教学中渗透历史知识的能力，以言传身教及专业的知识结构体系，确保历史知识渗透教育的效果。语文教师应加强对文学作品的理论研究，对文学作品的题材类型、风格、流派等建立比较全面的了解，要更加主动地阅读历史书籍，学习历史知识，掌握一定的历史理论知识，对其中无论是明显还是隐藏的历史知识，都应该尽可能地挖掘出来，不断拓展自身的知识体系，通过广泛阅读书籍，完善知识系统，增强思维的敏锐性。同时，教师可以利用网络、报纸等媒介关注时事，将阅读文本的思想、价值观与当代社会所发生的事物紧密结合起来，引导学生更加细致、深入地观察与思考，帮助学生形成正确的思维导向。

2. 在课前导入历史背景

正所谓"知人论世"，要想深入理解文章的思想内涵，就需要对作者及其所处的时代背景有一定的理解。在当前的语文教学中，很多教师都注意到了这一点，在文章讲解之前会为学生做一些背景介绍，而这便是将历史知识和语文教学结合的一个绝佳时机。当然，历史背景的导入并不是简单地为学生讲述一些历史知识，在内容和方法上也需要教师做出一些思考。一方面，在历史内容的选择上，教师应该调动起学生的兴趣，如果只是为了导入历史知识而导入，忽视学生的兴趣，恐怕只会适得其反。所以在历史背景的选择上，教师要兼顾学生的兴趣，做出一些取舍，以便最大程度地引起学生注意，激发学生学习的兴趣。另一方面，在背景导入的方法上，教师可以考虑横向和纵向两个维度。所谓纵向就是同一个作者不同时期的作品，横向就是同一时期不同作者的作品。这种纵横交织的历史背景导入，可以使学生的认知从一个点到一条线，进而到一个面，不仅能够加深学生对文章的认识，还可以拓宽学生的历史视野，一举两得。

3. 组织学生上台讲历史

如今，《百家讲坛》已经是人尽皆知的一个节目，教师可以借鉴这一节目的经验，在课堂中也开设一个"百家讲坛"的环节，每天利用课堂开始或结尾的几分钟，让学生到讲台上讲一讲历史故事。当然，俗话说："台上一分钟，台下十年功。"组织小学生上台讲历史故事的目的不在于课上的"讲"，而在于台下的"读"。小学生做事大多都是三分钟的热度，如果教师只是单纯地告诉学生在课下多读一些历史书籍，恐怕很多学生都坚持不了多久，效果自然可想而知。但如果利用小学生好胜心强的特点，组织学生上台将课下读到的历史故事讲出来，便相当于在无形之中为学生增添了一个发动机，学生的兴趣和积极性都会增加。这样，学生在课下阅读历史书籍的时候就会更加的认真，会思考如何将书上的语言转化成自己的语言，这样学生阅读的效率无疑会有很大提高。另外，小学生也很喜欢听他人讲故事，通过组织学生上台讲历史的方式，每个学生都需要参与进来，都需要结合自己阅读的历史书籍选取相应的历史故事，这样一个学生的历史故事便可以分享到几十个学生身上。当台上学生讲的充满激情，台下学生听得认真的时候，获得的效果也必然不会太差。

4.建立"三位一体"的评价机制

针对学生上台讲历史故事的情况，教师可以增加评价的环节，这样可以使学生的讲解不致太过随意，从而影响效果。当然，评价机制并不是传统教师评价的模式，而是要建立三位一体的比较全面的评价机制，具体来说，包括个人自评、小组互评、教师评价三种方式。

（1）学生自评。学生针对自己阅读书籍、整理资料、台上讲解的情况做出客观的评价，为自己写出评语。在评价的前期，如果学生无从下手，教师可以为学生设计一些评分的细则，让学生结合评分细则为自己打分。学生结合对自身的评价情况，进行自我反思，反思自己存在的问题，以便在下一次的学习和演讲中扬长避短，取得更好的成绩。

（2）小组评价。在组织学生上台讲历史的过程中，教师需要结合学生的情况为学生进行分组，因为不管是在学生阅读历史书籍的过程中，还是整理资料的过程中，难免会遇到问题，所以需要成立学习小组，当学生遇到问题的时候可以和组内的其他同学进行讨论。而小组评价便是在学生上台演讲的过程中，每个小组的学生通过讨论的方式为台上的学生打出评分。为了客观公正，上台演讲的学生所在的小组不参与小组评分。

（3）教师评价。在三位一体的评价机制中，教师评价不能缺少，毕竟小学生各方面能力的发展还不完全成熟，虽然通过学生评价机制可以使评价更加全面，也可以锻炼学生的能力，但如果仅仅采取学生评价的方式，在准确性上难免会出现问题。所以，还需要教师针对学生的种种表现，为学生做出客观、全面、准确的评价，帮助学生更好地认识自身存在的问题和不足。

（二）史部与小学语文教学融合的原则

1.尊重史实的原则

教师的教学内容应该具有科学性与真实性，小学语文的教学同样如此，学生需要明确文本内容与历史知识的差别，在学习文学作品技巧的同时，也需要根据历史背景，对文本内涵进行理解。在小学语文教学中渗透历史知识，教师必须依靠真实的历史知识，确定课文是否符合史实、作者观念与时代背景的联系等，使学生能够树立起对历史知识的客观认识，把握真实历史对作者、文学作品创作的影响。教师切忌为了引用而引用，不对历史的真实性加以分析，盲目地将历史知识穿插到课文的讲解中，这样会在学生心理埋下一个错误的种子，虽然在当前的教学中不会显现，但很可能会对学生未来的学习产生消极的影响。

2. 适度适量原则

在小学语文教学中融入历史知识时，要以语文教学为主，不能喧宾夺主。历史知识的融入是为了更好地解读文章，联系的历史知识也是为了语文教学服务，并不是每节课、每个问题都需要进行历史知识的迁移，更不是迁移得越多越深就越好，如果历史知识讲解太多，容易占据过多的课堂时间，从而导致本身的教学任务无法完成。况且过多历史知识的讲解还会使小学语文的教学成为一个四不像，从而从整体上影响教学效果。小学生的认知能力有限，注意力集中的时间也相对较短，如果把一节课安排得满满当当，只会增加学生学习的压力，加重学生学习的疲劳感。因此，在融入历史知识的时候，教师要遵循适度适量的原则，做到张弛有度，适度引入。

3. 因材施教原则

教师要根据各年级学生的不同年龄特点进行历史知识的渗透。在充分了解学生对有关历史知识和语文知识的已知和未知基础上确定教学内容的数量、质量以及深度、广度。在使用历史书籍的材料时，教师要注意材料与教学知识点的相关性、特别是重点、难点的关联性，坚持"论从史出""史论结合"的原则，有助于学生对重点、难点的理解和把握。虽然我们将 1 ～ 6 年级的学生都定义为小学生，但其实中、高、低三个阶段的学生存在着一定的差异。这些差异是教师不能忽视的，教师要结合各阶段学生的特点，遵循因材施教的原则，选择适当、适量的历史知识内容作为语文教学的辅助。

第三节　子部与小学语文教学的融合

一、子学概说

（一）子的定义

"子学"是"诸子学"的简称，或名哲学。"子"字的最初意义，依《说文解字》，本为人类的通称。后来引申为"人之嘉称"，如有德的人叫君子；王肃又以为"有德有爵之通称"，如古时士大夫通称为"子"。古时政教合一，师即是官，因此称师为

"子"或"夫子"。到了后来，学术由私家传授，于是弟子便以"子"字题他所奉的师的著作。这是"子书"名称的由来

不过"子"本指人，并不指其派别，派别的通称叫作"家"。周代重"世禄"的制度，往往以官为世，代守其业，子传父学，故称"家"。后来官失其守，家学放失，只要传某派的学术的，便叫"某家"，于是失去了它本来的意义。

孙星衍说："凡称子书，都非自著。"盖子书大都不出于一人之手，亦非作于一时。至以"诸子"并提，则始于《庄子·天下篇》《荀子·非十二子篇》，各家并提则始于司马谈《论六家要旨》。刘歆作《七略》，辑"子书"为一略，即名《诸子略》。于是开始了"子学"研究的雏形，而"诸子"之名亦成立。

（二）诸子的来源

凡是一种学术的产生，绝不是凭空而来，必有它的来源可寻。诸子虽所包甚广，但也都有它们的来源。研究诸子来源的，共有二说：一谓"出于王官"，一谓"救世之弊"。认为"出于王官"的为《汉书·艺文志》，它把诸子分为十家，而各系以说：

儒家："出于司徒之官""祖述尧、舜，宪章文、武，宗师仲尼"，有晏子等五十三家。

道家："出于史官""清虚以自守，卑弱以自持"，有伊尹等三十七家。

阴阳家："出于羲和之官""敬顺昊天，历象日月星辰，敬授民时"，有宋司星子韦等二十一家。

法家："出于理官""信赏必罚，以辅礼制"，有李悝等十家。

名家："出于礼官""古者名位不同，礼亦数异"，有邓析等七家。

墨家："出清庙之守"，主要内涵有"贵俭""兼爱""上贤""右鬼""非命""尚同"，有尹佚等六家。

纵横家："出于行人之官""使于四方，……受命而不受辞"，有苏秦等十二家。

杂家："出于议官""兼儒、墨，合名、法"，有孔甲等二十家。

农家："出于农稷之官""播百谷、劝耕桑以足衣食"，有神农等九家。

小说家："出于稗官""街谈巷语、道听途说者之所造也"，有伊尹等十五家。主张"救世之弊"的为淮南王刘安，他在《淮南子·要略》里说："纣为天子，杀戮无止，……作为炮烙之刑，剖谏者，剔孕妇，天下同心而苦之。……文王欲以卑弱制强暴，以为天下去残除贼而成王道，故太公之谋生焉。"

"周公继文王之业，持天子之政，以股肱周室，辅翼成王。惧争道之不塞，……故纵马华山，放牛桃林，败鼓折袍，揖笏而朝。……孔子修成、康之道，述周公之训，

以教七十子，使服其衣冠，修其篇籍：故'儒者'之学生焉。"

"墨子学'儒者'之业，……以为其礼烦扰而不说，厚葬靡财而贫民，久服伤生而害事，故背周道而用夏政……故节财、薄葬、闲服生焉。"

"齐桓公之时，天子卑弱，诸侯力征，南夷北狄，交伐中国。……地狭田少，而民多智巧；桓公……欲以存亡继绝，崇天子之位，广文、武之业：故管子之书生焉。"

"齐景公内好声色，外好狗马，……故晏子之谏生焉。"

"晚世之时，六国诸侯，……力征争权，胜者为右，恃连与国，约重致，剖信符，结远援，以守其国家，……故纵横、修短生焉。"

"韩，晋别国也。……晋国之故礼未灭，韩国之新法重出；先君之令未收，后君之令又下；新故相反，前后相缪，百官背乱，不知所用：故刑名之书生焉。"

"秦国之俗，贪狼强力，寡义而趋利；可威以刑，而不可化以善；可劝以赏，而不可厉以名：……故商鞅之法生焉。"

这两种说法，究竟哪一种对呢？吕思勉以为："天下无'无根'之物：使诸子之学，前无所承，周、秦之际，时势虽亟，何能发生如此高深之学术？天下亦无'无缘'之事；使非周、秦间之时势有以促成之，则古代浑而未分之哲学，何由推衍之于各方面，而成今诸子之学乎？"所以他认为这两种说法都是对的。但胡适著《诸子不出于王官论》，反对《汉志》之说。笔者更加倾向于胡适先生的观点，认为诸子之学实质是针对周代礼乐典章制度崩坏而发的，当西周三百年的礼乐典章制度发展到春秋时代，已渐渐地失效，这就是"周文疲敝"，儒、墨、道、法等诸子思想的出现就是为了回应和解决这个问题的。

（三）主要流派

先秦诸子在学术争鸣中，形成不同的学术流派。历史上最早对诸子进行学派叙述的是《庄子·天下》。文中将当时的一些主要人物分成五派：一是以孔子为首的"邹鲁之士"，二是墨翟、禽滑厘及宋钘、尹文，三是彭蒙、田骈与慎到，四是关尹、老聃及庄周，五是惠施、桓团与公孙龙。

到了战国末年，荀子写了《非十二子》，将先秦的十二位学者分为六派，它嚣、魏牟为一派，陈仲、史鳅为一派，墨翟、宋钘为一派，慎到、田骈为一派，惠施、邓析为一派，子思、孟轲为一派。

按庄子、荀子的述论，先秦诸子主要被分为儒、道、墨、法、名五家，但庄子、荀子并没有明确地标举出各家的学派名称。直到西汉司马迁之父司马谈《论六家要旨》才明确地提出儒、道、墨、法、名五家的学派名称，并增加阴阳家，从而按诸子思想的性质、源流，将先秦诸子确立为"阴阳、儒、墨、名、法、道德"六大学派。这是历史上对先秦诸子所做的最明确、系统的学派区分。

到刘歆撰《诸子略》，他在司马谈的六家基础上，增加了纵横家、杂家、农家与小说家四派，将诸子分成十家。所谓"家"，在此即指学派。每一学派又包含数位思想家，如儒家有曾子、孟子、荀子等，道家有老子、庄子、列子等。诸子十家的学派分类为班固《汉书·艺文志》沿袭而流传于世。

按《汉书·艺文志》的记载，诸子十家的源流、宗旨各不相同，各家学说亦各有短长。

首先，刘歆一改司马谈《论六家要旨》中首推道家的态度，将儒家置于诸子之首，尤为推崇。其称："儒家者流，盖出于司徒之官，助人君顺阴阳、明教化者也。游文于六经之中，留意于仁义之际，祖述尧、舜，宪章文、武，宗师仲尼，以重其言，于道最为高。"

其次是道家。"道家者流，盖出于史官，历记成败、存亡、祸福、古今之道，然后知秉要执本，清虚以自守，卑弱以自持，此君人南面之术也。合于尧之克攘，《易》之嗛嗛，一谦而四益。此其所长也。及放者为之，则欲绝去礼学，兼弃仁义。曰：独任清虚，可以为治。"

继之为阴阳家。"阴阳家者流，盖出于羲和之官，敬顺昊天，历象日月星辰，敬授民时。此其所长也。及拘者为之，则牵于禁忌，泥于小数，舍人事而任鬼神。"

然后是法家。"法家者流，盖出于理官。信赏必罚，以辅礼制，《易》曰：先王以明罚饬法。此其所长也。及刻者为之，则无教化，去仁爱，专任刑法，而欲以致治，至于残害至亲，伤恩薄厚。"

再到名家。"名家者流，盖出于礼官。古者名位不同，礼亦异数。孔子曰：'必也正名乎！名不正，则言不顺，言不顺，则事不成。'此其所长也。及警者为之，则苟钩瓠析乱而已。"

接着论墨家。"墨家者流，盖出于清庙之守。茅屋采椽，是以贵俭；养三老五更，是以兼爱；选士大射，是以上贤；宗祀严父，是以右鬼；顺四时而行，是以非命；以孝视天下，是以上同。此其所长也。及蔽者为之，见俭之利，因以非礼，推兼爱之意，而不知别亲疏。"

最后是纵横、杂、农、小说四家。

"纵横家者流，盖出于行人之官。曰：诵《诗》三百，使于四方，不能专对，虽多，亦奚以为？又曰：使乎使乎！言其当权事制宜，受命而不受辞，此其所长也。及邪人为之，则上诈谖而弃其信。"

"杂家者流，盖出于议官。兼儒墨，合名法，知国体之有此，见王治之无不贯。此其所长也。及荡者为之，则漫羡而无所归心。"

"农家者流，盖出于农稷之官。播百谷，劝耕桑，以足衣食，故八政一曰食，二曰货，孔子曰：'所重民食。'此其所长也。及鄙者为之，以为无所事圣王，欲使君臣并耕，悖上下之序。"

"小说家者流，盖出于稗官。街谈巷语，道听途说者之所造也。孔子曰：'虽小道，必有可观者焉。致远恐泥，是以君子弗为也。'然亦弗灭也。闾里小知者之所及，亦使缀而不忘。如或一言可采，此亦刍荛狂夫之议也。"

二、子部与小学语文教学融合的重要意义

之前我们说过，"子学"是"诸子学"的简称，也可被称为哲学。当然，子部的内容包含哲学内容，但不限于哲学。提起哲学，或许我们首先想到的是西方的亚里士多德、柏拉图、苏格拉底等人，但其实在大约同一时期，东方哲学随着诸子百家的兴起也散发出了耀眼的光芒。子部著作融入小学语文教学的一个重要意义就是借助诸子百家的哲学思想启迪学生。在诸子百家之中，儒家居于首要位置，所以在本书的阐述中，我们也主要以儒家思想为主要内容展开论述。

（一）借助子学培养学生健全人格

在中华民族的发展过程中，统治者把儒家思想作为安邦立道的学问，黎民百姓也把它当成安身立命的信条。儒家文化中"己所不欲，勿施于人"的"仁学"内核，"和而不同"的深刻哲理；"天人合一"、整体发展的宇宙观，自强不息、厚德载物的做人之道，都有其现实意义，有助于克服当代社会诸多的生命困惑。儒家人文精神的独特魅力就在于它对人性的追求，是在庸常世俗生活中探索精神的超越。儒家人文精神提倡的仁、义、礼、智、信、忠、孝、诚等价值观，在剔除其历史附着的负面性效应之后，完全可以通过现代化的再创造，提炼、转化其合理因素，渗透到今天的社会生活中去，进而作为人生价值指导，恢复人的尊严，重建人的意义世界，重建人与天、地、人、物、我的良性互动关系。

如何修身养性，怎样完善人格，是儒家文化的主要论题。用现在的词汇诠释，就是"学会做人"，学会做人是当代教育的根本宗旨。儒家关于做人的道理有很多：做人的基本修养是"己所不欲，勿施于人"；做人的道德情怀是"民吾同胞，物吾与也"；做人的理想目标是"内圣外王""治国平天下"；做人的崇高境界是"群己合一""天下为公"。当代的学生，人文精神匮乏，缺乏应对人生矛盾和人生困惑的能力，缺乏

对生命的敬畏意识，他们需要人生之师的指引，培养和塑造人生智慧。儒家文化影响中国几千年的历史，它的内涵博大精深。我们重提儒家伦理，主旨不是要学生盲目复古，而是通过对儒家经典文本的学习，吸取有益的精华，加强个人的道德修养，提升人生智慧。对学生进行儒家经典文本教育，可以培养学生珍惜生命，爱护生命的意识，培养学生为人处世以德为先的意识，培养学生个人幸福与社会责任相统一的意识。学习这些道理，可以使学生能正确对待自己与他人，学会与人合作共事，对群体与社会有责任感，培养健全的现代人格。

（二）借助子学树立人生信仰

早期儒家建构的是一种人文信仰。如果说信仰本来是人类文明史上一切个人或社群普遍存在的一种精神现象，那么儒家学说就是在探索、表达一种最崇高、最紧迫的人生、社会意义，孔子说："朝闻道，夕死可矣。"可见这种价值具有超越生命的意义，属于一种终极关怀。然而尽管儒学作为一种信仰形态，能够在古代中国的社会生活中表现出很强的宗教功能，进而取代了宗教，但它本身却始终不能等同于宗教。因为，宗教信仰的对象总是一种人格化的超自然的实体存在，必须依靠宗教组织、崇拜中心来巩固对它的信仰，但是儒家的信仰则是以人文理性为其本质特征。儒家信仰的"天""天道"并非宇宙中人格化的实体存在和神秘性的主宰者，而更体现为一种理性认知的对象，是可以通过道德义理的实践即可与之相通的理性化力量。儒学不怪诞，无妄言，不谈怪力乱神，只是平实、中正、理性、自然、简易。它不需要救世主，自信人能自救；它不需要断臂自残，舍身饲虎，只是终身慕道，朝闻夕死可矣。儒学所言所讲只是实践的智慧，是生活的智慧，离开实践，离开人间社会，离开了百姓生活，就没有儒学。对于生活现象以外的东西，儒家善于采取一种机智的态度——存而不论。所谓"未知生，焉知死""未能事人，焉能事鬼"的名言，充分显示了中华民族对于现实生活的执着追求。

由此可见，儒家的宗教观表现出了一种难得的睿智和远见。宗教教义的真实性与宗教生活的正价值向来是不一致的，这是宗教的内在矛盾，正确的态度应该是不因其教义缺乏真实性而否定其功能的积极性，也不因其有正面价值而承认其教义全部真实。儒家就是以这样理性的态度，"敬鬼神而远之"，这是一种非常理智和通达宽容的态度，既不会流于狂热，又不会陷于武断，表现出一种崇高的人文主义精神，它与世界上对待宗教问题的新人文主义思潮恰相吻合，也将给中国人的人生信仰带来重要影响。近年来，由于出现所谓信仰危机，预测学、神佛观充斥社会，思想领域也随之产生混乱。在这种状况下，挖掘出民族文化中精神追求的更高层次，并将其渗透到小学语文的教学之中，可以为小学生树立正确的人生观打下基础。

（三）借助子学诱发锲而不舍的学习态度

学习是一条永无止境的道路，只有不断地加以学习，自己才可以成为优秀的人。而《荀子·劝学》阐述的便是这样的一个道理。荀子认为，人善良的德行并不是上天赋予的，上天赋予人的是自然之性，如眼睛喜欢看到美的事物，嘴巴想吃好吃的食物，这些都是人自然的欲望，如果放任他们的发展就会趋向恶端。所以，要使人性的欲望得到节制，使人性走向善端，只有通过后天的学习来改造人性，完善自身，使个人的需求符合社会的礼仪规范从而达到与社会秩序的相统一。学习需要锲而不舍的精神，要有坚持不懈的毅力和持之以恒的决心。学习是一个持续积累的过程，需要长期坚持，不是一蹴而就的事情，"真积力久则入，学至乎没而后止也"。

学习的成功与否关键在于有没有孜孜不倦、持之以恒的精神。"故不积跬步，无以至千里；不积小流，无以成江海。骐骥一跃，不能十步；驽马十驾，功在不舍。锲而舍之，朽木不折；锲而不舍，金石可镂。"学习要端正态度，锲而不舍，即使是坚硬的石头也可以雕刻出花纹；如果学习三心二意，锲而舍之，"三天打鱼两天晒网"，腐朽的木头都砍不断。即使资质比别人差很多，但只要持之以恒的用心学习，一步一个脚印，最终也能赶上别人。

此外，学习就其本身来说，它是一个潜移默化、循序渐进的过程。学问就是"如切如磋，如琢如磨"，一个人想要在一瞬间就能把学习全部掌握，这是不可能的事情。贪多贪快的结果是学的多忘的也多，理解的也不深刻，就如"囫囵吞枣"。荀子认为，只有经过锲而不舍的努力才会发生质变。就以我们认识的事物来说，无论是自然还是社会，本身就是在不断变化的，这也就需要我们不断地去认识、去学习。学习是没有止境的，学习者必须有顽强的意志，坚持不懈，虽千里之遥也能达到目的。

三、子部与小学语文教学融合的策略

（一）加深教师对子部著作的认知

在经、史、子、集四部国学经典中，教师对于子部的了解是最少的，只知道这是诸子百家的学说，至于其包含哪些著作、包含哪些内容，很多教师都是一问三不知。所以要想将子部的著作渗透到小学语文的教学中，首先要加深教师对子部著作的认知。而加深教师对子部著作认知的方法有两个，一是教师阅读子部书籍，二是加强对教师的培训。阅读书籍取决于教师自身的觉悟，我们不做阐述，在此仅仅针对教师的培训做一个简要的阐述。

首先，学校应该定期聘请一些经验丰富的专业教师开展国学经典知识讲座，充分挖掘综合性大学、师范大学的专家资源进行国学知识、教学方法等方面的专题培训，并对本学校教师进行学术上的指导，普及教师在国学经典方面的知识，尤其是关于诸子百家思想的普及，从而达到拓展教师的知识结构、提高教师的文化素养、增强教师文化底蕴的培训目的。其次，学校可以开展国学经典教学的公开课，请语文教师和班主任进行集体的观摩学习，使教师置身于课堂教学过程中，在对课程进行观摩的同时，汲取他人教学中的有益之处、拓宽自己的教学视野、丰富自己的教学方式，最终提升自身国学经典教育的专业素养。再次，学校可以经常开展有关的教师调研活动，大家集体参与交流与讨论，把自己在国学经典的学习和教学中得到的经验、方法和途径进行深入的交流，并互相沟通，实现最大化的资源共享、成果共享、智慧共享。教师们可以互相借鉴对方的可取之处，汲取其教学优点并改正自身教学的不足，达到取长补短的目的，从而在研讨过程中不断提升自己，改进教学方式，形成自己的教学风格。最后，鼓励教师在国学教育实践中善于发现问题，并通过小课题研究的方式进行专项的课题申报和研究，让教师成为研究型、学者型、专家型教师。在选择研究课题时要注意课题一定要具体、有针对性、价值性和研究的可行性。鼓励有能力的教师成立国学教研工作室，共同学习，一起提高。教研活动不能流于简单的听课、评课的形式，有关教育部门应该加强对小学国学教研活动的支持，形成有效的监督机制和良好的教研氛围，使小学教师真正融入国学教育的研究中去。

总之，加强对教师的培训，提高教师的文化素养，是目前急迫需要解决的问题。学校要有目的有计划地对教师进行培训、丰富提高教师专业素养的途径、向教师提供各种帮助，从而使教师能够正确地认识国学经典与国学经典教学、明白国学经典教学的目标、掌握国学经典教学的方法，并且能够运用各种形式开发国学经典教育的校本课程，最终使教学效果达到最佳。

（二）借助成语进行拓展和渗透

我们都知道，很多成语的背后都有一个精彩的故事，对于学生而言，故事的吸引力不言而喻。如果我们将这些成语背后的故事呈现出来，相信很多学生会易于接受，也乐于接受。例如，"朝三暮四"，原指善于使用手段愚弄人。后来用来比喻变换手法、欺骗别人，或主意不定，反复无常。《庄子·齐物论》记载，战国时，宋国有个老人养了一群猴子，人们称他为"狙公"。他家境不好，但非常喜爱猴子，宁可自己省吃俭用，也从不让猴子饿肚子。时间一长，狙公和猴子相处得越来越默契，猴子想什么，狙公一看就知道，他说什么，猴子也能理解。但猴子很贪吃，时间长了狙公实在供应不起，他想减少它们的食物，又怕猴子不顺从自己，就想了一个办法。一天，狙公对猴子说："从明天起给你们吃栗子，早上三个，晚上四个。"猴子们听了，发起怒来。狙公又改口说："好吧，那就早上四个，晚上三个。"猴子听了高兴极了。其实，栗子的总数并没有变化。如果能这样探究成语背后的故事，将其和国学经典结合起来，学生更乐于学习，也更易于接受。

再如，"滥竽充数"这个成语，意思是不会吹竽的人混在吹竽的队伍里充数，比喻无本领的冒充有本领，次货冒充好货。《韩非子·内储说上》记载，齐国的国君齐宣王爱好音乐，尤其喜欢听吹竽，手下有三百个善于吹竽的乐师。齐宣王喜欢热闹，爱摆排场，总想在人前显示做国君的威严，所以每次听吹竽的时候，总是叫这三百个人在一起合奏给他听。有个南郭先生听说了齐宣王的这个癖好，觉得有机可乘，就跑到齐宣王那里去，吹嘘自己说："大王啊，我是个有名的乐师，听过我吹竽的人没有不被感动的，就是鸟兽听了也会翩翩起舞，花草听了也会合着节拍颤动，我愿把我的绝技献给大王。"齐宣王听得高兴，不加考察，很痛快地收下了他，把他也编进那支三百人的吹竽队伍中。其实南郭先生撒了个弥天大谎，他压根儿就不会吹竽，每逢演奏的时候，南郭先生就捧着竽混在队伍中，人家摇晃身体他也摇晃身体，看上去和别人一样吹奏得挺投入。后来，齐宣王死了，他的儿子齐湣王继承了王位。齐湣王也爱听吹竽，但他喜欢独奏，南郭先生觉得再也瞒不过去，便连夜收拾行李逃走了。

（三）在不同的内容中融入不同学派的思想

诸子百家虽然都是诞生于春秋战国时期，但各家的思想并不相同，各有侧重，也各有自家的特点。因此，在渗透诸子学说和著作的时候，可以结合不同的内容有不同的侧重。比如，我们最为熟知的儒家，其学说和著作以仁、义、礼、孝为核心价值，注重君子的品德修养，强调仁与礼相辅相成。这其中的很多价值观也都是今天所提倡的，很多小学语文的教材中也渗透了这些价值观，所以在讲述相关内容的时候，便可以渗透儒家的学说和思想。例如，仁：仁者，人人心德也。心德就是良心，良心即是天理，乃推己及人意也。所以仁字，从两人相处，因为人不能离群而独存，别人之观念立，人之人格显，方能雍容和谐，以立己立人，发挥老吾老幼吾幼之怀抱，以及己所不欲勿施于人。事物为人，而不为己，发为恻隐之心，宽裕温柔，仁也。再如，义：义者，宜也，则因时制宜，因地制宜，因人制宜之意也。所当做就做，不该做就不做。见得思义，不因果滥取不义之财物。子曰："君子喻于义，小人喻于利，不义而富且贵，于我如浮云。"所以人发为羞恶之心，发为刚义之气，义也。

再以墨家为例，墨家作为与儒家并称的两大显学之一，其学说思想中非常突出的一个就是其卓越的科学思想成就，所以在讲解一些涉及科学的文章时，便可以融入墨家的学说思想。墨家认为，活动主体"人"有实现科学认识的物质条件，在认识过程中也能够发挥主观能动性，强调"亲知"，在一定程度上注重学习的作用。这样，整个认识活动能更加深入，认识的结果也能更好地被利用。而墨家在科学思想上最大的成就是其将自然界作为科学活动的对象，用独立于社会伦理的观点解构自然、探索规律。墨家总结了物质的构成，提出"端"是构成物质最基本微粒的思想，并描述端构成万物时的结合方式，墨家还提出了具有唯物主义特征的时空观与运动观，指出，时间、空间与运动都是有限与无限的辩证统一。此外，墨家也有丰富的方法论的思想，在科学认识中成功地用观察法、实验法、归纳法、类推法等诸多现代科学中也依然用到的科学方法，得出高水平的认识，尤其是其三表法，在中国历史上第一次提出检验言行的标准问题。另外，墨家在力学、光学、数学、逻辑学等具体学科领域的思想成就也达到当时中国乃至全世界的先进水平。当然，教师不能将诸子百家的这些思想一股脑地丢给学生，而是要结合不同阶段学生的理解能力，适当地引入，以作拓展，而不是成为学生学习的压力。

第四节　集部与小学语文教学的融合

一、集学概说

（一）"集"的定义

在传统学术经、史、子、集四部分类中，集部汇总了历代学者与文人的文集作品，收入历代作家一人或多人的散文、骈文、诗、词、散曲、剧曲及诗文评论等著作，反映了中国古代学者与文人在诗文创作和文学评论等方面的丰富成果，其中也包含大量的学术内容，是四部分类的重要组成部分。

集部之学的"集"，本字作"雧"。《说文解字·雥部》说："雧，群鸟在木上也。从雥木。集，雧或省。"按《说文解字》的解说体例，凡象形字，即用"象形"，或用"象某形"；会意字，则用"从某某"。集字为"从雥木"，说明是会意字。雥是群鸟。清代说文四大家之一的桂馥在《说文解字义证》中说："《禽经》曰：独鸟曰复，众鸟曰集。"《诗经·周南·葛覃》说："黄鸟于飞，集于灌木，其鸣喈喈。"就是使用了"集"字的本义。

"集"字从本义引申出聚、会的意义。比如，《尔雅·释言》说："集，会也。"《广雅·释诂三》说："集，聚也。"再进一步引申，将单篇的文章作品汇辑整理成一部书，也称为集。例如，三国时期曹丕《与吴质书》说："昔年疾疫，亲故多罹其灾。徐、陈、应、刘，一时俱逝，痛何可言邪！……顷撰其遗文，都为一集。观其姓名，已为鬼录。"为了纪念朋友，于是收集、汇集徐干、陈琳等人的文章编成书册，称之为"集"，这是作为文集之义的"集"字较早出现的文献记录。

（二）"集部"之学的发展

南梁阮孝绪在《七录》中创设"文集录"，并分文集为"楚辞""别集""总集"与"杂文"四类，开启了"集部"之学的基本形态。到唐代编纂《隋书·经籍志》，经史子集的四部分类正式确立，"文集"也直接名之为"集"。从此，专门收录各家诗赋文章的泛文学目录——"集部"之学在形态上遂正式确立。

《隋书·经籍志》之后，《旧唐书·经籍志》《新唐书·艺文志》完全承袭了《隋书·经籍志》的集部分类法，到《宋史·艺文志》时，集部的分类增加了"文史类"，收录了诗文评与史评两种类型的著述。到清代编修《四库全书总目》，集部中改"文史类"为"诗文评"类，并增加"词曲类"，使"集部"发展为楚辞、别集、总集、诗文评与词曲五种类别。对于这五种类别，《四库全书总目·集部总序》说："集部之目，楚辞最古，别集次之，诗文评又晚出，词曲则其闰余也。"

"集部"之学，从汉代《七略》的"诗赋略"发源，经南朝阮孝绪撰著《七录》基本形成，到《隋书·经籍志》正式确立，至清代修纂《四库全书》则集大成。作为集部的滥觞，刘歆《七略》中的"诗赋略"仅仅著录了诗赋作品，当时的散文则依附于经、史与诸子中。随着时代的发展，诗文作品不断增加，各种文体也越来越多，包括各种诗文作品在内的泛文学观念逐渐形成，原先的分类难以容纳，《七录·文集录》的分类方法也就应运而生。至《隋书·经籍志》，在四部分类框架下，集部分为楚辞、别集、总集三种基本类别，这种学术类别设置遂为后世承袭，沿用不变。到清代修纂《四库全书》，面对唐代以后大量诗文评论类著述的诞生，以及宋元以来词、曲这些新的文体形式的出现，"集部"遂明确创设了"诗文评"与"词曲"的类别设置，客观地反映了唐代以后中国文学发展演变的历史事实，使中国古代集部之学发展至完善的形态。

（三）集学的基本类型

1. 楚辞

在集部的不同分类中，"楚辞"始终居于首位，在集部之学中非常醒目。所谓

153

"楚辞"，实际上包含着多重含义。首先，它是指战国末年屈原在楚地民歌基础上创造的《离骚》《九章》《天问》等有别于《诗经》歌谣体的新诗歌。其次，是指以屈原的诗歌为代表，包括宋玉及汉代贾谊、东方朔等因承袭屈原作品的仿拟之作及其所具有的共同的文体特征。最后，"楚辞"是指汉代学者刘向辑录的包括屈原、宋玉以及汉代文人的辞赋作品总集《楚辞》。在"楚辞"的这三种含义中，前两种主要是着眼于作品和文体意义，第三种则是指诗歌总集。

2. 别集

别集是文集中最基本的类型，即个人诗文集，凡是一家所作的诗文词曲，成集者皆可统称为别集。别集的名称多样，早期常简称其为"集"。南朝梁阮孝绪在《七录》中正式使用了"别集"这一名称，作为与汇总各家诗文作品的"总集"相区别的文集类型。《四库全书总目提要·集部总叙》说："四部之书，别集最杂。"别集作为一人一生的诗文总汇，虽以诗词曲赋为主，但也包含大量的论说、奏议、书信、语录等各种体式的文章，远远超出了今日所谓文学的范围。其内容博杂，数量庞大，难免有良莠不齐之弊，但这种齐全的内容对于鉴赏作家作品、研究作家生平思想，却能发挥特有的史料价值。同时，别集虽非经中传注、考订、义理之作，但其庞杂的诗文内容，兼括经、史、子各方面的资料，具有多方面的学术价值。

3. 总集

总集与别集是文集的两大主要类型，也是集部分类中继楚辞之后的两大主要类别。别集指某人个别的文集，总集正是与别集相对，指汇集多人的多体裁的著作而成集者，有总和总揽之意。总集是为适应读者选取与浏览大量别集的需要而出现的，它的编纂无疑具有重要的价值。《四库全书总目提要·总集类》对于总集的功能说："一则网罗放佚，使零章残什并有所归；一则删汰繁芜，使莠稗咸除，菁华毕出。是固文章之衡鉴，著作之渊薮矣。"这就是说，总集主要有两大作用：一是收集网罗文献；二是汰劣存优，采集精华。

4. 诗文评

"诗文评"是中国古代学者与文人对诗文创作的评论，相当于现代学术所说的文学理论和文学批评著作，是集部中一种后起的类型设置。历代诗文评论可归为五类：第一类，酬究文体之源流而评其工拙；第二类，嵘第作者之甲乙，而溯厥师承，为例各殊；第三类，孟棨《本事诗》，备陈法律；第四类，旁采故实；第五类，刘攽《中山诗话》、欧阳修《六一诗话》，又体兼说部。这五种类型，基本上涵盖了古代诗文评论文献的内容和形态，其中的不少著作实际上是兼容多种类型而为一体的。这些诗文评论，注重直觉感受，品味作品，语言精美，韵味深厚，与长于理论思辨和逻辑建构的西方文论迥然有别，展现出华夏民族独特的文化心灵与审美体验，在世界文论宝库中闪烁着灵光异彩，熠熠生辉。

5. 词曲

"词曲"是宋元时代逐渐兴起和成熟起来的文学形式，在集部文献中的历史相对来说较为短暂，作为集部中一个独立的类别，也是最晚出现，直至《四库全书总目》才开始设置，与楚辞、别集、总集、诗文评一起，共同构成集部文献的五种基本类别。中国古代，诗文被视为文学的正宗。因此，《四库全书总目》视"词曲"这种新文学为"乐府之余音，风人之末派"，"其于文苑尚属附庸"，表达了传统思想对于词曲的贬损和轻视。实际上，一个时代有一个时代的文学，从先秦的《诗经》三百篇到汉代以后的五言诗、七言诗，再到唐代的绝句、律诗等近体诗，以至宋元的词曲，每种新文体的出现，都有其时代的必然性，也都有其艺术上的独特价值。

二、集部与小学语文教学融合的意义

集部虽然在内容上庞杂不一，兼摄经、史、诸子，但集部之所以为"集"，主要在于它是因"文"而设，是"文集"的省称。因此，不管如何庞杂，集部仍以"文"为主，文学作品毕竟是它的主要内容，这也是集部与经、史、子三部的主要差别所在。正是因为这一基本性质，集部之学在四部分类上也就成为中国古代文学的象征与代表。所以，集部与小学语文教学融合的意义更多的也是体现在其文学作用的发挥。

（一）培养学生的语感

语感是一个古老而又崭新的概念，自人类产生语言以来就有语感存在。语感给人的印象是人对语言的一种下意识的本能的反映，超越了中间的分析、推断与验证的环节，在刹那间就能自然而然地识别与理解别人的言语，并能熟练地创造与生成新的言语。语感的概念最早是由夏丏尊提出的，夏丏尊认为，"对于文字应有灵敏的感觉，姑且名这感觉为'语感'"[①]。叶圣陶在此基础上将语感定义为"对于语言文字的锐敏的感觉"，"是对于语言文字的正确的了解力"。他认为，语感是听、说、读、写四种语言能力中最核心的因素。离开了语感，文学作品便无从欣赏，听、说、读、写能力便无从谈起。语感的水平决定着听、说、读、写的水平，因为只有有了锐敏的感觉，"读者必须把捉住语言文字的意义和情味，才能辨别出真滋味来——也就是接近作者

---

① 杜草甬等主编. 夏丏尊论语文教育 [M]. 郑州：河南教育出版社,1987:116.

的旨趣的希望"①。

吴济南先生曾在《语感与语文美育》一文中指出："学生在语文课中感受直觉形象，诱发审美情趣，进行审美鉴赏都必须基于语感。从语感入手对学生进行语文美育，旨在健康的审美心理、高尚的审美观的形成和确立。"②集部中包含非常多的古诗，而古诗注重韵律、对仗、押韵，读起来朗朗上口。在小学阶段，学生的语言感受能力和记忆力都处于敏感时期，通过古诗文和谐的韵律、美妙的意境，对于培养学生的语感、阅读表达能力和文化素养都有潜移默化的作用。抓住学生的记忆敏感期，让他们通过古诗的诵读和学习，提高运用语言文字的能力。通过诵读古诗，学生的识字量增加了，还可以记录许多经典名句和名人故事，从而为写作积累素材，提高自身的写作能力，增加文章的文化底蕴。

（二）涵养学生的心性

读诗词、品文章不能使人直接获得利益，不能改善人的物质生活，不能直接给这个世界创造财富。但是通过学习诗文，人们可以情感的交流，灵魂的碰撞，一如音乐之美往往跨越了国界和语言的隔阂。诗歌也有它独特的影响力。这正是读诗的价值所在，这份价值是置于文明世界的基础之上，而非置于物质世界的基础之上。事实上它的价值一直被肯定，只不过在物质世界的快速发展过程中变得淡薄了一些。确实，在不断追求物质的今天，诗文的作用逐渐被淡化，精神的追求也显得愈发无价，如果这一观念持续发酵，甚至影响到学生的价值观，那么这个社会的未来不免让人担忧。而通过在小学语文的教学中引入一些古典诗文，尤其引入一些朗朗上口的古诗，便可以借助古诗的精神思想去涵养学生的心性。

毫不夸张地说，读诗的好处终生受用。试想，我们中国千百年来能够流传到现在的诗词如果不是蕴含深厚的精神思想，早就在大浪淘沙中被淘汰了。"使穷贱易安，幽居靡闷，莫尚于诗矣"，是说经过古诗的熏陶，即便处在贫困卑贱的地位之中，还能够安分不乱动，不想为非作歹，内心有一种平静，不追求物欲，不为了追求而心惊胆战。"幽居靡闷"是说当你一个人幽静地独处，就是没有朋友你也没有烦闷，你有诗作为伴侣。中国有句古话叫"尚有古人"，意思是说当你读古人的诗的时候，古人都变成了你的朋友，苏东坡、辛弃疾、陶渊明、杜甫……都在你的眼前，你就不会烦闷。无论生活怎样，古诗就好似一把拂尘，可以掸去心头浮尘，使心灵重归宁静。

---

① 叶圣陶.叶圣陶语文教育论集[M].北京：教育科学出版社,1980:266.

② 吴济南.语感与语文美育[J].中学语文教学,1992(11):45.

（三）提升学生的人文素养

一个民族的语言文字，深深凝固了这个国家的民族文化精神，积淀着本民族的文化精神内涵。因此，我们自身在成长的过程中，不断接受着语言文字所负载的文化熏陶。语文作为一门人文学科，其中的古诗词蕴含着丰富的人文素养，《诗经》拙朴自在，《离骚》绚烂诡谲，唐诗雍容华贵，宋词典雅丽质，这些优秀的诗歌作品是培养学生人文精神的有效载体。因此，教师必须帮助学生与文本实现情感交流，从而让学生形成积极的人生态度和情感体验，获得人文素养的提升。虽然在小学各年级的语文教材中，都适当地选加了一些古诗，并且这些古诗的选择是经过了千挑万选，但是其数量毕竟较少，而通过适度的延伸，从国学经典中选取一些古诗，便可以进一步促进学生人文素养的养成。

古诗词的语言精粹，凝练。康德曾说过："语言词汇往往是诗人精神的直接体现，与诗人的个性和内心世界有关。"往往一个字、一句话、一个典故就包含着深厚而丰富的思想内容，在学习古诗词的过程中，教师要引导学生仔细品味诗歌语言，特别是一些关键性的词句，要反复推敲，理解作者所要表达的言外之意。尤其是那些用精炼的遣词造句组成的诗歌的诗眼，我们必须让学生去细细品悟，使学生能够更好地领悟其精神内涵。另外，中国的诗词中讲究意境。所谓意境，乃是"意"与"境"在同一情境中的统一体，是诗中所描述的生活场景与其自身的情感融合从而形成的一种独特的境界。作为语文教师，我们要引导学生揣摩古诗词意境，让学生自己去感悟诗中的此情此景，师生一起在课堂中共同体悟其中的人文内涵。

（四）提升学生审美能力

现今的学生，存在审美误区，审美观呈现单一化、世俗化、功利化现象。因此，我们当今的教学要更加注重培养学生的人文精神，通过对古典诗词的学习，将学生引入到一种独特的审美意境，让他们体验美、理解美、追求美、鉴赏美等。小学阶段的学生，思想上尚未成熟，辨别是非的能力不强，在这种情况下，学生通过领悟古诗词中蕴含的情感，能够洗涤他们的心灵，提升学生的审美能力和文化品位。诗词的最大特点就是蕴含着美的因素，具体表现在音乐美、语言美、意境美、形象美四个维度，所以在古诗词的诸多作用和意义中，审美属性是其中非常重要的一个。

以古诗词的语言美为例，中国古典诗词本身就是一种语言艺术，其含蓄精练，言简意赅，富有节奏，词短意深。古诗词中大量的名言佳句，更似琼浆玉液，令人陶醉其间，回味无穷。因此，品味古诗词的语言艺术，深刻领悟古诗词的语言美，对于培养高超的语言能力和高雅的审美素养有着重要的作用。如果对古诗词的语言美做进一步的剖析，那么它主要体现在凝练之美和工整之美两个方面。一方面，凝练之美体现在古诗的"练字"上，即锤炼语言，从丰富的词汇中经过反复琢磨，挑选出最妥帖、最精确的词语来描绘事物或表情达意。比如，杜甫的"为人性僻耽佳句，语不惊人死不休"，为达到字字珠玑的境界，卢延让"吟安一个字，撚断数茎须"。另一方面，工整之美，从形式上表现的是字数相同，从更深层次的内容上说是字义对仗。古诗词语言形式整齐，表现出与其他文学样式相比特有的工整之美。

三、集部与小学语文教学融合的具体策略

"集部"收录历代作家的散文、骈文、诗、词、曲和文学评论等著作，基于小学生的认知情况，我们主要从集部著作中选取小学生喜欢且易于理解的古诗词作为主要内容融入小学语文的教学之中，所以在具体的策略上，也主要是从古诗词的角度去切入。

（一）开展诗词朗诵大赛

古诗词都讲究押韵，平仄对应，所以在诵读的过程中能够体悟到音韵之美。朱自清曾说："以前的读书人几乎都会诵读，他们通过诵读，从声调中获得快感或趣味，至于诗词本身的内涵意蕴人可不需要刨根问底。"因为诵读并不要求读者全面透彻地理解每个字的意思，只要能够通过诵读获得美的享受就达到了诵读的目的。诵读往往要求学生字正腔圆、轻重缓急的加强训练，因为这样有利于唤醒学生的遐想，促使他们去感受作品的音韵美及画面美，只有吟诵才能把古诗词的音乐美完美地诠释出来。

开展古诗词诵读大赛，有利于调动学生学习古诗词的积极性，同时在潜移默化中提升学生对古诗词的认知。确实，开展古诗词诵读大赛是另一种学习古诗词的方式，可以让更多的学生参与到学习古诗词中来。对于那些热爱古诗词的学生来说，古诗词诵读大赛是检验自我，展示自我的机会；对于那些在古诗词学习方面比较欠缺的学生来说，将是对古诗词知识的直接渗透和全方位熏陶。另外，在古诗词的朗诵大赛中，学生为了能够与别人不同，通常都不会选择教材中的古诗，这就促使学生去搜集更多的古诗词，才能从中选择出自己想要朗诵的诗词。而这个搜集古诗词的过程就是学生拓展学习古诗词的过程。当然，因为小学阶段学生对诗词的理解能力有限，所以在选择诗词的时候可能会出现主题偏差的问题，这时教师便可以帮助学生把好一个质量关，辅助学生选出较为适合的诗词。

（二）开展古诗词知识竞赛

知识竞赛是提高和丰富学生对古诗词认识的重要手段，采用竞赛的形式可使全部

学生积极参与其中，引发学生的兴趣，提高学生学习的效率，而且可以激发学生学习古诗词的斗志。教师应积极鼓励学生主动参与到学习古诗词中的活动中去，锻炼学生的自学能力和合作能力。为了加强学生学习古诗词的兴趣，教师可以尝试放手，让学生自行去开展竞赛，只在过程中给予学生相应指导和点拨，让学生自主解决问题，从而更加全身心地投入比赛中，更进一步地贴近古诗词。当学生处于热衷学习古诗词的状态下，自然而然会提高对古诗词中的认知，从而更加重视古诗词的学习。

　　古诗词知识竞赛类型多种多样，学生可根据自己兴趣和偏好，选择不同类型的比赛形式。希望训练自身口头表达能力的学生，可以选择古诗词知识比赛、古诗词中传统文化种类比赛、古诗词知识辩论赛等形式来加深对古诗词中相关知识的理解。希望加强自身的文笔功底，可以采用名言名句默写、古诗词中传统文化的小作文比赛等形式来拓宽关于古诗词教学中传统文化教育的知识面，提高自身的古诗词知识素养。比赛的时间不限，可以是一节课，可以是一个星期，也可以是一个月。参与的人数可以是全班，也可以是全校，全校参与的方式可以使学校营造出浓厚的古诗词学习氛围，若比赛进展顺利的话对形成学校特色有着重要的帮助。多种形式的古诗词知识竞赛不仅可以丰富学生的古诗词知识，还可以丰富学生的学习生活，提高学生对于古诗词中蕴含的传统文化知识学习的热忱。

（三）以诗词作者为跳板

　　古诗词学习最重要的一点就是对作品的解读，学者们用"知人论世"来形容解读作品要讲究方法。所谓"知人"说的就是我们在吟诵学习那些优秀的古诗词时，应当着重研究前人的自身经历、写作风格以及性格特征。我们通过当前的作品去了解作者，然后通过作者去了解他的更多作品，最后再通过对其他作品的解读进一步了解当前的作品。比如，在学习《静夜思》的时候，其作者是李白，在集部中编有《李太白文集》，这时教师便可以以李白为"跳板"，跳到他的其他诗作上，从中挑选一两首学生能够理解的诗作，为学生做适当的延伸。

　　至于"论世"，就是要全面了解诗词作者所处的时代文化背景、时局现状和精神风采，从而总结得出那个时期诗词作者的共性特征。比如，边塞诗人高适，其边塞诗歌颂了战士奋勇报国、建功立业的豪情，也写出了他们从军生活的艰苦及向往和平的美好愿望，并揭露了边将的骄奢淫逸、不恤士卒和朝廷的赏罚不明、安边无策，流露出忧国爱民之情。如果以高适为"跳板"，我们可以看到同时期，且同属边塞诗人的王昌龄和岑参，而通过延伸到其他边塞诗人的诗作，可以使学生对边塞诗理解得更加透彻。

（四）以诗词题材为跳板

古诗词的题材丰富多样，花鸟虫鱼、湖光山色、新朋故知皆入诗中。同一类题材在不同诗人的笔下也呈现出别样的风采：同样是写儿童，有"牧童骑黄牛，歌声振林樾"的无拘无束，有"不解藏踪迹，浮萍一道开"的天真烂漫，有"儿童散学归来早，忙趁东风放纸鸢"的悠游自在；同样是写雨，有"黑云翻墨未遮山，白雨跳珠乱入船"的大雨如注，有"清明时节雨纷纷，路上行人欲断魂"的细雨迷离，有"天街小雨润如酥，草色遥看近却无"的润滑如酥……所以教师可以以诗词的题材为"跳板"，开展多角度迁移性阅读，在对相同题材的诗词对比阅读中拓展思维空间，培养思辨能力，提高阅读质量。例如，在学习柳宗元的《江雪》"千山鸟飞绝，万径人踪灭。孤舟蓑笠翁，独钓寒江雪。"这首诗时，便可以以垂钓这一主题为跳板，引申出王士禛的《题秋江独钓图》"一蓑一笠一扁舟，一丈丝纶一寸钩。一曲高歌一樽酒，一人独钓一江秋。"然后引导学生在比较中感悟不同的诗人对垂钓的独特体验，从不同的视角审视垂钓、体会情感。

当然，在以主题为跳板进行延伸的时候，除了可以采用对比的方式，也可以采取整合的方式，因为很多主题表现的情感高度契合。比如，忧国忧民的高尚情怀贯穿屈原、杜甫、陆游等诗人的一生，亲情、友情的主题在孟郊、李白、王维的笔下得到了淋漓尽致的抒发，咏物言志积淀于谦、王冕、郑燮等文化精英的高贵人格……因此，在古诗词教学中，教师要具备敏锐的拓展眼光，选择与教材中古诗词同主题的作品，引导学生由点到面，积累相关的阅读材料，从而建构同一主题的知识，丰富课程内容，让学生在同类拓展阅读中品味经典，受到高尚道德情操的熏陶和健康审美情趣的浸染，培养爱国主义情感，逐步形成积极的人生态度和正确的价值观，从而唤起学生的人文情怀。例如，在《送孟浩然之广陵》这首诗中，"送别"和"友情"是其主旋律，教学中可由此进行拓展，在"海内存知己，天涯若比邻"中体会朋友之间真情的恒久……这样的拓展不仅开阔了学生的视野，还凝聚了主题，并在潜移默化中塑造了学生的人格，使他们收获认识，提高文化品位。

第七章 小学国学经典教育课程体系构建与实施

第一节 小学国学经典教育课程构建

一、小学国学经典教育课程发展现状

就小学国学经典教育课程设置的总体情况来看，不同地区、不同学校发展的情况存在明显的区别，但大体可以归结为无课程阶段、前课程阶段、规范的课程阶段这三个阶段。

（一）无课程阶段

所谓无课程阶段，就是指国学经典教育课程没有纳入学校的课程计划之中，课表安排中没有设置明确的国学课程，所以多数教师在教学中不会专门留出课堂时间去针对国学相关的内容进行教学，更不会在课堂上讲解国学经典。此外，由于没有明确和固定国学经典教育课程，也自然没有相对应的教材，有少数对国学感兴趣或者重视国学的教师，也会在课程不紧张的情况下见缝插针的带领学生诵读一些国学经典。

（二）前课程阶段

前课程阶段的"前"是指发端的意思，即国学经典教育课程开始被纳入学校的课程计划之中，但对于国学经典教育课程的重视程度较低，具体表现在课程设置较少，频率上大约为一周一到两节课，而且课程的内容也多是以原文的诵读、背诵为主，不会进行深入讲解。至于教材，也基本是以国学经典的原文或原书为主，很少考虑学生的特点和兴趣，所以学生的诵读和背诵也基本是将其当成学习的人物去应付，效果并不理想。

（三）规范的课程阶段

在规范的课程阶段，国学经典教育课程已正式被纳入学校的课程体系之中，课时上变化不大，还是一周一到两节。最为主要的变化体现在教材和课程设计上，教材除了会采用原文或原本之外，还会选取一些已经出版的国学教学的教材，在课程的设计上也会结合小学生的特点进行设计，并且会结合教材内容为学生进行更为深入的讲解。总体来说，这一阶段的国学经典教育课程更为科学、系统和规范。

二、小学国学经典教育课程构建总揽

（一）课程目标

1.认识国学经典的价值

一个伟大的民族总是要有自己的精神、理想和追求，而它们的载体就是这个民族的文化与学术。国学是对中国传统文化与学术进行研究和阐释的一门学问，其历史源远流长，内容博大精深，影响广泛深远。就形式而言，国学是中华文化的主要载体，它像纽带一样，将形形色色、方方面面的传统文化串在一起，形成一个完整统一体。就内涵而言，国学是中华民族精神的体现，它像土壤一样，培育中华民族的文化意识，使中华文化以特有的品质与风貌屹立于世界民族之林。就文化的继承性而言，国学是建设新文化的重要资源。优秀的思想文化是民族永恒的财富，它的精神会超越时空，绵延不绝。就文明互补性而言，国学是中华文明和其他民族优秀文明开展对话交流的重要媒介，为中国传统文化在保持其主体性的同时包容与汲取世界其他优秀文化提供了载体、创造了契机。总之，国学沉淀于历史的长河又升华于现代社会，是依存于经典之内的知识及其体系，其蕴含的价值不言而喻，所以国学经典教育的首要目标就是让学生认识到国学经典蕴含的价值，进而正确地认识国学。

2.激发学生学习国学经典的兴趣

国学经典是我们传统文化的精华，是民族精神的根基，诵读国学经典对于提升人的境界、丰富人的内涵、开阔人的胸襟、净化人的灵魂、启迪人的智慧有着极其重要的作用。而兴趣作为小学生学习的根本动力，如果不能激发小学生学习国学的兴趣，小学生也不会自觉地去诵读国学经典，所以国学经典教育课程的一个重要目标就是激发小学生学习国学经典的兴趣，使小学生从小就养成诵读国学经典的习惯，进而在国学经典的诵读中潜移默化地形成优良的道德品质，并获得文化和道德素养的提高，实现可持续的发展。

3.提高学生的人文素养

国学经典是中华民族传统文化和先祖智慧的积淀，是中国传统文化的精髓和灵魂，闪耀着理性的光芒。从国学中汲取丰富的营养和精神力量，帮助青少年"正德""修身""启智""雅行"，对于提高青少年的人文素养，促进其可持续发展有着不可替代的教育功效。国学大师南怀瑾说："一个民族需要一种精神力量支撑，而一个没有文化根基的民族是没有希望的，没有自己的文化，民族就不会有进步，不会有创新。"世界各国越来越重视人文教育，以提高人才的竞争力。国学经典的学习不仅可以培养青少年的优秀人格，还能凝聚成一种精神，这种精神会以其独特的感染力、凝聚力，教育和塑造人们的心理、性格和自我意识，使青少年都能自觉地遵守日常行为规范，增强对传统民族文化的认同感，产生一致和自觉的行为方式，使学生的人格得到塑造，个性得到发展，精神得到升华。

（二）课程特点

1.科学性

课程设计的科学性主要体现在两个方面，一是课程的设计，二是教材的选择。一方面，在课程设计上，会遵循小学生的年龄特点，结合不同年级学生设计不同的内容，如对于低年级的学生，主要以蒙学典籍为主，如《三字经》《弟子规》《千字文》，中高年级的则可以加入《论语》《史记》等典籍。另一方面，在教材的选择上，在选择原文或原本诵读时，不需要教师针辨，只需要注意教材中是否有错字，但对于专门选取的国学教材，需要教师细加甄辨，选取权威性的教材版本，并经过多个教师商讨，确定应该选用的教材。

2.趣味性

对于小学生而言，只有课程的趣味性较强，才能够吸引小学生的注意力和兴趣，所以课程的趣味性是一个必要特点。一方面，在教学内容的选择上，应该在注重典范性和典型的基础上，尽量贴近学生的日常生活，让小学生易于接受，并能够有所感悟。另一方面，在教学的方法上，教师应避免一味地空讲，要积极开展相关的教学活动，如开展多种经典诵读的比赛活动。争强好胜是每个小学生共同具有的特点，定期开展诵读国学经典的诵读比赛，能有效地调动学生诵读国学经典的兴趣。

3.系统性

课程的系统性是放眼到整个小学阶段去看，即从一年级到六年级的国学课程成为一个大的系统，课程的设计具有一定的连贯性，而不是相互割裂开的。就像语文、数学等课程的设计一样，因为随着学生年龄的增长，学生的思维、认知等也会随之发展，所以知识的深度和难度也会随之增加，如低年级的时候学习加法和减法，高年级便开始学习乘法和除法。同样的道理，国学经典教育课程也应该有这种系统观，使一到六年级的课程连贯而下，形成一个有机的课程体系。

（三）课程框架

1. 课程内容框架

课程内容框架详见表7-1。

表7-1　课程内容框架

年级段	课程内容	
1～2年级	第一册	《弟子规》
	第二册	《三字经》
	第三册	《千字文》
	第四册	《笠翁对韵》
3～4年级	第五册	《论语》
	第六册	《论语》
	第七册	《大学》
	第八册	《孟子》
5～6年级	第九册	《老子》
	第十册	《庄子》
	第十一册	《史记》
	第十二册	《历代美文选》

2. 课程课时框架

每周一个课时，一学期共计18个课时，其中教学课时12～15节，活动课3～6节，6年12学期共计216课时。

第二节　小学国学经典课程教学实施

一、小学国学经典课程教学的环节

小学国学经典课程教学总体上分为新课导入、新课讲授、思考领悟、拓展延伸、总结升华、复习温故六个环节。

（一）新课导入

课堂导入是课堂教学的主要环节之一，一堂课导入的成与败直接影响着整堂课的效果。的确，教学过程对学生来说是一种心理认知过程，需要感觉、知觉、记忆、思维、想象等多种心理活动的参与，而注意力是否集中则是这种认知过程能否顺利进行的必要条件和重要保证。如果教师巧妙地导入新课，那么可以起到先声夺人、先声服人的效果，吸引住学生的注意力，使学生一上课就能把兴奋点转移到课堂上来，集中在教学的内容上。在这样的情况下开始上课，才能"箭无虚发"，句句入耳，点点入地。教者轻松愉快，听者心倾神往。至于导入的方法，教师可以由观察插图导入。如今的国学读本很多，大多配有精美的插图，然而这一教学资源常被人忽略。教师要善于利用这一直观形象的教学资源，巧用插图导入。这些插图形神兼备，能帮助学生感知、理解文本。教师要引导学生细心观察、形象描绘、合理想象，这样可以起到意想不到的效果。

（二）新课讲授

新课讲授是课程的主要环节，教师在讲授新课时，要贯彻有关教学原则，从简单知识着手，由易到难，步步推进，充分考虑学生的接受能力，灵活地选择和运用各种教学方法，这样课堂效果会更好。现在的小学生，获取信息的渠道很多，思维发散，作为老师要积极地鼓励学生思考讨论。在课堂上，教师要尽可能多地创设教学情境，调动学生的积极性，多设置一些活动环节，争取让每一位学生都参与到课堂中来，提高学生的综合素养。

（三）有所思有所悟

在国学经典的课程中，我们经常能够听到学生响亮的朗读声，但也发现绝大部分学生跟着少数"朗读能手"在转。究竟在读什么，为什么这样读，他们全然不知。这样流于形式的国学课没有什么意义。确实，国学经典教学课程的目的是让学生在国学经典的阅读与学习中汲取国学经典蕴含的深厚内涵，真正做到有所思考，有所领悟。所以，教师要真正地把学生当作学习的主体，设置具有思维价值的问题情境，然后留给学生一定的空间与时间，让孩子去读、去想、去悟。其实，学生从读到"悟"的过程，实质上是一个从已知领域到未知领域探索的过程，也是一个不断发现问题、提出问题、解决问题的过程。所以，教师还应该鼓励学生提出问题，鼓励学生产生新的想法，大胆地向同学质疑，向老师质疑，向教材质疑，在质疑中求疑，在求疑中发展思维，引导学生提出有价值的问题，直到学生产生新的感悟，获得新的发现。

（四）拓展延伸

在国学经典教育课程中，如果只给学生提供一个读本，会在很大程度上限制学生的视野，所以在教学中必然要适当地进行拓展和延伸。当然，拓展和延伸并不是随意拓展，不能脱离教师课堂教学的内容，应该以教学内容为原点，向四周发散。比如，教师可以从主题的角度进行拓展，以《三字经》的讲解为例，当讲到"香九龄，能温席。孝于亲，所当执"时，由于其主题是"孝"，教师便可以围绕"孝"这一主题进行拓展和延伸，帮助学生更进一步的理解先贤所提倡的孝道。此外，教师还可以将知识延伸到生活和社会之中，结合当前社会上的一些热点事件进行讲解，这样不仅更加生动形象，还贴近了学生的生活，从而借助生活的大课堂为进一步加深学生的理解。

（五）总结升华

课堂总结是在完成某项教学任务的终极阶段，教师在对课内教学的知识与技能、过程与方法、情感态度价值观进行归纳总结进而转化升华的教学环节，它常用在课堂的结尾。很多教师在教学活动后就认为大功告成，很少会再去进行总结和升华，可以说目前国学经典教育课程中最薄弱的环节就是课堂总结。没有课堂的小结，学生获得的知识就不易形成系统，思维能力就不会得到创新，学生的认知水平不可能上升到更高的水准。巧妙的课堂总结不仅可以使知识得以概括、深化，使整个课堂教学结构严谨，还可以助推学生思维的高潮，启迪智慧，陶冶情操，升华情感。所以，针对不同的课堂教学类型、不同的教学内容和要求，教师要精心设计与之匹配的课堂总结，使学生的思考和感悟得到进一步的升华，从而为课堂画上一个完美的句号。

（六）复习温故

复习是一种对教材、教学内容进行梳理，对学生知识掌握情况进行整理的活动过程。有效的复习指导，不仅有助于学生整体水平的提高，还可以使学生获得理想的"即时效应"。当然，复习温故不单单是为了"温故"，还是为了"知新"。具体来说，"温故"与"知新"之间还有如下两种关系：其一，温习已学的知识，并且由其中获得新的领悟；其二，随着学生年龄的增长，学生的阅历和理解能力也会逐步提高，回头再看以前学过的知识，总能从中体会到更多的东西。国学经典的学习更是如此。所以，在国学经典教育课程中，教师应该常常带来学生复习温故，让学生在复习的过程中巩固旧知识，对旧的知识有新的体会、新的感悟、新的见解，让学生的知识和能力都有所提升，从而真正达到"温故而知新"的效果。

二、小学国学经典课程教学的方法

（一）诵读化教学

所谓诵读化的教学方法就是以朗读和背诵为主。中华文化许多的经典作品都诞生于人们的吟咏中，从《诗经》到《乐府》，再到唐诗，启功先生说是"嚷出来的"，而宋词元曲，无一不能作为弹唱曲目。时至今日，重新在课堂上传唱这些经典自然是不合时宜的，然而想体会中华文化的内在感情，诵读教学是必不可少的教学方法。无论何种类别、何种文体，属于哪个时期的作品教学，它都适用。曾国藩对诵读的体会是"非高声朗读则不能展其雄伟之概，非密咏恬吟则不能探其深远之韵"。现代教育家叶圣陶先生在《认真学习语文》一文中也指出："读文章、写文章最好不要光用眼睛看，光凭手写，还要用嘴念。读人家的东西，念出来，比光看容易吸收。有感情的文章，念几遍就更容易领会。"

诵读的方法主要有两种，一种是素读，一种是悟读。素读就是不追求理解所读内容的含义，只是纯粹地读。明治以前的日本教育就是这样按字面来教孩子素读中国的"四书五经"的。这种纯粹的读、不求甚解的读追求的就是"书读百遍，其义自见"，但笔者认为，这种方法适合低年级的学生，因为本身低年级学生的理解能力相对较弱，即便教师讲解，可能很多学生依旧不能理解，所以可以采取素读的方式，作为一种烙印印在学生的大脑里。悟读的方法就是有关无地读、用心地读、边读边思考。悟读有三层境界：第一层是了解字面的意思，第二层是领悟文章蕴含的哲理，第三层是所领悟的哲理对自身的生活产生了积极的影响。无论哪种方法，诵读就是让学生在诵读中理解文意、体味情感、感受作品意境，进而提高语言感悟的能力。

（二）情境化教学

情境化教学的方法源于人们"触景生情"的心理现象，通过情境的模拟和创设，意境的营造和烘托，引领学生身临其境，强化现场意识，将自己的身份主人公化，从而在意会中领悟，在审美中陶冶，在情趣盎然的氛围中感受国学经典的博大精深。目前，多媒体教学已经被广泛地应用到课堂教学之中，教师可以利用多媒体声、光、色俱全的特点，结合国学经典课程教学的内容，创设与之相关的教学情境，从而让学生在情境的体验中加深对内容的了解。例如，《千字文》开篇的"天地玄黄，宇宙洪荒。日月盈昃，辰宿列张"，其形容的场景是天是青黑色的，地是黄色的，宇宙形成于混沌蒙昧的状态中；太阳正了又斜，月亮圆了又缺，星辰布满在无边的太空中。这一情境，如果教师借助多媒体进行展示，必然能够使学生更好地理解这几句话所要表达的意思。

此外，教师还可以借助自然环境创设真实的情境。自然环境的妙处就在于它的变化万端，每一种姿态的呈现都会带来不同的美学效果。以天空为例，艳阳天、阴天、雨天、大风天都会有截然不同的情况出现，学生包括成人在内更多时候会关注这些自然现象带给我们的影响，如艳阳天要遮阳、下雨天要打伞，而自然现象本身的变化以及变化所带来的震撼和美却常常被我们忽视。对自然环境的运用可以利用我们多方面的感官，如秋天在桂花树下，我们既可以感受到桂花树的灼灼生机，又可以闻到桂花的扑鼻香气，还可以看到桂花小巧玲珑的姿态，这些都将带给我们更加立体的感官体验。这种体验摆脱了刻意营造的牵强感，有时可以获得意想不到的效果。

（三）生活化教学

生活化的教学就是让学生把学国学与学做人紧密联系起来，在生活中学以致用，躬身实践，使所学的内容化为自己思想和行为准则，从而在社会生活中立身处世。生活化是国学经典教学中最为生动和有意义的环节。国学无处不在，国学无处不用，这一"致用"的过程使国学走入了学生的生活，焕发了传统文化的魅力，彰显出国学教育的活力。确实，"纸上得来终觉浅，绝知此事要躬行"，在中国的教育中，学生懂得至理名言着实不少，但更多的时候，只是出于提高成绩的目的才将这些道理记在脑子里。但学习并不全是为了考试，应该让学生多联系自己的实际情况。国学经典教育更是如此，不能使其成为"讲道理"的课程，而是应该融入学生的生活之中，让学生真正有所思，有所得。

（四）故事化教学

所谓故事化教学，就是结合教学内容引入相对应的故事，从而记住故事的简单易懂及其趣味性，帮助学生理解内容，领悟哲理。国学经典教育课程尤为适用故事化的教学方式，因为看似简短的几句话，后面却包含着一个又一个的故事，教师应该将这些故事挖掘出来，既可以帮助学生理解文章，又可以帮助学生积累素材。例如，《三字经》中"头悬梁，锥刺股"便是出自两个故事。"头悬梁"讲的是汉朝时期一个叫孙敬的人，他年少好学，经常学到后半夜，但时间一长，就不免打起瞌睡，所以他便找来一根绳子，绳子的一头拴在房梁上，下边这头就跟自己的头发拴在一起。这样，每当他累了困了想打瞌睡时，只要头一低，绳子就会猛地拽一下他的头发，一疼就会惊醒而赶走睡意。"锥刺股"则讲的是战国时期一个叫苏秦的人，他在年轻时，由于学问不深，曾到好多地方做事，都不受重视，回家后，家人对他也很冷淡，瞧不起他，这对他的刺激很大。所以，他决心要发奋读书，他常常读书到深夜，想睡觉时，就拿一把锥子，用锥子往大腿上刺一下。这样，猛然间感到疼痛，使自己醒来，再继续读书。其实，不止《三字经》，很多国学典籍在编写的时候都有用典的习惯，教师要善于运用这些故事将深奥抽象化于简单形象之中，这样才符合小学生的年龄和心理特点，才能有效提高小学国学经典教学的课堂效率。

参考文献

[1] 刘勰撰.文心雕龙校注通译 [M].戚良德译.上海：上海古籍出版社，2008：20.

[2] 许慎.说文解字 [M].北京：中华书局，1985：147.

[3] [英] 李约瑟.李约瑟文集 [M].潘吉星主编.沈阳：辽宁科学技术出版.1986：115.

[4] 杨焕英.孔子思想在国外的传播与影响 [M].北京：教育科学出版社，1987：37.

[5] 陈望道.中国文法革新论丛 [M].北京：商务印书馆，1987：161.

[6] 何成州主编.跨学科视野下的文化身份认同：批评与探索 [C].北京：北京大学出版社，2011：374.

[7] 孙旭东.浅谈国学经典教育对小学语文教学的意义 [J].中国校外教育，2019(4)：22+35.

[8] 曾文芳.国学经典中"真、善、美"道德内涵浅析 [J].管子学刊，2018(4)：95-99，128.

[9] 喜奋梅.小学开展国学经典诵读的策略 [J].学周刊，2019(3)：94-95.

[10] 李祖军.当前国学热现象与我国现当代文学分析 [J].当代教育实践与教学研究，2020(3)：207-208.

[11] 张慧.迈入国学殿堂之门——评《国学常识》[J].语文建设，2020(3)：88.

[12] 左瑞雪.国学教育与小学语文教学研究 [D].信阳：信阳师范学院，2017.

[13] 马雪梅.国学教育与小学语文教学有效融合的策略研究 [D].青岛：青岛大学，2017.

[14] 马克林.寓国学教育于小学语文教学中 [J].中国校外教育，2017，32：15.

[15] 李岷妍.国学教育在语文教学中的渗透策略 [J].文学教育（上），2018(7)：76-77.

[16] 周宁.清末民初江南地区国学教育背景下的国文教学对当代中学语文教学的启示 [D].苏州：苏州大学，2015.

[17] 冯莎莎.国学教育融入大学生思想政治教育研究 [D].西安：西安建筑科技大学，2014.

[18] 余宜芳.对当前国学教育热的冷思考 [D].长沙：湖南师范大学，2015.

[19] 赵颖霞.晚清民国时期中小学国学教育的历史嬗变研究 [D].保定：河北大学，2016.

[20] 曾楣媚.以国学经典为载体，提升小学生读写能力的实践研究 [J].读与写（教育教学刊），2020，17(1)：150.

[21] 许志兰.刍议小学语文国学小古文教学存在的问题及优化要点 [J].中国高新区，2018(11)：108.

[22] 陈俊卿.浅析在中学语文教育中践行国学教育 [D].福州：福建师范大学，2013.

[23] 钟升.高中国学教育的教材研究 [D].武汉：华中师范大学，2013.

[24] 宋岱虹.小学校本国学教育体系构建研究 [D].成都：四川师范大学，2013.

[25] 曾小亮.中小学国学经典的四维教学模式研究 [D].长沙：湖南师范大学，2013.

[26] 许芳.拓展文本内容，用好传统文化启蒙教材——小学语文国学教育初探 [J].科教文汇（中旬刊），2015(11)：90-92.

[27] 周凤梅.小学国学经典诵读校本课程价值的研究 [D].呼和浩特：内蒙古师范大学，2011.

[28] 杨凌云.Y市小学国学教育开展现状调查研究 [D].伊宁：伊犁师范大学，2019.

[29] 付晶晶.对国学教育在小学语文教学中重要性的思考 [J].学周刊，2016(24)：37-38.

[30] 史志高.小学语文国学教育中的问题与对策探析 [J].中国校外教育，2016(18)：9.

[31] 袁建琼.国学经典在小学语文教学中渗透方式的研究 [D].重庆：西南大学，2015.

[32] 汪乐.小学语文阅读校本课程实践的研究 [D].扬州：扬州大学，2018.

[33] 徐珊珊.小学国学校本课程的开发与实施 [D].开封：河南大学，2018.

[34] 陆凯捷.研读国学经典　打好人生底色 [J].教书育人，2020(4)：51-52.

[35] 刘占虎.关于小学国学启蒙教学的策略探究 [J].读与写（教育教学刊），2020，17(1)：195.

[36] 陈蕾.浅析小学语文教学中的国学教育 [J].科教文汇（上旬刊），2020(1)：149-150.

[37] 杨满红.国学经典诵读助力学生语文素养的提升 [J].科学咨询（教育科研），2020(1)：65.

[38] 谢绍贤.小学语文阅读教学中国学经典有效教学策略探究 [J].名师在线，2020(1)：12-13.

[39] 皮妞.小学古诗词"素读"教学策略研究 [D].长沙：湖南师范大学，2016.

[40] 成特立.论当今国学教育的系统化及其在中小学语文教学中的应用 [D].长沙：湖南师范大学，2007.

[41] 刘世珍. 昆明市呈贡区回回营小学国学教育现状研究 [D]. 昆明：云南师范大学，2019.

[42] 杜金兰. 诵读国学经典的意义及方法 [J]. 甘肃教育，2019(24)：144.

[43] 陈小梅. 国学经典在小学语文教学中的渗透 [J]. 甘肃教育，2018(21)：98.

[44] 王莉娟. 国学经典教育的内涵、意义及实践超越 [J]. 教学研究，2018，41(5)：77-81，97.

[45] 赵聪龙. 国学经典诵读的意义及策略 [J]. 甘肃教育，2019(23)：121.

[46] 王文秀. 让国学经典融入小学语文课堂 [J]. 内蒙古教育，2019(30)：30-31.

[47] 刘秀霞. 继往圣绝学，扬圣贤之道 [D]. 上海：华东师范大学，2014.

[48] 窦士娜. 小学生国学教育现状、问题及对策研究 [D]. 大连：辽宁师范大学，2014.

[49] 秦苛. 国学教育在《文化生活》教学中的渗透研究 [D]. 新乡：河南师范大学，2014.

[50] 刘怀远. 当代书院国学教育探析 [D]. 南昌：江西师范大学，2014.

[51] 李华英. 如何在小学语文教学中实施国学教育 [J]. 课程教育研究，2016(36)：256-257.

[52] 章丹. 小学语文教学中渗透国学经典教育的意义与策略分析 [J]. 课程教育研究，2018(14)：43-44.

[53] 魏晓辉. 浅谈国学经典教育对小学语文教学的意义 [J]. 中国校外教育，2015(21)：1.

[54] 孙万福. 小学语文国学教育存在的问题及对策研究 [J]. 中国校外教育，2015(19)：3.

[55] 冯浩. 大学国学教育制度化研究 [D]. 重庆：西南大学，2015.

[56] 曾亚非. 大学国学教育发展的困境及出路分析 [D]. 重庆：西南大学，2013.

[57] 姚雪. 高校国学教育的德育功能研究 [D]. 武汉：武汉工程大学，2016.

[58] 罗晓维. 开展国学经典教育对小学生的意义和影响 [J]. 甘肃教育，2018(23)：27.

[59] 丛龙梅. 培养诵读习惯，品味国学文化 [J]. 华夏教师，2018(32)：30-31.

[60] 陈王玫. 启蒙阶段国学教育的调查与思考 [D]. 武汉：华中师范大学，2015.

[61] 陈丽柯. 钱基博的国学教育思想及实践 [D]. 长沙：湖南师范大学，2016.

[62] 牛玉. 浙江省高校国学教育品牌活动研究 [D]. 杭州：杭州电子科技大学，2016.

[63] 左常玉. 国学教育在小学语文中的重要性 [J]. 江西教育，2016(21)：55.

[64] 崔军华. 行走在国学经典的大道上 [J]. 小学教学参考，2020(3)：87-88.

[65] 朱虹. 西安市中小学国学教育现状调查及对策研究 [D]. 西安：陕西师范大学，2016.

[66] 赵淑梅. 振兴大学国学教育的理论探索 [D]. 长春：东北师范大学，2007.